Schriftenreihe
der Juristischen Schulung

Geschäftsführender Herausgeber
Rechtsanwalt Prof. Dr. Hermann Weber

Band 140

Strafrecht im Assessorexamen

Eine Darstellung der wesentlichen Anforderungen an
das materiell- und formellrechtliche Gutachten,
die Abschlußverfügung der Staatsanwaltschaft,
die Anklageschrift und das Strafurteil in der Assessorklausur
sowie an den Aktenvortrag in der mündlichen Assessorprüfung

von

Dr. Gereon Wolters

Privatdozent
an der Christian-Albrechts-Universität zu Kiel

und

Dr. Michael Gubitz

Rechtsanwalt in Kiel
Fachanwalt für Strafrecht

2. Auflage

VERLAG C. H. BECK MÜNCHEN 2001

Die Deutsche Bibliothek – CIP-Einheitsaufnahme

Wolters, Gereon:
Strafrecht im Assessorexamen : eine Darstellung der wesentlichen Anforderungen an das materiell- und formellrechtliche Gutachten, die Abschlußverfügung der Staatsanwaltschaft, die Anklageschrift und das Strafurteil in der Assessorklausur sowie an den Aktenvortrag in der mündlichen Assessorprüfung / von Gereon Wolters und Michael Gubitz. – 2. Aufl. – München : Beck, 2001
(Schriftenreihe der Juristischen Schulung, Bd. 140 : Referendarpraxis)
ISBN 3 406 48613 4

ISBN 3 406 48613 4

© 2001 Verlag C. H. Beck oHG
Wilhelmstraße 9, 80801 München

Druck und Bindung: Nomos Verlagsgesellschaft
In den Lissen 12, 76547 Sinzheim

Satz: Fotosatz H. Buck,
Zweikirchener Str. 7, 84036 Kumhausen

Gedruckt auf säurefreiem, alterungsbeständigem Papier
(hergestellt aus chlorfrei gebleichtem Zellstoff)

Inhaltsverzeichnis

Einleitung

Erster Teil. Staatsanwaltschaftliche Aufgabenstellungen in der strafrechtlichen Pflichtklausur

Erster Abschnitt. Vorüberlegungen 3

Zweiter Abschnitt. Das Gutachten 4

§ 1. Der materiellrechtliche Teil des Gutachtens 5
    A. Formulierungen und Prüfungsaufbau 6
    B. Prüfung von Strafverfolgungsvoraussetzungen 10
        I. Strafantrag 11
        II. Verjährung 14
        III. Strafklageverbrauch 14
        IV. Weitere Verfolgungsvoraussetzungen 16
    C. Beweisfragen 17
        I. Verdachtsgrad 18
        II. Bewertung des einzelnen Beweismittels 19
        III. Beweisverwertungsverbote 20
            1. Beweisverbote 21
            2. Ausdrücklich geregelte Beweisverwertungsverbote 21
            3. Weitere Beweisverwertungsverbote 23
                a. Verstoß gegen die Belehrungspflicht des § 136 Abs. 1 Satz 2 StPO 24
                b. Die Reichweite der §§ 136 Abs. 1 Satz 2 und 137 StPO 26
                c. Das Verlesungsverbot des § 252 StPO 27
                d. Einschaltung von Privatleuten 28
                e. Verwertungsverbote im Zusammenhang mit Durchsuchungen 30
                f. Verwertungsverbote im Zusammenhang mit Telefonüberwachungen 31
            4. Fernwirkung von Verwertungsverboten 34
            5. Schlußbetrachtung zu den Beweisverwertungsverboten .. 35
    D. Zusammenfassung des materiellrechtlichen Gutachtens 35

§ 2. Der prozeßrechtliche Teil des Gutachtens 35
    A. Vorüberlegungen und Sinn dieses Gutachtenteils 36
    B. Prozessuale Überlegungen im Hinblick auf die Anklageerhebung ... 37
        I. Sachliche Zuständigkeit 37
        II. Örtliche Zuständigkeit 39
        III. Zuständigkeitsfragen bei mehreren Beschuldigten 39
        IV. Besonderheiten in bezug auf Maßnahmen 40
        V. Mit der Anklage im Zusammenhang stehende Anträge 41
            1. Antrag auf Erlaß eines Haftbefehls 41
            2. Weitere Anträge 42
            3. Anträge bei Anklageerhebung gegen Jugendliche und Heranwachsende 43

VI.	Weitere Besonderheiten	43
1.	Mitteilungspflichten	43
2.	Abgabe an Ordnungsbehörde	44
C. Prozessuale Überlegungen im Hinblick auf die (Teil-)Einstellung des Verfahrens		45
I.	Der Begriff der prozessualen Tat	46
II.	Vorläufige und endgültige Teileinstellungen	47
III.	Teileinstellung nach § 170 Abs. 2 Satz 1 StPO aus sachlichrechtlichen Gründen	48
IV.	Teileinstellung nach § 170 Abs. 2 Satz 1 StPO wegen prozessualer Hindernisse	49
V.	Teileinstellung und Verweisung auf den Privatklageweg	50
VI.	Teileinstellung bei unwesentlichen Nebenstraftaten	51
VII.	Teileinstellung wegen Geringfügigkeit	52
VIII.	Einstellung des Verfahrens bei Erfüllung von Auflagen und Weisungen	53
IX.	Teileinstellung nach § 153b StPO	54
X.	Beschränkung der Strafverfolgung	55
XI.	Besonderheiten bei Einstellung von Taten Jugendlicher und Heranwachsender	56
D. Besonderheiten hinsichtlich einer Prüfung des Antrags auf Erlaß eines Strafbefehls		57
I.	Zulässigkeitsvoraussetzungen	57
II.	Inhaltliche Anforderungen	58
E. Die Prüfung eines Antrags im beschleunigten Verfahren		58

Dritter Abschnitt. Die Entschließung der Staatsanwaltschaft 59

§ 1. Die staatsanwaltschaftliche Abschlußverfügung 59

A. Formalien		60
B. Einleitungsvermerke		61
C. „Einstellungsteil" der Abschlußverfügung		62
I.	Vorläufige Teileinstellung nach § 205 StPO	62
II.	Teileinstellung aus tatsächlichen oder rechtlichen Gründen	62
III.	Teileinstellung wegen prozessualer Hindernisse	64
IV.	Teileinstellung und Verweisung auf den Privatklageweg	65
V.	Teileinstellung bei unwesentlichen Nebenstraftaten	65
VI.	Teileinstellung wegen Geringfügigkeit	66
VII.	Einstellung des Verfahrens bei Erfüllung von Auflagen und Weisungen	67
VIII.	Teileinstellung nach § 153b StPO	67
IX.	Beschränkung der Strafverfolgung	68
X.	Einstellungen nach dem Jugendstrafrecht	69
D. „Anklageteil" der Abschlußverfügung		69
E. Besonderheiten bei Antrag auf Erlaß eines Strafbefehls		71

§ 2. Die Anklageschrift 71

A. Vorüberlegungen		72
B. Allgemeines		72
C. Anklagesatz		73
I.	Kopf der Anklageschrift	73
II.	Personalien	75
III.	Zeit und Ort der Tatbegehung	76
IV.	Gesetzliche Merkmale der Straftat	78
V.	„Konkretisierung"	81

VI.	Anzuwendende Strafvorschriften	84
VII.	Weitere Angaben	86
D.	Angabe der Beweismittel	87
I.	Angaben des Angeschuldigten	87
II.	Zeugen und Sachverständige	88
III.	Urkunden und Gegenstände des Augenscheins	90
E.	Wesentliches Ergebnis der Ermittlungen	91
F.	Mit der Anklageschrift zu stellende Anträge	92
G.	In Bayern und Baden-Württemberg zu beachtende Besonderheiten	93
I.	Der Aufbau der Anklageschrift in Bayern	93
II.	Der Aufbau der Anklageschrift in Baden-Württemberg	94

§ 3. Besonderheiten bei Antrag auf Erlaß eines Strafbefehls 95

Zweiter Teil. Das Strafurteil

Erster Abschnitt. Urteilskopf 97

Zweiter Abschnitt. Urteilsformel 99

§ 1. Ausspruch ohne Sachentscheidung 100

§ 2. Urteilsformel mit Sachentscheidung 101
- A. Urteilsformel bei Verurteilung 101
  - I. Schuldspruch 101
  - II. Rechtsfolgenausspruch 104
    1. Haupt- und Nebenstrafen 105
       - a. Geldstrafe 105
       - b. Freiheitsstrafe 106
       - c. Besonderheiten bei der Gesamtstrafenbildung 107
       - d. Nebenstrafe und Nebenfolgen 109
    2. Maßregeln der Besserung und Sicherung 109
       - a. Die freiheitsentziehenden Maßregeln 109
       - b. Die übrigen Maßregeln 110
    3. Weitere Rechtsfolgen der Tat 111
    4. Zusammentreffen von Straftat und Ordnungswidrigkeit ... 112
- B. Kostenentscheidung bei Verurteilung 112
- C. Besonderheiten bei freisprechendem und einstellendem Urteil ... 113
- D. Entschädigungsentscheidung 114

§ 3. Liste der angewendeten Vorschriften 115

Dritter Abschnitt. Gründe 115

§ 1. Persönliche Verhältnisse 116

§ 2. Feststellungen 116

§ 3. Beweiswürdigung 117

§ 4. Rechtliche Würdigung 119

§ 5. Strafzumessung 120

§ 6. Begründung der Nebenentscheidungen 121

Vierter Abschnitt. Unterschriften 122

Fünfter Abschnitt. Mit dem Urteil zu verkündende Beschlüsse 122

Sechster Abschnitt. Das Urteil in Jugendsachen 122
§ 1. Die Urteilsformel 123
§ 2. Die „Gründe" 124

Siebenter Abschnitt. Besonderheiten bei Berufungsurteilen 124
§ 1. Die Entscheidung bei unzulässiger Berufung 124
§ 2. Die Entscheidung des Berufungsgerichtes in der Sache 125
§ 3. Weitere Besonderheiten bei Berufungsurteilen 126

Dritter Teil. Der Aktenvortrag in der mündlichen Prüfung

Erster Abschnitt. Einführung 127

Zweiter Abschnitt. Aufbau des Aktenvortrags 128
§ 1. Einleitung des Vortrags 129
§ 2. Kurzer Bericht 129
§ 3. Wesentlicher Entscheidungsvorschlag 131
§ 4. Begründung des Entscheidungsvorschlags 131
      A. Materiellrechtliche Begutachtung 132
      B. Prozessuale Überlegungen 134
§ 5. Konkreter Entscheidungsvorschlag 135

Verzeichnis der zitierten Literatur

Arntzen	Psychologie der Zeugenaussage, System der Glaubwürdigkeitsmerkmale, 3. Auflage, München 1993
Arzt	Die Strafrechtsklausur, 6. Auflage, München 2000
Bick	Typische Fehler des strafrechtlichen Urteils, in: JA 1995, Seite 583 ff.
Böhm	Einführung in das Jugendstrafrecht, 3. Auflage, München 1996 (zitiert: *Böhm*, Jugendstrafrecht)
Brunner	Abschlußverfügung der Staatsanwaltschaft, Eine Anleitung für Klausur und Praxis, 4. Auflage, Neuwied/Kriftel/Berlin 2000 (zitiert: *Brunner*, Abschlußverfügung)
Brunner/Gregor/ Mutzbauer	Strafrechtliche Assessorklausuren mit Erläuterungen Neuwied/ Kriftel/Berlin 1996
Brunner/Heintschel-Heinegg	Staatsanwaltschaftlicher Sitzungsdienst, Eine Anleitung für Klausur und Praxis, 4. Auflage, Neuwied/Kriftel 2000
Dencker/Struensee/ Nelles/Stein	Einführung in das 6. Strafrechtsreformgesetz 1998, Examensrelevante Änderungen im Besonderen Teil des Strafrechts, München 1998 (zitiert: Bearbeiter, in: *Dencker u. a.*, 6. Strafrechtsreformgesetz)
Eisenberg	Jugendgerichtsgesetz, 8. Auflage, München 2000
Emde	Formulierungshilfen zu Gutachten, Anklageschrift und Begleitverfügung in der Assessorklausur, in: JuS 1996, Seite 442 ff., 631 ff., 825 ff. und 924 ff.
Fezer	Strafprozeßrecht, 2. Auflage, München 1995
Geppert	Das Beweisverbot des § 252 StPO, in: Jura 1988, Seite 305 ff. und 363 ff.
Hellebrand	Die Staatsanwaltschaft, Arbeitsgebiet und Arbeitspraxis, München 1999
Horn	Sprachfehler, Formfehler, Denkfehler, in: Jura 1984, Seite 499 ff.
Huber	Das Strafurteil, Grundfragen zu Aufbau und Abfassung von Verurteilung, Freispruch und Einstellung, München 1993 (zitiert: *Huber*, Strafurteil)
Kaiser/Schöneberg	Der Kurzvortrag im Assessorexamen – Strafrecht, 2. Auflage, Neuwied/Kriftel/Berlin 1998 (zitiert: *Kaiser/Schöneberg*, Kurzvortrag)
Karlsruher Kommentar	Kommentar zur Strafprozeßordnung und zum Gerichtsverfassungsgesetz mit Einführungsgesetz, herausgegeben von Gerd Pfeiffer, 4. Auflage, München 1999 (zitiert: Bearbeiter, in: Karlsruher Kommentar, StPO)

… Verzeichnis der zitierten Literatur

Kleinknecht/ Meyer-Goßner	Strafprozeßordnung, Gerichtsverfassungsgesetz, Nebengesetze und ergänzende Bestimmungen, 45. Auflage, München 2001 (zitiert: *Kleinknecht/Meyer-Goßner*, StPO)
Kraß	Anklage und Begleitverfügung, Fehlermöglichkeiten und Formulierungsvorschläge, Köln/Berlin/Bonn/München 1977
Kroschel/ Meyer-Goßner	Die Urteile in Strafsachen sowie Beschlüsse, Protokoll der Hauptverhandlung, Anklage- und Privatklageschrift, 26. Auflage, München 1994 (zitiert: *Kroschel/Meyer-Goßner*, Urteile in Strafsachen)
Krüger/Kock	Die strafrechtliche Assessorklausur, Band 1, Aufgabenstellungen im Ermittlungsverfahren, Münster 1997 (zitiert: *Krüger/Kock*, Assessorklausur 1)
Kunigk	Die staatsanwaltschaftliche Tätigkeit, Einführung mit Musterverfügungen, 3. Auflage, Stuttgart/Berlin/Köln/Mainz 1983
Lackner/Kühl	Strafgesetzbuch mit Erläuterungen, bearbeitet von *Karl Lackner* und *Kristian Kühl*, 23. Auflage, München 1999 (zitiert: *Bearbeiter*, in: *Lackner/Kühl*)
Meyer-Goßner	Hinweise zur Abfassung des Strafurteils aus revisionsrechtlicher Sicht, in: NStZ 1988, Seite 529 ff.
Mutzbauer	Strafprozessuale Revision, 3. Auflage, Neuwied/Kriftel 1999
Pfeiffer	Strafprozeßordnung und Gerichtsverfassungsgesetz, Kommentar, 3. Auflage, München 2001
Proppe/Solbach	Fallen, Fehler, Formulierungen, 3. Auflage, Neuwied/Kriftel/Berlin 1995
Riemann/Rottpeter/ Schmidt/Theede	Die strafrechtliche Pflichtklausur im Assessorexamen, Aufbau und examenswichtige Probleme, 2. Auflage, Hamburg 1998 (zitiert: *Riemann u. a.*, Pflichtklausur)
Roxin	Strafprozeßrecht, Prüfe Dein Wissen (Heft 11), 15. Auflage, München 1997 (zitiert: *Roxin*, Strafprozeßrecht)
Roxin	Strafverfahrensrecht, Ein Studienbuch, 25. Auflage, München 1998 (zitiert: *Roxin*, Strafverfahrensrecht)
Schäfer/Sander	Die Praxis des Strafverfahrens, 6. Auflage, Stuttgart 2000
Schmehl/Vollmer	Die Assessorklausur im Strafprozeß, 6. Auflage, München 2001 (zitiert: *Schmehl/Vollmer*, Assessorklausur)
Schmitz/Ernemann/ Frisch	Die Station in Strafsachen, Grundkurs für Rechtsreferendare, 6. Auflage, München 1999
Schönke/Schröder	Strafgesetzbuch, Kommentar, 25. Auflage, München 1997 (zitiert: *Bearbeiter*, in: *Schönke/Schröder*)
Schönke/Schröder	Strafgesetzbuch, Kommentar, 26. Auflage, München 2001 (zitiert: *Bearbeiter*, in: *Schönke/Schröder*)
Solbach	Dreizehn Regeln für den strafrechtlichen Vortrag im Assessorexamen, in: JA 1995, Seite 226 ff.
Solbach	Zur Fassung des Anklagesatzes, in: MDR 1978, Seite 900 ff.
Solbach/Klein	Anklageschrift, Einstellungsverfügung, Dezernat und Plädoyer, 11. Auflage, Düsseldorf 1998 (zitiert: *Solbach/Klein*, Anklageschrift)

Tröndle/Fischer	Strafgesetzbuch und Nebengesetze, 50. Auflage, München 2001 (zitiert: *Tröndle/Fischer*, StGB)
Vordermayer/ Heintschel-Heinegg	Handbuch für den Staatsanwalt, Neuwied/Kriftel 2000

Einleitung

Dem Assessorexamen im Strafrecht widmet sich eine große und ständig wachsende Zahl von Veröffentlichungen. Zu den bereits lange eingeführten Werken[1] gesellen sich zunehmend Neuerscheinungen[2], die dem Examenskandidaten den Schlüssel zum Erfolg in der Assessorklausur in die Hand geben möchten.[3] Dieses ständig wachsende Angebot mag die Examensvorbereitung einzelner zwar erleichtern, bei vielen Referendaren dürfte es jedoch die schon vorhandenen Orientierungsschwierigkeiten verstärken. Dies gilt insbesondere auch deswegen, weil sich einige Anleitungsbücher zwar ihrem Titel nach auf die Assessor*klausur* beziehen, bei näherer Betrachtung aber nicht allein deren Anforderungen aufzeigen, sondern geneigt sind, die gesamte strafrechtliche *Stationsausbildung* abzudecken.[4] Nun ist es aber im Hinblick auf die Pflichtklausur eher von untergeordnetem Interesse, wie das staatsanwaltschaftliche Dezernat zu organisieren ist, das Zwischenverfahren abzulaufen hat oder der staatsanwaltschaftliche Sitzungsdienst zu gestalten ist. Kenntnisse hierzu sind zwar für die Ausbildung wünschenswert und möglicherweise auch in der mündlichen Prüfung von Nutzen, in der Klausurvorbereitung jedoch dürfte eine Beschäftigung mit diesen Fragen kaum auf dem Programm stehen.

Zumeist wird nämlich die häufig sehr zeitaufwendige Stationsausbildung einerseits und die Vielzahl der zu behandelnden Fachbereiche andererseits

---

[1] Hier ist vor allem der inzwischen in der 11. Auflage erschienene „Klassiker" von *Solbach/Klein*, Anklageschrift, Einstellungsverfügung, Dezernat und Plädoyer (1998) zu nennen. Zu den schon länger eingeführten Werken zu zählen ist auch *Schmehl/Vollmer*, Die Assessorklausur im Strafprozeß, 6. Aufl. (2001).

[2] So etwa *Brunner*, Abschlußverfügung der Staatsanwaltschaft, Eine Anleitung für Klausur und Praxis, 4. Aufl. (2000); *Krüger/Kock*, Die strafrechtliche Assessorklausur (in zwei Bänden [1997]); *Riemann u.a.*, Die strafrechtliche Pflichtklausur im Assessorexamen, Aufbau und Examensrelevante Probleme, 2. Aufl. (1998); siehe darüber hinaus auch *Brunner/Gregor/Mutzbauer*, Strafrechtliche Assessorklausuren mit Erläuterungen (1996).

[3] Zuvörderst an die Strafrechts*praxis* gewandt sind die Werke von *Hellebrand*, Staatsanwaltschaft (1999); *Schäfer/Sander*, Die Praxis des Strafverfahrens, 6. Aufl. (2000); *Vordermayer/Heintschel-Heinegg*, Handbuch für den Staatsanwalt (2000); *Kroschel/Meyer-Goßner*, Die Urteile in Strafsachen, 26. Aufl. (1994); *Kraß*, Anklage und Begleitverfügung (1977); *Kunigk*, die staatsanwaltschaftliche Tätigkeit, 3. Aufl. (1983).

[4] Dagegen sind *ausdrücklich* (auch) auf die Stagen ausgerichtet: *Solbach/Klein*, Anklageschrift, 11. Aufl. (1998), was schon aus dem umfassenden Buchtitel deutlich wird; ebenfalls *gerade* auf die Stationsausbildung zielend ist *Schmitz/Ernemann/Frisch*, Die Station in Strafsachen, 6. Aufl. (2001) und *Brunner/Heintschel-Heinegg*, Staatsanwaltschaftlicher Sitzungsdienst, 4. Aufl. (2000).

von dem vor der Prüfung stehenden Kandidaten eine Beschäftigung mit dem Wesentlichen verlangen. Das vorliegende Werk setzt sich daher das Ziel, dem Examenskandidaten das *grundlegende Handwerkszeug* vor allem für die Pflichtklausur nahezubringen, ohne es mit Detailfragen, die nur selten Gegenstand der Klausur sind, zu überfrachten. Nur wenn es für das Verständnis unerläßlich erscheint, sollen auch vertiefende Hinweise gegeben werden. Bei der Darstellung wurde so auch darauf geachtet, lediglich wenige Standardwerke zu zitieren, um durch eine Beschränkung auf das Wesentliche eine intensivere Beschäftigung mit den jeweiligen Problemen zu fördern. Hinweise auf Aufsätze oder Gerichtsentscheidungen finden sich daher nur dort, wo eine Lektüre den Examenskandidaten wirklich weiterführt.

Das vorliegende Werk hat somit seinem Selbstverständnis nach den Charakter eines *Überblicks*. Es soll und kann nicht an die Stelle eines Lehrbuchs treten, sondern möchte einerseits dem interessierten Anfänger die *Grundzüge* für die auch in den Arbeitsgemeinschaften zu fertigenden Klausuren vermitteln und andererseits dem kurz vor der Assessorklausur stehenden Examenskandidaten noch einmal die *wesentlichen Gesichtspunkte* mit auf den Weg geben.

Schwerpunktmäßig beschäftigen sich die Ausführungen mit Aufgabenstellungen aus dem Bereich *staatsanwaltschaftlicher Ermittlungsverfahren*, die nach wie vor in strafrechtlichen Pflichtklausuren die Regel darstellen (Erster Teil). Hier soll versucht werden, klausurtypische Konstellationen herauszuarbeiten und Wege aufzuzeigen, diese sachgerecht und den Anforderungen der Praxis gerecht werdend zu lösen.[5]

Daneben sollen aber auch die wesentlichen Fragen zum *Strafurteil erster Instanz* geklärt werden (Zweiter Teil). Selbst wenn dieses in manchen Prüfungsamtsbezirken nicht Gegenstand der Pflichtklausur ist, sollte sich *jeder* Examenskandidat mit den Grundzügen des Strafurteils auseinandersetzen; zum einen folgt seine Bedeutung schon daraus, daß es den vorläufigen Abschluß des Strafverfahrens darstellt, zum anderen sollte auch nicht übersehen werden, daß inhaltliche Fragen (etwa zur Strafzumessung) auch in anderen Zusammenhängen relevant werden können; hier sei zunächst nur der Antrag auf Erlaß eines Strafbefehls genannt. Spätestens in der mündlichen Prüfung können die Anforderungen an ein Strafurteil erster Instanz im allgemeinen und Fragen der Strafzumessung im besonderen angesprochen werden.

In einem dritten Teil stellt das Werk die zu beachtenden Gesichtspunkte des strafrechtlichen *Aktenvortrages* in der mündlichen Assessorprüfung vor.

---

[5] In einigen Prüfungsbezirken wird von dem Examenskandidaten inzwischen darüber hinaus auch die schriftliche Abfassung eines staatsanwaltschaftlichen Plädoyers oder die Lösung revisionsrechtlicher Fragestellungen erwartet (siehe dazu im einzelnen *Solbach/Klein*, Anklageschrift, 11. Aufl. [1998], Seite 212 ff. und *Mutzbauer*, Strafprozessuale Revision, 3. Aufl. [1999]).

Erster Teil. Staatsanwaltschaftliche Aufgabenstellungen in der strafrechtlichen Pflichtklausur

In aller Regel wird die strafrechtliche Pflichtklausur im Assessorexamen ein staatsanwaltschaftliches Ermittlungsverfahren zum Gegenstand haben. Der Bearbeiter hat sich demnach in die Rolle eines mit der Sache befaßten Staatsanwaltes zu versetzen, der den Fall in tatsächlicher und rechtlicher Hinsicht zu würdigen und diesbezüglich eine Entscheidung zu treffen hat.

Erster Abschnitt. Vorüberlegungen

Dabei ist dem Bearbeiter zunächst dringend ans Herz zu legen, den *Bearbeitervermerk* konzentriert zu lesen. Aus ihm ergibt sich nämlich häufig, daß der Fall entweder in eine ganz bestimmte Richtung zu lösen ist (etwa der Entwurf eines Antrags auf Erlaß eines Strafbefehls zu fertigen ist) oder aber bestimmte Entscheidungen der Staatsanwaltschaft überhaupt nicht in Betracht zu ziehen sind (so etwa, wenn die Anwendung der Einstellungsvorschriften der §§ 153 ff. StPO ausgeschlossen oder Ausführungen zum wesentlichen Ergebnis der Ermittlungen erlassen sind).[6] Durch sorgfältige und rechtzeitige Lektüre des Bearbeitervermerks können so Fehler (oder zumindest überflüssige Arbeit und damit Zeitverlust) vermieden werden.

Zumeist wird dem Bearbeiter in der Pflichtklausur folgende Aufgabe gestellt, die lediglich sprachlichen Variationen unterliegt:

„In einem Gutachten ist die Strafbarkeit des X (oder: der Beteiligten) zu erörtern. Die Entschließung der Staatsanwaltschaft ist zu entwerfen. Erwägt der Bearbeiter eine Anklageerhebung, ist die Abfassung des wesentlichen Ergebnisses der Ermittlungen erlassen."

Schon diese Aufgabenstellung zeigt, daß vom Bearbeiter neben einem – aus dem ersten Examen vertrauten – Gutachten auch eine an der praktischen Arbeit des Staatsanwaltes ausgerichtete abschließende Entscheidung zu entwerfen ist. Das von dieser Aufgabenstellung verlangte Vorgehen entspricht an sich nicht der täglichen Praxis der Staatsanwaltschaft.

---

[6] Gelegentlich wird der Bearbeiter auch von der Anfertigung des Entwurfs der Abschlußverfügung entpflichtet (vergleiche *Brunner*, Abschlußverfügung, 4. Aufl. [2000], Rdnr. 7).

Vielmehr dürften dort gutachterliche Erwägungen entweder lediglich in gedanklichen Vorüberlegungen stattfinden oder aber in Vermerkform in die Abschlußverfügung einfließen. Dies bedenkend, findet sich daher gelegentlich auch ein enger an der Praxis orientierter Bearbeitervermerk:

„Die abschließende Entscheidung der Staatsanwaltschaft ist vollständig zu entwerfen!"

Obwohl in Teilen der Literatur auch aus einer solchen Aufgabenstellung gefolgert wird, zunächst ein Gutachten zu erstellen,[7] erscheint es doch sachgerecht, den Bearbeitervermerk tatsächlich beim Wort zu nehmen: Soll nach diesem eine „abschließende Entscheidung" entworfen werden, dürfen sachlich- und verfahrensrechtliche Ausführungen nicht vorgelagert werden, sondern sind *in die Abschlußverfügung* einzubetten. Aus diesem Ansatz folgt zugleich, daß den Gepflogenheiten der Praxis auch im Hinblick auf den Formulierungsstil Rechnung zu tragen ist. Unter den ersten Gliederungspunkten der Abschlußverfügung ist daher ein Vermerk im Urteilsstil zu erstellen, in dem sich mit der tatsächlichen und rechtlichen Würdigung auseinanderzusetzen ist; gelegentlich wird es sich in diesen Fällen auch anbieten, einzelne Gesichtspunkte der rechtlichen Würdigung erst in einem Vermerk vor dem jeweiligen darauf bezogenen Teil der Verfügung oder innerhalb eines solchen abzuhandeln.

Zweiter Abschnitt. Das Gutachten

Sieht man von dem zuletzt genannten Bearbeitervermerk ab, beginnt die strafrechtliche Pflichtklausur im Assessorexamen mit staatsanwaltschaftlichen Aufgabenstellungen ganz überwiegend mit der Anfertigung eines Gutachtens, das sich gewöhnlich in einen *sachlichrechtlichen* (unten § 1) und einen *prozessuale Fragen betreffenden* Abschnitt (unten § 2) gliedert.

Die Begutachtung des Akteninhalts müßte an sich mit der Prüfung der sachlichen (vgl. § 142 f. GVG) und örtlichen (vgl. § 143 GVG i.V.m. §§ 7 ff. StPO) Zuständigkeit des mit der Sache befaßten Staatsanwaltes beginnen. In der Klausur sollte auf diese Frage jedoch allenfalls dann (kurz) eingegangen werden, wenn sich aus der Akte Besonderheiten ergeben, die Zuständigkeitsprobleme andeuten; von der Zuständigkeit des ermittelnden Staatsanwaltes ist in allen übrigen Fällen stillschweigend auszugehen.[8] Häufig wird schon der Bearbeitervermerk einen klarstellenden Hinweis in dieser Hinsicht enthalten:

---

[7] So wohl *Brunner*, Abschlußverfügung, 4. Aufl. (2000), Rdnr. 6; vergleiche aber auch *Brunner/Gregor/Mutzbauer*, Assessorklausuren, Erste Klausur, Rdnrn. 1 ff.
[8] So auch *Krüger/Kock*, Assessorklausur 1, Seite 1.

Zweiter Abschnitt. Das Gutachten

„Die abschließenden Entscheidungen des zuständigen Staatsanwalts sind zu entwerfen!"

§ 1. Der materiellrechtliche Teil des Gutachtens

Der materiellrechtliche Abschnitt des Gutachtens in der Assessorklausur weist zunächst viele Ähnlichkeiten mit Vertrautem aus dem Referendarexamen auf. So verdeutlicht die Aufgabenstellung („In einem *Gutachten* ist die Strafbarkeit zu erörtern") schon begrifflich, daß dieser Teil der Klausur grundsätzlich im Gutachtenstil abzufassen ist.

Wie bereits betont und auch aus dem ersten Examen bekannt, sollte zunächst dem *Bearbeitervermerk* große Aufmerksamkeit entgegengebracht werden. Diesem kann nämlich möglicherweise entnommen werden, daß sich die Prüfung der Strafbarkeit lediglich auf einzelne Beteiligte zu erstrecken oder sich der Prüfungsumfang auf Vorschriften des Strafgesetzbuches zu beschränken hat, nebenstrafrechtliche Tatbestände mithin nicht zu erörtern sind. Dem Ordungswidrigkeitenrecht, das in der staatsanwaltschaftlichen Praxis im Hinblick auf die §§ 40 ff. OWiG durchaus einmal zu berücksichtigen sein kann, kommt in der Assessorklausur in aller Regel schon deswegen keine Bedeutung zu, weil nach dem üblichen Bearbeitervermerk „die *Strafbarkeit* der Beteiligten" zu erörtern ist.

Keine Abweichungen von den Anforderungen im Referendarexamen ergeben sich im Grundsatz auch für die Prüfung der in Frage kommenden strafbaren Handlungen. Da die Akte zumeist umfangreicher sein dürfte als der (feststehende) Sachverhalt in der ersten Staatsprüfung, ist es jedoch noch wichtiger, das Geschehen nach *Handlungsabschnitten* sinnvoll zu strukturieren. Des weiteren empfiehlt es sich, die verschiedenen Beteiligten getrennt zu prüfen. Schon im ersten Examen ist die gemeinsame Prüfung mehrerer Tatbeteiligter nur in Ausnahmefällen[9] geboten, im Assessorexamen ist eine Trennung darüber hinaus auch deswegen dringend anzuraten, weil neben den sachlichrechtlichen Problemen möglicherweise die Beweislage hinsichtlich der einzelnen Beteiligten unterschiedlich zu bewerten sein kann.

Unterschiede bei der Anfertigung des Gutachtens in der Assessorklausur ergeben sich demgegenüber vor allem aus der Tatsache, daß dieses nicht auf der Grundlage eines feststehenden Sachverhaltes zu lösen ist,

---

[9] Vor allem in völlig unproblematischen oder vom Sachverhalt nicht näher individualisierten (Beispiel: A und B verprügeln C) Gestaltungen mittäterschaftlicher Haftung oder aber dann, wenn keiner der in Betracht zu ziehenden Beteiligten alle Merkmale des fraglichen Tatbestand selbständig verwirklichte (Beispiel: A hält C fest, sodann ergreift B die Brieftasche des C); vergleiche dazu *Arzt*, Strafrechtsklausur, 6. Aufl. (2000), Seite 167.

sondern der Bearbeiter diesen erst aus der Verfahrensakte selbständig entwickeln muß. Zudem birgt der im Vergleich zum vorgegebenen Sachverhalt im Referendarexamen angewachsene äußere Umfang der Aufgabe die noch größere Gefahr, daß möglicherweise wesentliche Punkte übersehen werden. Daher sollte die Klausurakte mehrmals sorgfältig gelesen und in dieser auch auf Details (etwa fehlende Belehrungen bei Beschuldigtenvernehmungen oder eine mögliche Zurücknahme von Strafanträgen) geachtet werden.

Daneben gewinnt auch der Umstand, daß die Anfertigung des materiellrechtlichen Gutachtens nur einen *Teil der Aufgabenstellung* umfaßt, Bedeutung, da schon aus Zeitgründen Schwerpunkte zu setzen sind. Diese Erkenntnis darf nun aber auf keinen Fall zu dem Trugschluß verleiten, im zweiten Examen sei das materielle Recht zu vernachlässigen, da dieses vorrangig prozeßrechtliche Fragen zum Gegenstand habe. Auch im Assessorexamen bleibt nämlich zunächst und vor allem ein geschichtlicher Vorgang *strafrechtlich zu beurteilen*.[10] Der Unterschied zum Referendarexamen liegt vor allem darin, daß zum einen das Geschehen in einen umfangreicheren Aufgabentext eingebettet und sich daher selbst zu erarbeiten ist und zum anderen über die Prüfung einer Strafbarkeit hinaus auch eine Entscheidung über *das weitere Verfahren* erwartet wird.

A. Formulierungen und Prüfungsaufbau

Die Besonderheiten beginnen schon beim *Subsumtionssatz*, auf den auch im Assessorexamen eine besondere Sorgfalt verwendet werden sollte, da er dem Prüfer – einem Aushängeschild gleich – den ersten Eindruck von der Arbeit vermittelt.[11] Da das Gutachten die Entschließung der Staatsanwaltschaft vorzubereiten hat, ist nicht die Frage bewiesener Schuld oder Strafbarkeit maßgeblich, sondern allein die Prüfung, ob hinsichtlich eines oder mehrerer Beteiligter ein „genügender Anlaß zur Erhebung der öffentlichen Klage" gegeben ist (§ 170 Abs. 1 StPO). Ein solcher „genügender Anlaß" ist immer dann anzunehmen, wenn das zuständige Gericht das Hauptverfahren nach Anklageerhebung eröffnen würde. Damit ist stets der Frage nachzugehen, ob der Beschuldigte „hinreichend verdächtig erscheint" (§ 203 StPO), eine strafbare Handlung begangen zu haben.[12]

---

[10] Dazu weiterführend unten A.
[11] Allgemein zur Subsumtionstechnik *Arzt*, Strafrechtsklausur, 6. Aufl. (2000), Seite 23 ff. (sehr lesenswert!).
[12] Zur Definition des „hinreichenden Tatverdachts" siehe unten C I.

Schon bei der Formulierung des Subsumtionssatzes sollte stets auf eine genaue Zitierweise der in Rede stehenden Straftatbestände geachtet werden; zu nennen sind daher neben dem Paragraphen und dem Absatz auch Satz,[13] Nummer und Buchstabe (vgl. § 260 Abs. 5 Satz 1 StPO). Auch die *Tathandlung* sollte – insbesondere bei komplexeren Geschehnissen – sehr sorgfältig beschrieben werden, so daß etwa zu formulieren ist:

> „A könnte sich dadurch, daß er die Weinbrandflasche an sich nahm und in seinem Mantel verbarg, eines Diebstahls gemäß § 242 Abs. 1 StGB hinreichend verdächtig gemacht haben"

oder:

> „A könnte hinreichend verdächtig sein, sich einer gefährlichen Körperverletzung gemäß § 224 Abs. 1 Nr. 2 StGB schuldig gemacht zu haben, als er auf B einstach".[14]

In der strafrechtlichen Assessorklausur ist eine ökonomische Zeiteinteilung von herausragender Bedeutung.[15] Da der Bearbeiter neben der Anfertigung des vertrauten materiellrechtlichen Gutachten auch prozeßrechtliche Fragen zu klären und eine Entschließung der Staatsanwaltschaft zu entwerfen hat, muß er bei der Begutachtung im Vergleich zum Referendarexamen Zeit einsparen. Ein besonderes Augenmerk ist deshalb darauf zu richten, den Prüfer nicht einerseits mit der Abhandlung von Selbstverständlichkeiten zu langweilen, andererseits aber Problematisches zu übergehen oder (im schlimmsten Fall) die Entschließung der Staatsanwaltschaft nicht fertiggestellt zu haben. Daher sollte der Kandidat nicht sklavisch dem grundsätzlich einzuhaltenden Gutachtenstil verhaftet bleiben, sondern gelegentlich auch einmal Evidentes im Urteilsstil abhandeln oder eine Kombination von Gutachten- und Urteilsstil (Merkmal und dessen Definition sowie Subsumtion in einem Satz) wählen.

Da das materielle Gutachten in der Praxis die Frage des weiteren Verfahrensganges beantworten soll, kann von einem strengen Gutachtenstil vor allem dann abgewichen werden, wenn schon auf den ersten Blick innerhalb bestimmter Prüfungspunkte die Annahme eines hinreichenden Tatverdachts auszuschließen ist. So verbieten sich breite Erörterungen

---

[13] Bei der Bezeichnung von Tatbeständen, die mehrere Begehungsformen oder Taterfolge beschreiben, sollte auf die Formulierung „1. Alt.", „2. Alt." etc. verzichtet werden, da es begrifflich nur *die (eine)* Alternative gibt; bei der gefährlichen Körperverletzung etwa empfiehlt es sich zu zitieren: „§ 224 Abs. 1 Nr. 2 Mod. 2".
[14] Zur Formulierung des Subsumtionssatzes allgemein *Horn*, Jura 1984, 499 (sehr lesenswert!).
[15] Im Gutachten kann der Bearbeiter auch dadurch Zeit einsparen, daß er die Namen der Beschuldigten und Zeugen abkürzt; bei der ersten Nennung der jeweiligen Person ist dies aber kenntlich zu machen, also etwa: „Bodo Martens (im folgenden M)". Es versteht sich von selbst, daß Personen in der Abschlußverfügung und der Anklageschrift *nicht* abgekürzt werden dürfen.

zum Vorliegen einzelner objektiver Tatbestandsmerkmale, wenn der Beschuldigte den subjektiven Tatbestand (ohne weiteres erkennbar) nicht verwirklicht hat,[16] evident gerechtfertigt oder entschuldigt handelte oder der fragliche Tatbestand unzweifelhaft auf der Konkurrenzebene zurücktreten würde.[17] In diesen Fällen muß der Bearbeiter aber durch seine Formulierung stets deutlich machen, daß er im Gutachten „springt":

„Unabhängig von der Frage, ob die Merkmale des objektiven Tatbestands des Totschlags vorliegen, ist festzustellen, daß A jedenfalls nicht vorsätzlich handelte, weil er glaubte, auf ein Wildschwein zu schießen."

oder

„..., tritt der Tatbestand der gefährlichen Körperverletzung mittels Giftbeibringung nach § 224 Abs. 1 Nr. 1 StGB hinter denjenigen des heimtückisch begangenen Mordes gemäß § 211 StGB zurück."

Eine straffe Darstellung empfiehlt sich – über die Fälle hinaus, in denen dies auch im Referendarexamen zulässig ist – auch im Hinblick auf Definitionen sowie der Prüfung unproblematischer Tatbestandsmerkmale. Hier kann der Bearbeiter durch die angemessene Gewichtung innerhalb des Gutachtens zeigen, daß er den Prüfungsstoff nicht nur theoretisch, sondern auch praktischen Gesichtspunkten gerecht werdend zu verarbeiten vermag.

Bei der Bewertung materiellrechtlicher Probleme, die auch in der Assessorklausur den Schwerpunkt der Aufgabenstellung bilden können, sollte der Bearbeiter zwar darauf verzichten, die wissenschaftlichen Standpunkte seitenlang darzustellen, jedoch muß er deutlich machen, daß er ein vom Aufgabensteller vorgesehenes Problem nicht nur erkannt hat, sondern dieses auch einer sachgerechten Lösung zuzuführen weiß. Hierbei sollte es der Kandidat vermeiden, unterschiedliche Meinungen zu einzelnen Deliktsmerkmalen gleich zu „Theorien" zu erheben und sich allzu

---

[16] Der in diesem Zusammenhang bisher häufig zitierte Schulfall, in dem einer der Beteiligten eines Diebstahls keine *Zueignungsabsicht* hat und sich daher jede Ausführung im objektiven Tatbestand zu Fragen der täterschaftlichen Verwirklichung erübrigt (siehe nur *Cramer*, in: *Schönke/Schröder*, StGB, 25. Aufl. [1997], § 25 Rdnr. 83; *Krüger/Kock*, Assessorklausur 1, Seite 5), ist nunmehr durch Einfügung der sog. „Drittzueignungsabsicht" nicht mehr ganz so zweifellos anzuführen (vergleiche etwa *Dencker*, in: *Dencker u.a.*, 6. Strafrechtsreformgesetz, Erster Teil Rdnr. 34; mißverständlich *Cramer/Heine*, in: *Schönke/Schröder*, StGB, 26. Aufl. [2001], § 25 Rdnr. 83, die auf die Neuregelung nicht eingehen).

[17] In diesem Zusammenhang ist nochmals darauf hinzuweisen, daß das vorrangige Eingehen auf einzelne objektive Tatbestandsmerkmale kein „Springen" in diesem Sinne darstellt. Da nämlich alle Merkmale des objektiven Tatbestandes gleichwertig sind, kann naturgemäß mit der Prüfung eines jeden dieser Merkmale begonnen werden; so verbieten sich etwa seitenlange Ausführungen zum Gewaltbegriff bei § 240 StGB oder zur Täuschungshandlung bei § 263 StGB, wenn evident der Nötigungserfolg oder der Vermögensschaden ausgeblieben ist.

ausführlich mit diesen zu beschäftigen.[18] Gerade im Bereich von Auslegungsschwierigkeiten wird der Blick für das Wesentliche honoriert, lehrbuchartige Ausführungen, denen zudem der nötige Bezug zu dem zu bearbeitenden Fall fehlt, werden von den meist aus der Praxis stammenden Prüfern hingegen negativ bewertet. Trotz der in der Assessorklausur notwendigen Nähe zur Strafrechtspraxis ist diese Lösung allerdings nicht stets und von vornherein auf die „höchstrichterliche Rechtsprechung" zu der Fragestellung zu beschränken.[19]

---

[18] Beispielhaft sei auf die in bezug auf Klausurlösungen völlig überschätzte Diskussion zur Abgrenzung von Eventualvorsatz und bewußter Fahrlässigkeit hingewiesen: Es dürfte (nicht nur) den praktisch arbeitenden Prüfer (bestenfalls) langweilen oder (schlechtestenfalls) sogar ärgern, wenn die verschiedenen Auffassungen in ihren ganzen theoretischen Verästelungen ohne ein Gespür dafür vorgetragen werden, daß sich die vielfältigen Differenzierungen kaum mehr als in den einzelnen *Formulierungen* zeigen und signifikante Unterschiede in den *Ergebnissen* eher von der letztlich vom Rechtsgefühl getragenen praktischen Subsumtion als von der jeweils angewandten theoretischen Definition zu verantworten sind. Damit sollte in der Klausur (in einschlägigen Fällen) von der inzwischen ganz überwiegend verwandten Grundformel der „Einwilligungs- oder Billigungstheorie" *ausgegangen* werden, nach der ein Eventualvorsatz gegeben ist, wenn der Täter den Erfolg „für möglich hält und billigend in Kauf nimmt". Sodann ist der Schwerpunkt auf die genaue Beschreibung und Subsumtion in bezug auf das „Billigen" zu legen. Ohne weiteres anzunehmen ist dieses „Billigen" in Konstellationen, in welchen der Täter den für möglich erachteten Erfolg innerlich sogar gutheißt. Über diese eindeutigen Fälle des „Billigens im Sprachsinne" hinaus wird ein Eventualvorsatz aber auch dann gegeben sein, wenn der Täter keine positive Gefühlseinstellung zum Erfolg aufweist, sondern ihm der Eintritt des Erfolges „unerwünscht" ist, er sich aber mit diesem „um des erstrebten Zieles willen.... abfindet" (*BGHSt* 7, 363 [369]). Wann sich der Täter wiederum mit der Deliktsverwirklichung in diesem Sinne „abfindet" („Billigen im Rechtssinne"), ist letztlich überhaupt keine Frage der Definition des Eventualvorsatzes mehr, sondern vor allem eine des Beweises im Strafverfahren. Ein solches „Abfinden" wird immer dann „naheliegen", wenn der Täter sein Vorhaben trotz erkannter „äußerster Gefährlichkeit durchführt, ohne auf einen glücklichen Ausgang vertrauen zu können, und wenn er es dem Zufall überläßt, ob sich die von ihm erkannte Gefahr verwirklicht oder nicht" (*BGH JZ* 1981, 35). Die vorstehenden beispielhaften Überlegungen lassen sich unschwer auf eine ganze Reihe sogenannter „Streitstände" übertragen, etwa die Frage nach dem „unmittelbaren Ansetzen" im Sinne des § 22 StGB und nach der „Freiwilligkeit" des Rücktritts gemäß § 24 StGB.

[19] Bei diesem Hinweis wird nicht übersehen, daß es sehr umstritten ist, ob eine rechtliche Bindung der Staatsanwaltschaft an höchstrichterliche Präjudizien besteht (siehe *Kleinknecht/Meyer-Goßner*, StPO, 45. Aufl. [2001] Rdnr. 11 vor § 141 GVG). Da der Kandidat in der Assessorklausur aber auch das Problembewußtsein in bezug auf das materielle Recht aufzeigen soll, empfiehlt es sich, das Geschehen zunächst unvoreingenommen zu begutachten. Kommt diese Prüfung zu einem von der höchstrichterlichen Rechtsprechung abweichenden Ergebnis, ist zu differenzieren: Führt gerade die Abweichung zu einer *Verneinung* des hinreichenden Tatverdachts, sollte der umsichtige Kandidat dies erwähnen und seine Rechtsansicht in der Regel mit einem Hinweis auf die Unabhängigkeit der Staatsanwaltschaft (§ 150 GVG) untermauern (etwas anderes gilt nur dann, wenn [was sehr selten in dieser Klarheit anzunehmen sein wird] eine „feste höchstrichterliche Rechtsprechung" gegeben ist [vergleiche BGHSt 15, 155 ff.]). Führt hingegen die Abweichung dazu, daß der Bearbeiter sich gegen die Ansicht der höchstrichterlichen Rechtsprechung zur Bejahung eines hinreichenden Tatverdachts

Vermieden werden sollte auch eine allzu feine Gliederung der Tatbestandsprüfung. So wirkt es anfängerhaft, jedes (auch noch so unproblematische) Tatbestandsmerkmal mit einer eigenen Überschrift zu versehen.[20] Es genügt, wenn die jeweiligen zu prüfenden Delikte überschrieben werden und der Text für die einzelnen Prüfungspunkte lediglich mit Gliederungszeichen versehen wird (es sollten dann sinnvollerweise die aus dem ersten Examen vertrauten Zeichen benutzt werden; also etwa „I." für den Tatbestand, „II." für die Rechtswidrigkeit etc.).

B. Prüfung von Strafverfolgungsvoraussetzungen

Das materiellrechtliche Gutachten hat die staatsanwaltschaftliche Abschlußentscheidung *vorzubereiten*. Da es der Frage nach einem „hinreichenden Tatverdacht" (§ 170 Abs. 1 StPO) und demnach derjenigen nach dem „genügenden Anlaß zur Erhebung der öffentlichen Klage" (§ 203 StPO) nachzugehen hat, steht nicht nur die sachlichrechtliche Strafbarkeitsprüfung, sondern stets auch die *Verfolgbarkeit* der jeweiligen möglicherweise strafbaren Handlung im Vordergrund des Interesses. Das zuständige Gericht wird das Hauptverfahren nämlich nur dann eröffnen, wenn der Beschuldigte (nach § 157 StPO im Zwischenverfahren der „Angeschuldigte", im Hauptverfahren der „Angeklagte") in dessen weiteren Verlauf auch *bestraft* werden kann. Die Frage nach der Verfolgbarkeit des jeweiligen Straftatbestandes betrifft als Prozeßvoraussetzung schon *eine* Bedingung für die *Zulässigkeit*, in einem Verfahren zu einem Sachurteil zu gelangen.[21] Eine Verfolgungsbeschränkung stellt somit ein *Prozeßhindernis* dar, das es sogar ausschließt, daß über einen bestimmten Prozeßgegenstand mit dem Ziel einer Sachentscheidung überhaupt *verhandelt* wird. Fragen zur Verfolgbarkeit gehören daher noch *vor* die Ausführungen zur Sache, in der Klausur also vor diejenigen zur Strafbarkeit nach einer bestimmten Vorschrift.

In der Assessorklausur sind in diesem Zusammenhang vor allem Probleme der Verfolgungsverjährung, eines wirksamen Strafantrags oder eines Strafklageverbrauchs zu nennen.[22] Im Hinblick auf die Auseinandersetzung mit Prozeßhindernissen ist anzumerken, daß nach der höchst-

---

entschließt, ist er hieran bereits nach den oben genannten Grundsätzen nicht gehindert. Zu der Unabhängigkeit der Staatsanwaltschaft tritt in diesen Konstellationen das Bemühen um eine Fortbildung der Rechtsprechung mit dem Ziel einer einheitlichen Rechtsanwendung.
[20] Dazu *Horn*, Jura 1984, 499 (500).
[21] *Kleinknecht/Meyer-Goßner*, StPO, 45. Aufl. (2001), Einl. Rdnr. 142.
[22] Zu den einzelnen Prozeßhindernissen zusammenfassend *Kleinknecht/Meyer-Goßner*, StPO, 45. Aufl. (2001), Einl. Rdnrn. 145 ff.

richterlichen Rechtsprechung die „überlange Verhandlungsdauer"[23] und das „tatprovozierende Verhalten" („Lockspitzel")[24] keine Verfahrenshindernisse darstellen. Diese Umstände sind allenfalls im weiteren Verfahren bei der Strafzumessung zu berücksichtigen.[25]

I. Strafantrag

Bei den Strafantragsdelikten ist zu differenzieren: Im Unterschied zum Referendarexamen ist der jeweiligen Tatbestandsprüfung die Frage nach dem Erfordernis eines Strafantrags dann voranzustellen, wenn es sich um ein „absolutes" Antragsdelikt handelt. Bei einem solchen stellt der Strafantrag eine notwendige Verfahrensvoraussetzung dar, die auch nicht durch die Annahme eines „besonderen öffentlichen Interesses an der Strafverfolgung" ersetzt werden kann.[26] Da der Bearbeiter überflüssige Ausführungen vermeiden soll, muß beim Fehlen des Strafantrags in den Fällen eines absoluten Antragsdelikts die Prüfung bereits an dieser Stelle beendet werden.

„… Der Hausfriedensbruch wird gemäß § 123 Abs. 2 StGB nur auf Antrag verfolgt. Das hier strafrechtlich zu würdigende Geschehen datiert vom 23. Juni 2001. Der Eigentümer und Bewohner des fraglichen Gebäudes (und demnach der als Verletzter nach § 77 Abs. 1 StGB antragsberechtigte) Emil Klein hat die Tat erst am 4. Dezember 2001 zur Anzeige gebracht und einen Strafantrag gestellt. Damit ist die Antragsfrist nach § 77b Abs. 1 StGB nicht eingehalten, so daß der weiteren Verfolgung des Straftatbestands des § 123 Abs. 1 StGB ein Prozeßhindernis entgegensteht. Ein hinreichender Tatverdacht ist mithin nicht gegeben."

Schwieriger ist die Behandlung der sogenannten „relativen" Antragsdelikte[27], bei denen die Strafverfolgungsbehörde einen eventuell fehlenden Strafantrag durch die Annahme des „besonderen öffentlichen Interesses an der Strafverfolgung" ersetzen kann. Fehlt es hier an einem Strafantrag, steht der Bearbeiter vor dem Problem, daß einerseits Erwägungen zum Vorliegen des besonderen öffentlichen Interesses sinnvollerweise nur nach der Prüfung des vollständigen gesetzlichen Tatbestands und des

---

[23] BGH NStZ 1987, 19; siehe aber LG Wiesbaden, NJW 1995, 409. Die Literatur folgert hingegen aus Art. 6 Abs. 1 MRK, daß eine überlange Dauer des Prozesses zu einem Verfahrenshindernis führen kann; vergleiche *Kleinknecht/Meyer-Goßner*, StPO, 45. Aufl. (2001), Art. 6 MRK Rdnr. 9.
[24] BGHSt GS 33, 356 (362).
[25] *Kleinknecht/Meyer-Goßner*, StPO, 45. Aufl. (2001), Einl. Rdnr. 148.
[26] Absolute Antragsdelikte finden sich etwa in §§ 123, 247, 248b, 201 Abs. 1 und Abs. 2, 202 bis 204 StGB.
[27] Relative Antragsdelikte sind etwa in den §§ 223, 229, 242 i.V.m. 248a, 246 i.V.m. 248a, 248c i.V.m. 248a, 263 i.V.m. 248a, 266 i.V.m. 248a, 299, 303 bis 303b StGB zu finden.

Schuldumfangs angestellt werden können, anderseits diese Überlegungen aber bei Verneinung des besonderen öffentlichen Interesses gerade entbehrlich wären. Hinzu kommt, daß die Voraussetzungen der Annahme eines besonderen öffentlichen Interesses eigentlich verfahrensrechtlicher Natur sind und daher der Prozeßstation zugehören, was wiederum deshalb problematisch ist, weil dann im sachlichrechtlichen Teil des Gutachtens ein hinreichender Tatverdacht anzunehmen wäre, obwohl die Ermittlungen wegen Fehlens eines besonderen öffentlichen Interesses hinsichtlich dieses Tatbestandes gerade keinen „genügenden Anlaß zur Erhebung der öffentlichen Klage" (vgl. § 170 Abs. 1 StPO) bieten. Diese Schwierigkeiten vor Augen, sollte der Bearbeiter bei relativen Antragsdelikten den aus dem ersten Staatsexamen vertrauten Weg beschreiten und diese Prüfung an das Ende seiner Ausführungen zu dem jeweiligen Tatbestand stellen.[28]

Bei der Prüfung des Vorliegens eines *wirksamen* Strafantrags ist zunächst festzustellen, ob dieser den förmlichen Anforderungen genügt. So kann er grundsätzlich nur vom Verletzten[29] gestellt werden (§ 77 Abs. 1 StGB); in Ausnahmefällen geht das Antragsrecht auf Angehörige über (§ 77 Abs. 2 StGB)[30] oder der Kreis der Antragsberechtigten wird erweitert[31]. Bei der Prüfung ist zu beachten, daß nicht jede *Anzeige* einer Straftat (§ 158 Abs. 1 StPO) den Anforderungen an einen Straf*antrag* genügt. Der Strafantrag muß nämlich stets inhaltlich eindeutig den Willen des Berechtigten erkennbar machen, daß er eine bestimmte Tat[32] strafrechtlich verfolgt wissen will.[33] Der Strafantrag ist innerhalb der Frist des § 77b StGB bei der nach § 158 Abs. 2 StPO zuständigen Behörde (im Regelfall schriftlich) zu stellen und zu unterschreiben.[34]

Ist bei einem relativen Antragsdelikt der erforderliche Antrag nicht oder nicht in der oben beschriebenen Form oder Frist gestellt worden, hat sich der Bearbeiter nach obigen Überlegungen im Anschluß an die jewei-

---

[28] Nach *Krüger/Kock*, Assessorklausur 1, Seite 25 sollten Ausführungen zum besonderen öffentlichen Interesse in das prozessualen Gutachten einfließen; wie hier aber etwa *Riemann u.a.*, Pflichtklausur, 2. Aufl. (1998), Seite 22.
[29] In den Fällen des § 77 Abs. 3 StGB durch den gesetzlichen Vertreter.
[30] So etwa in den Fällen der §§ 230 Abs. 1 Satz 2 und 205 Abs. 2 StGB.
[31] So etwa nach §§ 194 Abs. 3 Satz 1 und 301 Abs. 2 StGB.
[32] Hier ist naturgemäß nicht der konkrete strafrechtliche Tatbestand gemeint, sondern der einheitliche geschichtliche Vorgang (sog. „prozessualer Tatbegriff"); damit ist der übliche Strafantrag („... wegen des Vorfalls vom 24. November 2001 hinsichtlich aller in Betracht kommenden Delikte") ohne weiteres zulässig.
[33] *Lackner*, in: *Lackner/Kühl*, StGB, 23. Aufl. (1999), § 77 Rdnr. 4; *Wache*, in: KK-StPO, 4. Aufl. (1999), § 158 Rdnr. 47.
[34] Wird für das Stellen des Strafantrages ein Formular benutzt (so etwa häufig in den Fällen des Ladendiebstahls) ist zu beachten, daß der Firmenstempel allein nicht genügt, sondern die Unterschrift des Berechtigten erforderlich ist; auch ein fernmündliche Antragstellung gegenüber der Polizei genügt den Formerfordernissen nicht (vergleiche *Lackner*, in: *Lackner/Kühl*, StGB, 23. Aufl. [1999], § 77 Rdnr. 3).

lige Tatbestandsprüfung mit der Frage zu beschäftigen, ob ein „besonderes öffentliches Interesse an der Strafverfolgung" gegeben ist. In Klausuren häufig vorkommen dürfte diese Prüfung bei der einfachen vorsätzlichen oder bei der fahrlässigen Körperverletzung.[35] Eine Auslegungshilfe für die Annahme eines besonderen öffentlichen Interesses an der Strafverfolgung ist hier Nr. 234 Abs. 1 Satz 1 RiStBV[36] zu entnehmen; danach wird dieses namentlich dann anzunehmen sein,

„wenn der Täter einschlägig vorbestraft ist, roh oder besonders leichtfertig gehandelt hat oder durch die Tat eine erhebliche Verletzung verursacht wurde".

Allerdings soll andererseits auch

„der Umstand beachtlich sein, daß der Verletzte auf Bestrafung keinen Wert legt".

Im Gutachten kann danach etwa ausgeführt werden:

„... Demnach hat sich A hinreichend verdächtig gemacht, den Tatbestand der Körperverletzung nach § 223 Abs. 1 StGB rechtswidrig und schuldhaft verwirklicht zu haben. Die (einfache) Körperverletzung wird jedoch nach Maßgabe des § 230 StGB regelmäßig nur auf Antrag verfolgt. Der Verletzte und damit der gemäß § 77 Abs. 1 StGB antragsberechtigte X hat am 17. Februar 2001 bei der Polizeidienststelle Frankfurt erklärt, er wolle wegen der Ohrfeige des Y am 16. Juli 2000 diesen anzeigen und verlange eine harte Strafe. Unbeschadet der Frage, ob das Begehren des X überhaupt einen wirksamen Strafantrag darstellt, wäre dieser jedenfalls nicht im Rahmen der Antragsfrist des § 77b Abs. 1 Satz 1 gestellt worden. Eine Strafverfolgung ist danach nur dann möglich, wenn ein besonderes öffentliches Interesse im Sinne des § 230 Abs. 1 Satz 1 StGB besteht. Ein solches ist vor allem gegeben, wenn der Täter einschlägig vorbestraft ist, roh gehandelt hat oder durch die Tat eine erhebliche Verletzung verursacht wurde. Vorliegend versetzte der bisher strafrechtlich nicht in Erscheinung getretene Y dem X eine leichte Ohrfeige, die lediglich eine vorübergehende Rötung der Wange zeitigte. Nach diesen Feststellungen ergibt sich weder aus der verschuldeten Auswirkung der Tat noch aus dem Vorleben des Täters Anlaß, ein besonderes öffentliches Interesse an der Strafverfolgung anzunehmen. Ein hinreichender Tatverdacht im Sinne des § 170 Abs. 1 StPO ist danach nicht gegeben."

Die von Nr. 234 RiStBV genannten Gesichtspunkte dürften entsprechend auch für die Abwägung bei den weiteren relativen Antragsdelikten, für die sich keine ausdrückliche Regelung findet, Anwendung finden.[37]

---

[35] Breite Ausführungen zum Erfordernis eines Strafantrags oder zur Prüfung eines besonderen öffentlichen Interesses sollten vermieden werden, wenn der Beschuldigte neben einer *einfachen* auch einer *gefährlichen* Körperverletzung hinreichend verdächtig ist; hier sollte das Augenmerk allein auf das Offizialdelikt gelegt werden.
[36] Richtlinien für das Strafverfahren und das Bußgeldverfahren vom 1. Januar 1977 in der ab dem 1. Februar 1997 (bundeseinheitlich) geltenden Fassung. Es empfiehlt sich, diese Richtlinien, die etwa in *Kleinknecht/Meyer-Goßner*, StPO, 45. Aufl. (2001), Anhang 15 und *Pfeiffer*, StPO, 3. Aufl. (2001), Anhang 8 abgedruckt sind, einmal in Gänze zu lesen, da sie zahlreiche auch für das Examen wichtige Hinweise enthalten.
[37] Vergleiche auch die Nrn. 235 Abs. 2 Satz 1 und 243 Abs. 3 RiStBV.

II. Verjährung

In der Klausur demgegenüber seltener dürften Fragen zur Verfolgungsverjährung gemäß den §§ 78 bis 78c StGB eine Rolle spielen. Sollten hierzu Ausführungen einmal erforderlich sein, sind diese an den Anfang der Prüfung des jeweiligen Tatbestandes zu stellen, da sich auch beim Vorliegen dieses Prozeßhindernisses[38] weitere Erörterungen in materiellrechtlicher Hinsicht erübrigen. In der Klausur ist es dann ausreichend, die tatsächlichen Umstände darzulegen, aus denen sich der Eintritt der Verjährung ergibt. Zu denken ist an die Verjährung aber überhaupt nur dann, wenn die Tat zum Zeitpunkt der Abschlußverfügung länger als drei Jahre zurückliegt, da dieser Zeitraum nach § 78 Abs. 3 Nr. 5 StGB die kürzeste Verjährungsfrist markiert. Vom Bearbeiter dürften hinsichtlich der Verfolgungsverjährung kaum tiefgehende Kenntnisse erwartet werden. Jedoch empfiehlt es sich, einige grundsätzliche Fragen zu beachten. So kann etwa der Verjährungs*beginn* problematisch sein, da § 78a Satz 1 StGB auf die Tat*beendigung* abstellt. Auch etwaige Verjährungsunterbrechungen[39] mögen einmal eine Rolle spielen.

III. Strafklageverbrauch

Nach Art. 103 Abs. 3 GG darf niemand „wegen derselben Tat" mehrmals bestraft werden. Aus diesem verfassungsrechtlichen Verbot folgt ein umfassendes Verfahrenshindernis,[40] an das eingangs des materiellrechtlichen Gutachtens stets gedacht, auf das jedoch nur in problematischen Fällen eingegangen werden sollte.

Schon bei diesem Prüfungspunkt ist daher eine Grundkenntnis des Begriffs der „Tat" unentbehrlich.[41] Die Strafprozeßordnung definiert den Tatbegriff nicht, sondern setzt ihn in § 264 voraus. Eine klare Bestimmung der Reichweite des verfahrensrechtlichen Tatbegriffs existiert daher nicht. So besteht auch in Rechtsprechung und Literatur lediglich im Ausgangspunkt insoweit Einigkeit, als daß der Tatbegriff nach *tatsächlichen* Kriterien abzugrenzen ist. Eine Tat im prozessualen Sinne bezeichnet da-

---

[38] Zur Rechtsnatur der Verfolgungsverjährung siehe etwa *Lackner*, in: *Lackner/Kühl*, StGB, 23. Aufl. (1999), § 78 Rdnrn. 1 f. und *Stree*, in: *Schönke/Schröder*, StGB, 26. Aufl. (2001) Rdnrn. 3 f. vor § 78.
[39] Nach § 78c StGB unterbricht beispielsweise bereits die *Anordnung* der Vernehmung des Beschuldigten die Verjährung.
[40] Siehe dazu *Roxin*, Strafverfahrensrecht, 25. Aufl. (1998), § 50 Rdnr. 6; *Kleinknecht/Meyer-Goßner*, StPO, 45. Aufl. (2001), Einl. Rdnr. 171.
[41] Auf den Begriff der prozessualen Tat wird unten § 2 C I näher eingegangen.

Zweiter Abschnitt. Das Gutachten

nach den durch die Anklage dem Gericht unterbreiteten geschichtlichen Vorgang soweit er nach der Lebensauffassung eine Einheit bildet.[42] Über einen Strafklageverbrauch kann in der Klausur zunächst nachzudenken sein, wenn sich aus dem Aufgabentext – etwa aus dem Auszug aus dem Strafregister – kaum zu übersehende Hinweise auf einen Vorprozeß ergeben, der gegen einen auch in dem neuen Verfahren Beschuldigten geführt und durch ein formell und materiell rechtskräftiges Urteil abgeschlossen worden ist. Ähnliches ist zu beachten, wenn ein Strafklageverbrauch angesichts einer Einstellung des Verfahrens in Betracht kommt.[43] Hier dürfte insbesondere die Regelung des § 153a Abs. 1 Satz 4 StPO von Bedeutung sein, wonach ein Strafklageverbrauch nur im Hinblick auf *Vergehen*statbestände[44] eintritt, aber die Verfolgung der prozessualen Tat als *Verbrechen* rechtlich weiter möglich bleibt.

In der Assessorklausur wird in aller Regel nur der Verbrauch der Strafklage in bezug auf eine prozessuale Tat von mehreren prozessualen Taten eines Beschuldigten oder die Tat eines (von mehreren) Beschuldigten zu diskutieren sein. So kann der Bearbeiter einmal mit einem dem folgenden vergleichbaren Fall konfrontiert werden:

> Beispiel: X ist in einem Vorprozeß im Jahre 1999 wegen gefährlicher Körperverletzung nach § 224 Abs. 1 Nr. 2 StGB rechtskräftig zu einer Geldstrafe verurteilt worden. Aus der zu bearbeitenden Akte ergibt sich, daß (neben dem Verdacht der Begehung weiterer Delikte im Jahre 2000) nunmehr auch angesichts mehrerer neuer Zeugenaussagen ein hinreichender Tatverdacht für einen mit der damaligen Körperverletzung tateinheitlich begangenen Raub nach § 249 Abs. 1 StGB besteht.

Unabhängig davon, ob in dem ersten Verfahren (in welchem Verfahrensabschnitt auch immer) bereits eine Strafbarkeit wegen Raubes geprüft wurde, steht die Vorverurteilung einer weiteren Strafverfolgung im Wege; der Bearbeiter hätte demnach (jedenfalls[45]) einen hinreichenden Tatverdacht abzulehnen. Da die Aufgabenstellung in der Pflichtklausur kaum verlangen dürfte, einen rechtskraftdurchbrechenden Antrag auf Wiederaufnahme des Verfahrens (im obigen Beispiel zuungunsten des Angeklagten nach § 362 Nr. 4 StPO) zu entwerfen, werden auch Fälle, in denen eine

---

[42] Siehe zunächst *Roxin*, Strafverfahrensrecht, 25. Aufl. (1998), § 20 Rdnr. 5.

[43] Hier ist hervorzuheben, daß eine Einstellung des Verfahrens grundsätzlich keinen Strafklageverbrauch nach sich zieht, sondern nur in den im Gesetz ausdrücklich genannten Fällen (dazu sogleich).

[44] Siehe zur Einordnung als „Verbrechen" und „Vergehen" § 12 StGB.

[45] Nicht weiter vertieft werden soll an dieser Stelle, ob damit bereits der „Anfangsverdacht" im Sinne von § 152 Abs. 2 StPO entfällt oder (erst) ein „hinreichender Tatverdacht" im Sinne der §§ 203 und 170 Abs. 1 StPO zu verneinen ist. Für den hier in Rede stehenden Fall eines Verfahrenshindernisses liegt es nahe, bereits das Vorliegen „zureichender tatsächlicher Anhaltspunkte" abzulehnen (so auch *Schoreit*, in: KK-StPO, 4. Aufl. [1999], § 152 Rdnr. 27). Hiernach wäre im Beispielsfall ein (im Obersatz erwähnter) hinreichender Tatverdacht zu verneinen, da nicht einmal der mindere Verdachtsgrad (dazu noch unten C I) festzustellen wäre.

erneute Prüfung geboten ist (weil etwa der im ersten Verfahren freigesprochene Angeklagte nunmehr geständig ist),[46] in Klausuren die seltene Ausnahme bilden.

Wenig klausurrelevant ist auch der Fall eines zu beurteilenden Lebenssachverhaltes, der bereits *alleiniger* Gegenstand eines früheren zu einer Verurteilung führenden Verfahrens war; wegen vorliegender Tatidentität wäre hier eine (das gesamte Aktengeschehen ergreifende) Einstellung auszusprechen.

Das in Art. 103 Abs. 3 GG ausgesprochene Verbot strahlt darüber hinaus aber auch schon auf das Ermittlungsverfahren aus: Wegen derselben Tat dürfen danach nicht zwei Strafverfahren nebeneinander geführt werden,[47] so daß Gesichtspunkte des Strafklageverbrauchs entsprechend obigen Überlegungen auch dann zu einer Einstellung des Verfahrens führen können, wenn sich aus der Aufgabenstellung ein weiteres Ermittlungsverfahren ergibt, das dieselbe prozessuale Tat zum Gegenstand hat.[48]

IV. Weitere Verfolgungsvoraussetzungen

§ 19 StGB begründet eine unwiderlegliche Vermutung für die Schuldunfähigkeit von Personen, die noch nicht vierzehn Jahre alt sind. Auch wenn die Fassung dieser Vorschrift zunächst eine Prüfung des Alters erst auf der *Schuld*ebene nahelegt, ist bei Vorliegen ihrer Voraussetzungen stets ein *Prozeßhindernis* anzunehmen, das zur Einstellung des Verfahrens führt.[49] Daher ist schon zu Beginn des materiellrechtlichen Gutachtens in bezug auf das Kind innerhalb der Prüfung des hinreichenden Tatverdachts hinsichtlich des ersten in Frage kommenden Delikts darauf hinzuweisen, daß dieses das Strafmündigkeitsalter noch nicht erreicht hat und eine weitere Strafverfolgung demnach nicht möglich (und damit auch eine weitere Prüfung in der Klausur nicht nötig) ist. Eine materiellrechtliche Prüfung der Strafbarkeit des Kindes verbietet sich demnach selbst dann, wenn sein möglicherweise tatbestandsmäßiges und rechtswidriges Verhalten für die strafrechtliche Beurteilung anderer Beschuldigter von Interesse ist (etwa bei Konstellationen mittelbarer Täterschaft oder einer

---

[46] Vergleiche zu der besonderen Fallkonstellation einer Wiederaufnahme eines durch rechtskräftigen Strafbefehl abgeschlossenen früheren Verfahrens § 373a StPO.
[47] Siehe dazu nur *Roxin*, Strafverfahrensrecht, 25. Aufl. (1998), § 50 Rdnr. 6.
[48] Dieser Fall dürfte jedenfalls für die Klausur eher theoretischer Natur sein, da das Verfahren mit der Erkenntnis eines parallelen Vorgangs mit demselben Prozeßgegenstand keinesfalls *abschluß*reif ist, sondern sich zunächst die Notwendigkeit ergibt zu klären, *welches* der beiden Verfahren einzustellen ist.
[49] *Lenckner/Perron*, in: *Schönke/Schröder*, StGB, 26. Aufl. (2001) § 19 Rdnr. 5.

Teilnahme); hier muß das Handeln des (schuldunfähigen) Kindes im Rahmen der Prüfung des Tatbeteiligten inzident einfließen.[50]

Mit dem Tod eines Beschuldigten hat sich nach der Rechtsprechung[51] ein Verfahrenshindernis herausgestellt. Da schon die Verhandlungsfähigkeit zur Durchführung des Verfahrens erforderlich sei, müsse dies erst recht für den Umstand gelten, daß der Beschuldigte überhaupt lebe.[52]

C. Beweisfragen

Wie bereits erwähnt, liegt der wesentliche Unterschied zum im ersten Examen Gewohnten in der Assessorklausur darin, daß sich aus der Akte kein in jeder Hinsicht feststehender Sachverhalt ergibt. Der Bearbeiter muß sich die für die Subsumtion wesentlichen tatsächlichen Vorgänge, die sodann strafrechtlich zu würdigen sind, aus dem Akteninhalt selbst erarbeiten.

Dies ist immer dann unproblematisch, wenn sämtliche zur Verfügung stehenden Beweismittel ein bestimmtes Geschehen übereinstimmend tragen: In diesem Falle ist der Lebenssachverhalt als feststehend zugrunde zu legen, und es kann – wie im ersten Examen – ohne weitere Ausführungen zur Beweissituation die rechtliche Bewertung erfolgen.

Ist das Geschehen dagegen hinsichtlich einzelner für die Subsumtion maßgeblicher Punkte deswegen unklar, weil aus den zur Verfügung stehenden Beweismitteln unterschiedliche Folgerungen zu ziehen sind, kommt es auf eine Abwägung dieser Beweismittel im Hinblick auf ihren Aussageinhalt und ihre Beweiskraft an. Der Bearbeiter hat demnach an *der* Stelle des Gutachtens, an der ein bestimmter nicht feststehender Umstand einem Deliktsmerkmal zu subsumieren ist, die vorliegenden Beweismittel zu würdigen. Damit sind Fragen des Beweises oder der Beweisbarkeit stets innerhalb der Prüfung eines gesetzlichen Tatbestandsmerkmals anzusprechen; falsch wäre es, Beweisfragen als selbständigen Prüfungspunkt vor das Gutachten zu ziehen.

Bei der Würdigung der Beweissituation ist dringend davon abzuraten, Mutmaßungen oder Unterstellungen in die Klausur einfließen zu lassen. Die Wertung der sich aus der Akte ergebenden Erkenntnisse hat stets anhand objektivierbarer Kriterien zu erfolgen. Die Konstellationen, in denen der Bearbeiter glaubt, die vorhandenen Beweismittel enthielten keinen ausreichenden Aussagewert und gäben Anlaß zu ergänzenden Er-

---

[50] Abweichend *Riemann u.a.*, Pflichtklausur, 2. Aufl. (1998), Seite 21, die vorschlagen, trotz des Vorliegens eines Prozeßhindernisses nach § 19 StGB den hinreichenden Tatverdacht hinsichtlich Tatbestandsmäßigkeit und Rechtswidrigkeit zu prüfen.
[51] BGHSt 45, 108 ff.
[52] BGHSt 45, 108 (112).

mittlungen, zwingen zu einer besonders kritischen Überprüfung. Der Kandidat hat nämlich praktisch immer ein bereits ausermitteltes und damit abschlußreifes Verfahren vor sich, so daß weitere Ermittlungen nur in den seltensten Fällen zu veranlassen sein werden. Bevor der Bearbeiter also zu der Erkenntnis gelangt, es bestehe weiterer Ermittlungsbedarf, und einen dementsprechenden Verfügungspunkt fertigt, sollte er sich fragen, ob nicht die vorhandenen Beweismittel allein ein vertretbares Ergebnis ermöglichen. In aller Regel dürfte dies auch die Aufgabenstellung insoweit festschreiben, als sie selbst im Falle (vermeintlichen) weiteren Ermittlungsbedarfs die Abschlußreife durch einen Bearbeitervermerk fingiert:

„Hält der Bearbeiter weitere Ermittlungen für erforderlich, so ist zu unterstellen, daß sie durchgeführt worden sind, jedoch keine weiterführenden Ergebnisse erbracht haben"

I. Verdachtsgrad

Bei der Beantwortung der Frage, ob eine bestimmte Tatsache im materiellrechtlichen Gutachten als gegeben angenommen werden kann, ist stets zu berücksichtigen, daß sich der Bearbeiter (nicht zuletzt aus dem Subsumtionssatz ersichtlich) in die Perspektive eines ermittelnden Staatsanwaltes zu versetzen hat. Die beweisbedürftige Tatsache muß daher nicht mit einer für die *Verurteilung* erforderlichen Sicherheit feststehen, es genügt vielmehr der für die Anklageerhebung notwendige Verdachtsgrad. Für die Erhebung der öffentlichen Klage muß der Beschuldigte nach den Ergebnissen des vorbereitenden Verfahrens (also der Klausurakte) *hinreichend verdächtig* erscheinen (siehe § 203 StPO). Ein solcher „hinreichender Tatverdacht"[53] liegt dann vor, wenn sich aus der – notwendigerweise nur vorläufigen – Bewertung des gesamten Inhalts der vorliegenden Akte ergibt, daß eine Verurteilung wahrscheinlicher als ein Freispruch ist.[54]

Diese Prognose ist in der Klausur häufig einfacher als in der Praxis, da der Aufgabensteller zwar eine Würdigung der vorhandenen Beweismittel vom Bearbeiter erwartet, jedoch durch deutliche Hinweise zugleich das Ergebnis dieser Bewertung vorzeichnen dürfte.

---

[53] Der „hinreichende Tatverdacht" ist zu unterscheiden einerseits vom sog. „Anfangsverdacht" und andererseits vom „dringenden Tatverdacht". Das Vorliegen eines Anfangsverdachtes (§ 152 Abs. 2 StPO: „zureichende tatsächliche Anhaltspunkte") ist Voraussetzung für die Einleitung eines Ermittlungsverfahrens (vergleiche *Kleinknecht/ Meyer-Goßner*, StPO, 45. Aufl. [2001], § 152 Rdnr. 4), dasjenige eines „dringenden Tatverdachts" für die Anordnung der Untersuchungshaft durch Haftbefehl (siehe § 112 Abs. 1 Satz 1 StPO); „dringend" ist ein Tatverdacht dann, wenn „die Wahrscheinlichkeit groß ist, daß der Beschuldigte Täter oder Teilnehmer einer Straftat ist" (siehe hier zunächst nur *Kleinknecht/Meyer-Goßner*, StPO, 45. Aufl. [2001], § 112 Rdnrn. 5 ff.).
[54] Vergleiche *Schmid*, in: KK-StPO, 4. Aufl. (1999), § 170 Rdnr. 3.

II. Bewertung des einzelnen Beweismittels

Da aus § 163a Abs. 1 Satz 1 StPO grundsätzlich folgt, daß der Beschuldigte „vor dem Abschluß der Ermittlungen zu vernehmen" ist,[55] findet sich praktisch immer ein Protokoll über die Vernehmung des oder der Beschuldigten in der Akte. Hat der Beschuldigte die Angaben zur Sache *vollständig*[56] verweigert, dürfen hieraus keine für ihn nachteiligen Schlüsse gezogen werden.[57] Der Beschuldigte wird in der Klausurakte jedoch häufig die meisten Umstände *eingestehen*. Da nach obigen Überlegungen nur zu den Punkten Ausführungen erforderlich sind, deren Vorliegen nach der Beweissituation zweifelhaft ist, und in aller Regel die vom Beschuldigten zugestandenen Tatsachen auch von sämtlichen weiteren Beweismitteln getragen werden dürften, ergeben sich in diesem Falle keine Beweisschwierigkeiten. Der Fall nämlich, daß der Beschuldigte eine bestimmte sich selbst *belastende* Angabe macht, die von anderen Beweismittel *entkräftet* wird, kommt in der Praxis zwar gelegentlich vor, dürfte in der Klausur aber wohl die seltene Ausnahme darstellen. *Bestreitet* der Beschuldigte hingegen das gesamte Geschehen oder einzelne Umstände, hat der Bearbeiter unter Hinzuziehung der übrigen zur Verfügung stehenden Beweismittel eine Würdigung vorzunehmen.

Das in der Klausur wichtigste Beweismittel ist der *Zeuge*. Vom Klausurbearbeiter kann nicht erwartet werden, die Bekundung eines Zeugen umfassend zu würdigen, da er zumeist nur mit einer kurzen Aussage konfrontiert wird, die zudem lediglich anhand ihrer Protokollform gewürdigt werden kann.[58] Demnach dürften Ausführungen zur Glaub*würdigkeit*[59] ohne weitere Anhaltspunkte, etwa bestimmte eigene Interessenlagen oder psychische Defizite des Zeugen, kaum verlangt werden. Auch die für Wertungen des *Aussageverhaltens* eines Zeugen[60] notwendigen Tatsachen

---

[55] Durch die Bestimmung des § 163a Abs. 1 Satz 1 StPO wird des Beschuldigten Anspruch auf rechtliches Gehör gesichert und dafür gesorgt, daß er unter allen Umständen davon erfährt, daß gegen ihn ein Ermittlungsverfahren in Gang gekommen ist (vergleiche *Wache*, in: KK-StPO, 4. Aufl. [1999], § 163a Rdnr. 1).

[56] Zur (wenig klausurrelevanten) Problematik des sog. „Teilschweigens", das durchaus als Beweisanzeichen verwertet werden darf, vergleiche BGHSt 20, 298 ff. sowie den Überblick bei *Kleinknecht/Meyer-Goßner*, StPO, 45. Aufl. (2001), § 261 Rdnr. 17.

[57] Siehe nur BVerfG NStZ 1995, 555; BGHSt 34, 324 (326); *Kleinknecht/Meyer-Goßner*, StPO, 45. Aufl. (2001), § 261 Rdnr. 16.

[58] Vergleiche *Krüger/Kock*, Assessorklausur 1, Seite 14.

[59] Der Klausurbearbeiter sollte sich jedoch zumindest die Begrifflichkeiten einprägen: Von der „Glaubwürdigkeit" eines Zeugen wird gesprochen, wenn auf seine *Person* Bezug genommen wird, die „Glaubhaftigkeit" bezieht sich dagegen auf den *Inhalt* der Aussage.

[60] Allgemein zum Aussageverhalten *Michaelis-Arntzen*, in: Arntzen, Psychologie der Zeugenaussage, Seite 70 ff.

(wie Nervosität, Spontaneität, Aggressivität etc.) werden sich aus der Akte nur selten ergeben. Auf das Aussageverhalten kann daher nur eingegangen werden, wenn etwa die Verhörsperson in den Akten einen Vermerk angefertigt hat; dieser dürfte vom Bearbeiter als deutlicher Hinweis kaum übersehen werden. Auch in der Bewertung der sächlichen Beweismittel kann sich der Bearbeiter kurz fassen.

In der Klausur wird die Beweissituation demnach zumeist in der Weise gegeben sein, daß mehrere Beweismittel *für* eine Tatsache streiten und lediglich eines (in der Regel die bestreitende Einlassung des Beschuldigten) *dagegen*:

„… Der Beschuldigte bestreitet, die Videorecorder aus dem Geschäft des Hugo Maier in der Konradstraße entwendet zu haben. Der Zeuge Z, der den Beschuldigten aus dem Fußballverein kennt, hat jedoch ausgesagt, ihn unmittelbar nach Ertönen der Alarmanlage mit schweren Kisten bepackt in der Konradstraße gesehen zu haben. Zudem wurden beim Beschuldigten 25 Minuten nach der Tat die drei originalverpackten, aus dem Geschäft des Zeugen Maier stammenden Videorecorder sichergestellt. Anhand der glaubhaften Aussage des Zeugen und den Augenscheinsobjekten ist ein Tatnachweis in der Hauptverhandlung wahrscheinlich, so daß ein hinreichender Verdacht hinsichtlich der Wegnahme der Geräte durch den Beschuldigten anzunehmen ist."

III. Beweisverwertungsverbote

Bei der Würdigung der verschiedenen sich aus der Akte ergebenden Beweismittel ist stets darauf zu achten, daß die verwendeten Beweismittel später nach den Regeln des Strengbeweises[61] auch in die Hauptverhandlung eingeführt werden können; liegen die Voraussetzungen hierfür nicht vor, ist ein hinreichender Tatverdacht mittels dieser Beweise nicht zu begründen. Somit hat ein Beweismittel, das in der Hauptverhandlung nicht *verwertet* werden darf, auch im Hinblick auf die Prüfung eines hinreichenden Tatverdachts außer Betracht zu bleiben.

Aus diesem Grunde ist es für die Klausur notwendig, sich Grundkenntnisse zu den Beweiserhebungs- und -verwertungsverboten[62] anzueignen; aus diesem Bereich kann durchaus einmal der Schwerpunkt der Aufgabenstellung gewählt sein. Gerade im Problemkreis der Beweiserhebungs- und Beweisverwertungsverbote ist vieles umstritten, kaum eine Frage kann als geklärt bezeichnet werden.[63]

---

[61] Siehe zur Unterscheidung von Streng- und Freibeweis nur *Kleinknecht/Meyer-Goßner*, StPO, 45. Aufl. (2001), § 244 Rdnrn. 5 ff. und *Roxin*, Strafverfahrensrecht, 25. Aufl. (1998), § 24 Rdnrn. 2 ff.

[62] Zur Unterscheidung von Beweiserhebungs- und Beweisverwertungsverboten siehe *Roxin*, Strafverfahrensrecht, 25. Aufl. (1998), § 24 Rdnrn. 14 ff.

[63] Nach *Roxin*, Strafverfahrensrecht, 25. Aufl. (1998), § 24 Rdnr. 13 befindet sich die Dogmatik hier „noch im Aufbruch".

1. Beweisverbote

Nach der Strafprozeßordnung dürfen bestimmte Beweise schon nicht *gewonnen*, die Wahrheit also nicht „um jeden Preis erforscht werden"[64].

Hervorzuheben sind hier die Beweismittelverbote der §§ 52 bis 55 StPO und das Beweismethodenverbot des § 136a StPO.

Sind die Voraussetzungen, an die die Erhebung des Beweises geknüpft ist, nicht eingehalten worden, ist es fraglich, ob aufgrund der fehlerhaften *Gewinnung* des Beweises auch eine prozessuale *Verwertung* versperrt ist.[65] Zwar wird ein generelles Verwertungsverbot nach überwiegender Ansicht nicht begründet, jedoch hat sich in dieser Frage bisher auch noch keine „Faustformel" für den Examenskandidaten herausgebildet, wann aus einem Erhebungs- ein Verwertungsverbot folgt. Auch wenn das Problem der Verwertungsverbote damit nicht *im allgemeinen* geklärt werden kann, lassen sich für die Examensklausur doch jedenfalls bestimmte „klassische" Fallgestaltungen herausarbeiten, die in wechselnden Varianten Bedeutung erlangen können. Aus den in diesen Einzelfällen verwendeten Argumenten können für eine Vielzahl ähnlich gelagerter Probleme fruchtbare Lösungsansätze gewonnen werden, so daß die Kenntnis dieser Fälle für die Klausurbearbeitung hilfreich ist.

Da sich insbesondere im Hinblick auf Beweisfragen in der Rechtsprechung vieles „im Fluß" befindet, muß der Kandidat aber auch stets deren neuen Entwicklungen verfolgen. Es kann vorkommen, daß Klausurakten in diesem Bereich sehr aktuellen grundlegenden Entscheidungen des BGH nachgebildet sind. Schon aus diesem Grunde sollte bis zum Tage der Klausur ein Augenmerk auch auf die neuesten juristischen Veröffentlichungen gerichtet werden.

2. Ausdrücklich geregelte Beweisverwertungsverbote

Ein Beweis darf immer dann nicht verwertet werden, wenn dies schon *gesetzlich* verboten ist. Vom Gesetz *ausdrücklich* als solche geregelte Beweisverwertungsverbote sind recht selten.[66] Für die Klausur dürfte hier allein einmal der Anordnung des § 136a Abs. 3 Satz 2 StPO Gewicht zukommen. Nach dieser Vorschrift führt die Anwendung verbotener Ver-

---

[64] BGHSt 14, 358 (365).
[65] Insbesondere gibt es „feste verfassungsrechtliche Maßstäbe für die Frage, ob und unter welchen Voraussetzungen von Verfassungs wegen ein Beweisverbot im Strafverfahren in Betracht kommt, in der verfassungsgerichtlichen Rechtsprechung noch nicht" (so BVerfG NStZ 2000, 489 [490] mit weiteren Nachweisen).
[66] Neben der im folgenden beschriebenen Vorschrift des § 136a Abs. 3 Satz 2 StPO sehen noch § 51 Abs. 1 BZRG und das Stasi-Unterlagen-Gesetz ausdrückliche Verwertungsverbote vor (zu letzterem siehe *Roxin*, Strafverfahrensrecht, 25. Aufl. [1998], § 24 Rdnr. 43 mit weiteren Nachweisen); vergleiche auch § 108 Abs. 2 StPO.

nehmungsmethoden nach § 136a Abs. 1 und Abs. 2 StPO selbst dann zu einer Unverwertbarkeit, wenn der Beschuldigte der Verwertung zustimmt. Im Stadium des (in Klausur vorliegenden) Ermittlungsverfahrens kommt eine unmittelbare Anwendung des § 136 Abs. 3 Satz 2 StPO kaum vor, da sich der gesamte Abschnitt der §§ 133 ff. StPO zunächst nur auf die *richterliche* Vernehmung bezieht;[67] das Verwertungsverbot gilt in Verbindung mit § 163a Abs. 3 Satz 2 StPO aber auch für *staatsanwaltschaftliche* und in Verbindung § 163a Abs. 4 Satz 2 StPO für *polizeiliche* Beschuldigtenvernehmungen sowie durch § 69 Abs. 3 StPO für die Vernehmung von Zeugen.

In der Klausur kann es in diesem Bereich vor allem auf die schwierige Frage ankommen, die verbotene Methode der „Täuschung" von der erlaubten der „kriminalistischen List"[68] abzugrenzen.

Beispielsfall (BGHSt 35, 328 ff.): Der Beschuldigte A bestritt während der gesamten polizeilichen Vernehmung eine Beteiligung an einem Tötungsdelikt. Der vernehmende Polizeibeamte wußte darum, daß die bisherigen von der Polizei erkannten Umstände keine den Beschuldigten stark belastenden Indizien darstellten. Dennoch erklärte der Vernehmungsbeamte diesem gegenüber, „es lägen so viele Beweise gegen ihn vor, daß er auf keinen Fall entlassen werde, wenn er bei seiner bisherigen Einlassung bleibe; er habe überhaupt keine Chance; alles laufe auf Mord mit ‚lebenslänglich' hinaus; er könne seine Lage überhaupt nur verbessern wenn er ein Geständnis ablege; denn dann lasse sich prüfen, ob die Tat möglicherweise nur als Totschlag oder nur als Körperverletzung mit Todesfolge einzuordnen sei." Daraufhin räumte A die Tat ein.

Der BGH nahm in diesem Fall ein Verwertungsverbot an, da hier eine „Täuschung" im Sinne des § 136a Abs. 3 Satz 2 StPO vorgelegen habe. Zwar schließe diese Vorschrift nicht jede List bei der Vernehmung aus, jedoch sei eine Lüge verboten, durch die der Beschuldigte bewußt irregeführt und seine Aussagefreiheit beeinträchtigt werden solle. Im Beispielsfall wurde der Angeklagte nach Ansicht des BGH nur durch eine „Täuschung über die Beweis- und Verfahrenslage",[69] die ihm die angebliche Aussichtslosigkeit seiner Situation vorspiegeln sollte, zu seiner Aussage gebracht.

In der Klausur wird neben der „Täuschung" vor allem noch dem in § 136a Abs. 1 Satz 1 StPO genannten Merkmal der „Übermüdung" Bedeutung zukommen.

Beispielsfall (BGHSt 1, 376 ff.): Die eines Tötungsdelikts Beschuldigte wurde am 22. September polizeilich festgenommen und bis in die Abendstunden vernommen. Im Laufe des folgenden Tages wurde sie ebenfalls wiederholt verhört und wohnte noch in den Abendstunden der Ausgrabung der Kindesleiche bei. Während der Nacht zum 24. September wurde sie geweckt und von 2 bis 4 Uhr erneut vernommen. Während dieser Vernehmung legte die Beschuldigte dann ein Geständnis ab, aufgrund dessen sie schuldig gesprochen wurde. Erst in der Revisionsbegründung machte sie geltend, daß ihre Willensfreiheit durch Ermüdung beeinträchtigt worden sei.

---

[67] Siehe nur *Boujong*, in: KK-StPO, 4. Aufl. (1999), § 133 Rdnr. 1.
[68] Vergleiche *Kleinknecht/Meyer-Goßner*, StPO, 45. Aufl. (2001), § 136a Rdnr. 15.
[69] BGHSt 35, 328 (330).

Der BGH stützt seine Überzeugung, daß ein Verwertungsverbot wegen eines Verstoßes gegen § 136a Abs. 1 Satz 1 StPO *nicht* vorgelegen habe, darauf, daß weder eine Ermüdung der Beschuldigten für die Vernehmungsbeamten erkennbar war (und von der Beschuldigten auch nicht vorgetragen wurde) noch die Vernehmung zur Nachtzeit in der Absicht durchgeführt wurde, eine erwartete Übermüdung auszunutzen.[70] Nach der jüngeren Rechtsprechung des BGH bezeichnet der Begriff der Ermüdung nach dem Kontext, in dem er in § 136a StPO steht, in erster Linie ein bestimmtes Verhalten des Vernehmenden und nicht einen bestimmten Zustand des Vernommenen.[71] Dem Vernehmenden soll dennoch der Beginn oder die Fortsetzung einer Vernehmung nicht nur dann untersagt sein, wenn er den Zustand der Ermüdung absichtlich herbeigeführt hat, sondern auch dann, wenn durch die bestehende Ermüdung eine Beeinträchtigung der Willensfreiheit zu besorgen war.[72]

3. Weitere Beweisverwertungsverbote

Im übrigen finden sich in der Strafprozeßordnung keine klausurrelevanten ausdrücklich benannten Beweisverwertungsverbote. Dies bedeutet jedoch nicht, daß alle sonstigen Beweismittel ausnahmslos verwandt werden dürfen. Vielmehr ist anerkannt, daß über die ausdrücklichen Anordnungen hinaus in zahlreichen weiteren Fällen eine Verwertung unzulässig ist. Ausgangspunkt für die Frage, ob ein bestimmtes Beweismittel verwertet werden darf, ist zunächst die gesetzliche Voraussetzung für die jeweilige Beweis*erhebung*. Liegt ein Verstoß gegen Beweiserhebungsvorschriften vor, *kann* (nicht aber *muß*) dies zu einem Verwertungsverbot führen. Andererseits sind auch Beweisverwertungsverbote anerkannt, denen ein Verstoß gegen (normierte) Beweiserhebungsverbote nicht vorausgegangen sein muß. Wie bereits festgestellt, können *allgemeine*, für sämtliche in Betracht kommenden Fallkonstellationen passende Lösungsansätze bislang nicht gefunden werden. Der BGH versucht die Frage nach der Verwertbarkeit des erlangten Beweises zumeist auf der Grundlage seiner „Rechtskreistheorie" zu lösen.[73] Danach soll die Verwertbarkeit

---

[70] BGHSt 1, 376 (378).
[71] BGHSt 38, 291 (293).
[72] BGHSt 1, 376 (379); BGHSt 13, 60 (61); BGHSt 38, 291 (293); siehe zudem den Überblick bei *Boujong*, in: KK-StPO, 4. Aufl. (1999), § 136a Rdnrn. 12 f.
[73] Grundlegend zur „Rechtskreistheorie" BGHSt GS 11, 213 ff.; zu beachten ist hierbei, daß diese Entscheidung zu § 55 Abs. 2 StPO ergangen und nicht ohne weiteres übertragbar ist, sondern jeweils im Einzelfall eine (abwägende) Prüfung verlangt. Zu einem abweichenden Ergebnis kommt der BGH beispielsweise in bezug auf die §§ 53 und 53a StPO mit der Begründung, daß die maßgebenden Erwägungen in der Entscheidung BGHSt 11, 213 ff. keiner Verallgemeinerung und Erweiterung zugänglich sind (BGH NStZ 1985, 372 [374]).

davon abhängen, ob „die Verletzung den Rechtskreis des Beschwerdeführers wesentlich berührt oder ob sie für ihn nur von untergeordneter oder von keiner Bedeutung ist", wobei „vor allem der Rechtfertigungsgrund der Bestimmung" und die Frage zu berücksichtigen sei, „in wessen Interesse sie geschaffen ist".[74] Da sich die Rechtskreistheorie des BGH zum einen heftiger Kritik des Schrifttums ausgesetzt sieht,[75] sie zum anderen aber auch hinsichtlich ihrer Kriterien und Reichweite nicht unbedingt als scharf umrissenen bezeichnet werden kann, sollte sie nicht ohne weiteres zur *alleinigen* Argumentationsgrundlage in der Klausur erhoben werden.

Obwohl wegen der unterschiedlichen Erklärungsversuche eine einheitliche Linie für die Klausur kaum vorzuzeichnen ist, sollte dies den Examenskandidaten aber nicht verunsichern. Vielmehr sollte er sich in diesem Bereich anhand von wegweisenden Fällen ein gewisses Problembewußtsein erarbeiten, welches es ihm dann ohne weiteres ermöglicht, von Bekanntem abweichende Konstellationen sachgerecht und mit tragfähigen Argumenten zu entscheiden. Auf das jeweils gefundene Ergebnis kommt es dabei weniger an.

a. Verstoß gegen die Belehrungspflicht des § 136 Abs. 1 Satz 2 StPO

In Klausurfällen werden sich sehr häufig Verstöße gegen Belehrungspflichten des § 136 Abs. 1 StPO (wiederum zumeist in Verbindung mit den für das Vorverfahren geltenden §§ 163a Abs. 3 Satz 2 oder 163a Abs. 4 Satz 2 StPO) ergeben.[76] Hier wird die Frage zu stellen sein, ob diese fehlende Belehrung die Aussage unverwertbar macht.

Beispielsfall (nach BGHSt 38, 214 ff.): Der Beschuldigte verlor als Kraftfahrzeugführer mit einem Blutalkoholgehalt von 1,6 Promille die Gewalt über sein Fahrzeug, das schwer beschädigt liegenblieb. Nachdem er sich zu Fuß entfernt hatte, entdeckte ein Polizist den Wagen und fand darin den Führerschein des Beschuldigten. Eine halbe Stunde danach traf er diesen auf der Straße. Angesprochen darauf, ob er den beschädigten Wagen gefahren habe, stritt der Beschuldigte dies zunächst ab, und räumte dies erst ein, als der Polizist ihm den Führerschein zeigte. Im späteren Verfahren wegen Verstoßes gegen § 316 StGB leugnete der Beschuldigte, den Wagen gefahren zu haben.

In diesem Fall fragt es sich, ob der Inhalt der Vernehmung in die Hauptverhandlung eingeführt werden kann,[77] obwohl der nunmehr schweigende Beschuldigte vor seiner Vernehmung nicht im Sinne des § 136 StPO

---

[74] Grundlegend BGHSt GS 11, 213 (215).
[75] Siehe zum Meinungsstand (jeweils mit weiteren Nachweisen) *Kleinknecht/Meyer-Goßner*, StPO, 45. Aufl. (2001), Einl. Rdnr. 55 und *Roxin*, Strafverfahrensrecht, 25. Aufl. (1998), § 24 Rdnr. 20.
[76] Weitere Belehrungspflichten finden sich etwa für die Aussagen von nahe Angehörigen in § 52 Abs. 2 und Abs. 3 StPO und für Zeugen, die sich selbst oder nahe Angehörige der Gefahr der Strafverfolgung durch ihre Aussage aussetzen, in § 55 Abs. 2 StPO.
[77] Zur Frage, *wie* dieser Inhalt eingeführt werden kann, siehe unten Dritter Abschnitt, § 2 D.

(hier in Verbindung mit § 163a Abs. 4 Satz 2 StPO) belehrt wurde; insbesondere wurde er nicht darauf hingewiesen, daß es ihm „freistehe, sich zu der Beschuldigung zu äußern oder nicht zur Sache auszusagen" (§ 136 Abs. 1 Satz 2 StPO). Die Vorschrift des § 136 StPO normiert im Unterschied zu § 136a Abs. 3 Satz 2 StPO kein ausdrückliches Verwertungsverbot. So sah der BGH diese Vorschrift auch zunächst als bloße Ordnungsvorschrift an.[78] Unter der Kritik der Literatur hat sich die Auffassung der Rechtsprechung aber geändert. Zutreffend betont der BGH nun, daß das Schweigerecht, also der Grundsatz, nicht gegen sich selbst aussagen zu müssen, zu den tragenden Prinzipien des Strafprozesses gehöre, und daher die fehlende Belehrung durch die Polizei zu einem Verwertungsverbot führen müsse.[79] Damit konnte im Beispielsfall der Inhalt der auf der Straße gemachten Aussage des Beschuldigten nicht verwertet werden.

Da damit stets eine Belehrung „des Beschuldigten" zu verlangen ist, rückt die weitere Frage in den Vordergrund, von welchem Zeitpunkt an die Beschuldigteneigenschaft[80] und damit die Belehrungspflicht anzunehmen ist.

Beispielsfall (BGHSt 37, 48 ff.): Der (spätere) Angeklagte wurde von zwei Kriminalbeamten zeugenschaftlich in einer Vermißtsache vernommen. Erst am Ende der achtstündigen Vernehmung wurde ihm erklärt, daß gegen ihn ein dringender Tatverdacht bestehe und er deswegen nunmehr vorläufig festgenommen werde. Die Vernehmungsbeamten waren zuvor am Leichenfundort und gingen aufgrund der Auffindungssituation (der Kopf des Leichnams fehlte) vom Vorliegen eines Tötungsdeliktes aus.

Für die Frage, wann von der Zeugen- zur Beschuldigtenvernehmung überzugehen ist, kommt es nach Ansicht des BGH auf die Stärke des Tatverdachts an. Die Bestimmung des Verdachtsgrades soll hierbei der „pflichtgemäßen Beurteilung der Strafverfolgungsbehörde"[81] unterliegen.

---

[78] So noch BGHSt 22, 170 ff.; zur Entwicklung der Rechtsprechung siehe *Roxin*, Strafverfahrensrecht, 25. Aufl. (1998), § 24 Rdnr. 33.

[79] BGHSt 38, 214 ff.

[80] Zur Frage, wann eine Person Beschuldigter eines Strafverfahrens wird, sei folgender Schulfall herangezogen: Ein Polizeibeamter wird in eine Fabrik gerufen, nachdem wiederholt Wertsachen von Angestellten abhanden gekommen sind. Er führt zunächst eine Befragung des gesamten Personals durch. Es fragt sich, ob schon hierbei eine Belehrung erforderlich ist, weil jeder der Befragten als möglicher Täter in Betracht kommt (nach *Roxin*, Strafprozeßrecht, 15. Aufl. [1997], Nr. 80a). Es ist davon auszugehen, daß sich der Verdacht über das im Beispielsfall gegebene Maß hinaus konkretisiert haben muß, um ein Beschuldigteneigenschaft und damit eine Belehrungspflicht zu begründen. Welcher Verdachtsgrad hierfür erforderlich ist, wird kaum generell, sondern nur im konkreten Fall festzustellen sein. Einen Anhaltspunkt gibt § 397 Abs. 1 AO, nach dem das Strafverfahren eingeleitet ist sobald die Behörde „eine Maßnahme trifft, die erkennbar darauf abzielt, gegen jemanden wegen einer Steuerstraftat strafrechtlich vorzugehen"; die Erwähnung dieser Vorschrift und ihres wesentlichen Inhalts dürfte in der Klausur „Zusatzpunkte" bescheren.

[81] BGHSt 37, 48 (51).

Ob dem Klausurbearbeiter freilich mit der Definition des – eine Belehrung nach § 136 StPO erfordernden – Zeitpunkts gedient ist, der gegeben sein soll, „wenn sich der bereits bei Beginn der Vernehmung bestehende Verdacht so verdichtet hat, daß die vernommene Person ernstlich als Täter der untersuchten Straftat in Betracht kommt",[82] darf bezweifelt werden. In der Klausur wird daher allein eine vernünftige und sachgerechte Abwägung, die auch die Schwere des Tatvorwurfs einbeziehen sollte, erwartet werden. In Zweifelsfällen dürfte angesichts des doch recht weiten Ermessensspielraums der Vernehmungspersonen erst spät der Übergang zur Beschuldigteneigenschaft und damit eine Belehrungspflicht anzunehmen sein.

b. Die Reichweite der §§ 136 Abs. 1 Satz 2 und 137 StPO

Im Bereich der Verwertungsverbote ist weiterhin häufig die *Reichweite* der §§ 136 Abs. 1 Satz 2 (gegebenenfalls wieder in Verbindung mit den §§ 163a Abs. 3 Satz 2 und Abs. 4 Satz 2 StPO) und 137 StPO zweifelhaft. Auch wenn der Beschuldigte nach § 136 Abs. 1 Satz 2 StPO ordnungsgemäß darüber belehrt wurde, daß er vor der Vernehmung „einen von ihm zu wählenden Verteidiger" befragen kann und er auch nicht daran gehindert wurde, in dieser Lage des Verfahrens sich nach § 137 Abs. 1 StPO „des Beistands eines Verteidigers" zu bedienen, sind Fallkonstellationen denkbar, in denen Fragen zur Verwertbarkeit seiner Angaben auftreten.

Beispielsfall (BGHSt 42, 15 ff.): Der Beschuldigte, ein Italiener, war vor seiner Vernehmung von den Polizeibeamten gemäß den §§ 163a Abs. 4 Satz 2, 136 Abs. 1 Satz 2 StPO unter Mitwirkung des Dolmetschers ordnungsgemäß belehrt worden. Nachdem er zunächst erklärte, er sei in einigen Punkten zur Aussage bereit, wünschte er sodann einen „Rechtsbeistand". Er konnte allerdings selbst keinen Rechtsanwalt benennen. Ihm wurde daher das Branchentelefonbuch, in dem die am Ort zugelassenen Anwälte verzeichnet sind, zur Verfügung gestellt. Davon machte er zunächst keinen Gebrauch. Später wurde der Name des Rechtsanwalts A genannt, von dem es hieß, er spreche Italienisch; er konnte aber zu abendlicher Stunde nicht erreicht werden. Der Polizeibeamte K war daran interessiert, die Vernehmung ohne vorangegangene anwaltliche Beratung des Beschuldigten durchzuführen; dies hielt er „im Sinne der Ermittlungen für die erfolgversprechendere Maßnahme". Die Polizeibeamten leisteten dementsprechend „keine weitergehende Hilfe". Sie unterrichteten den Beschuldigten insbesondere nicht darüber, daß vor Ort während der Abend- und Nachtstunden ein anwaltlicher Notdienst erreichbar ist. Nachdem der Beschuldigte erklärte, er sei bereit, „die entlastenden Dinge vorzutragen", fand eine ausführliche Vernehmung statt, deren Niederschrift elf Seiten füllte. Diese Angaben wurden als Beweismittel in der Hauptverhandlung verwertet.

Nach Ansicht des BGH darf eine Vernehmung ohne Verteidiger auch nach nochmaliger Belehrung nur erfolgen, wenn sich die Polizei ernsthaft bemüht hat, dem Beschuldigten bei der „Herstellung des Kontakts zu einem Verteidiger in effektiver Weise zu helfen".[83] Dies sei geboten, „weil

---

[82] BGHSt 37, 48 (52).
[83] BGHSt 42, 15 (19).

der Beschuldigte vielfach, insbesondere im Falle einer Festnahme, durch die Ereignisse verwirrt und durch die ungewohnte Umgebung bedrückt und verängstigt ist".[84] Auf der Grundlage dieser Erwägungen nahm der BGH im vorliegenden Fall ein Verbot der Verwertung der ohne Verteidigerbeistand gemachten Angaben an.

c. Das Verlesungsverbot des § 252 StPO

Schon im Hinblick auf die Pflichtklausur sollte sich der Kandidat auch mit der Vorschrift des § 252 StPO vertraut machen. Nach § 252 StPO darf die Aussage eines vor der Hauptverhandlung vernommenen Zeugen, der erst in der Hauptverhandlung von seinem Recht, das Zeugnis zu verweigern, Gebrauch macht, nicht *verlesen* werden. Obwohl die Vorschrift sich nach ihrem Wortlaut auf das „Verlesen" beschränkt und damit lediglich das Verbot dieses *Urkunds*beweises andeutet, ist heute im Grundsatz anerkannt, daß die Aussage in keiner Weise *verwertet* werden darf;[85] auch die Vernehmung der Verhörsperson ist danach verboten, so daß in § 252 StPO ein umfassendes Verwertungsverbot zu sehen ist. Dies folgt aus dem Zweck der Vorschrift, nach dem die frühere Aussage als Grundlage der Überzeugungsbildung überhaupt ausgeschaltet werden soll.[86]

Eine Ausnahme soll nach der Rechtsprechung allerdings für eine frühere *richterliche* Vernehmung gelten, bei welcher der Zeuge vor seiner Aussage ordnungsgemäß belehrt worden war. In diesen Fällen soll die Aussage durch Vernehmung des Richters (nicht jedoch eines Referendars oder anderer bei der Vernehmung anwesender Personen) in die Hauptverhandlung eingeführt und später verwertet werden können.[87]

Im Hinblick auf § 252 StPO ist zu beachten, daß das Verbot der Aussageverwertung in dem oben genannten Umfang nur für das Zeugnisverweigerungsrecht nach § 52 StPO uneingeschränkt gilt. Im Falle eines Zeugnisverweigerungsrechts von Berufsgeheimnisträgern und deren Helfern nach den §§ 53 und 53a StPO soll § 252 StPO nur dann Anwendung finden, wenn das Recht, das Zeugnis zu verweigern, schon bei der früheren Vernehmung bestanden hat, nicht aber wenn der Zeuge zu diesem Zeitpunkt nach den §§ 53 Abs. 2 oder 53a Abs. 2 StPO von der Schweigepflicht entbunden war.[88]

Umstritten ist dagegen die Frage, ob die frühere Aussage eines Zeugen, der nunmehr die Aussage unter Berufung auf § 55 StPO verweigert, ver-

---

[84] BGHSt 42, 15 (19) unter Bezugnahme auf BGHSt 38, 214 (222).
[85] Siehe nur *Kleinknecht/Meyer-Goßner*, StPO, 45. Aufl. (2001), § 252 Rdnrn. 12 ff.
[86] *Roxin*, Strafprozeßrecht, 15. Aufl. (1997), Nr. 368a.
[87] Sie zum Meinungsstand *Kleinknecht/Meyer-Goßner*, StPO, 45. Aufl. (2001), § 252 Rdnr. 14.
[88] Vergleiche im einzelnen *Kleinknecht/Meyer-Goßner*, 45. Aufl. (2001), § 252 Rdnr. 3.

lesen werden darf.[89] Ohne weitere Differenzierung – etwa danach, ob eine Verletzung der gesetzlich zwingend vorgeschriebenen Belehrung nach § 55 Abs. 2 StPO unterblieben ist oder das Recht bestand, die Aussage gänzlich zu verweigern – begründet die Rechtsprechung ihre Auffassung, daß *kein* Verwertungsverbot besteht, mit der oben bereits erwähnten *Rechtskreistheorie*.[90] Für die Frage der Verwertbarkeit soll danach entscheidend sein, ob bei der Verletzung von Beweisverboten die verletzte Norm den „Rechtskreis" des Angeklagten „wesentlich berührt" oder ob sie für ihn nur von untergeordneter oder von keiner Bedeutung ist. Für diese Prüfung ist demnach weiter maßgebend, in wessen Interesse die Bestimmung, bezüglich derer ein Verstoß festgestellt worden ist, geschaffen wurde. § 55 StPO bezieht sich nach Ansicht des BGH ausschließlich auf die Interessenlage des Zeugen; ihm solle die seelische Zwangslage erspart werden, unter dem Druck der Aussagepflicht sich oder einen nahen Angehörigen der Strafverfolgung aussetzen zu müssen.[91] Ein Verwertungsverbot nach § 252 StPO soll daher in den Fällen, in denen ein nach § 55 StPO auskunftsverweigerungsberechtigter Zeuge dieses Recht wahrnimmt, nicht gegeben sein.

d. Einschaltung von Privatleuten

Problematisch kann der Fall sein, in dem der später das Zeugnis verweigernde Zeuge seine früheren Angaben nicht im Rahmen einer formellen Vernehmung, sondern gegenüber Privatpersonen gemacht hat. Zweifel an der Verwertbarkeit können sich insbesondere dann ergeben, wenn die Dritten von den Strafverfolgungsbehörden eigens zu dem Zweck der Informationsbeschaffung eingesetzt wurden.

> Beispielsfall (BGHSt 40, 212 ff. [Sedlmayer]): Da sich die Aufklärung eines Tötungsdeliktes sehr schwierig gestaltete, verpflichtete die Polizei im Einvernehmen mit der Staatsanwaltschaft die Kaufleute R und H als Vertrauenspersonen. Diese hatten den Auftrag, Kontakt mit zwei Tatverdächtigen (den späteren Angeklagten) und deren Umfeld aufzunehmen. Ihre Wahrnehmungen sollten sie jeweils vollständig an die Polizei weitergeben. Die beiden V-Leute sprachen ihre Kontakte mit der Polizei ab, hatten aber keine Kenntnis vom Stand der Ermittlungen. Es gelang ihnen, das Vertrauen des Beschuldigten L und seiner Verlobten K zu gewinnen. Letztere erklärte Anfang Juli 1991 einem der V-Männer gegenüber von sich aus, der in der Zeitung abgebildete Tathammer gehöre dem L. Auf Nachfrage beschrieb sie individuelle Merkmale und erklärte später von sich aus erneut, daß sie „hundertprozentig" sicher sei. Erstmals gegenüber dem Ermittlungsrichter am 30. März 1992 und dann in der Hauptverhandlung berief sich die Zeugin K auf ihr Zeugnisverweigerungsrecht nach § 52 StPO und machte keine Angaben zur Sache. Das Gericht hat die V-Leute als Zeugen vernommen.

---

[89] Dazu im Überblick *Geppert*, Jura 1988, 305 ff.
[90] Siehe dazu schon die einleitenden Hinweise oben bei 3.
[91] Vergleiche dazu *Geppert*, Jura 1988, 305 (312).

Der BGH[92] hat in diesem Fall ein Verwertungsverbot mit der Begründung verneint, die Aushorchung durch die V-Leute stelle keine „Vernehmung" dar. Zum Begriff der „Vernehmung" gehöre nämlich, daß „der Vernehmende dem Zeugen in amtlicher Funktion gegenübertritt" und in dieser Eigenschaft von ihm Auskunft verlange.[93] Auch die hierbei vorgenommene Täuschung ziehe kein Verbot der Verwertung des Beweises nach sich, weil § 52 StPO nicht dem Schutz des Beschuldigten diene.[94]

In jüngster Zeit recht kontrovers diskutiert werden auch Fallgestaltungen, in denen Privatleute von den Ermittlungsbehörden dazu *veranlaßt* wurden, Telefonate mit Tatverdächtigen zu führen, in denen diese die Tat gestehen, wobei den späteren in der Hauptverhandlung vernommenen Zeugen das Mithören mit einem Zweithörer ermöglicht wurde.

Beispielsfall (BGHSt 42, 139 ff. [Zweithörer]):[95] Der Beschuldigte wurde verdächtigt, zusammen mit anderen das Tatopfer in seiner Wohnung überfallen und unter Einsatz von Waffen ungefähr 80.000,– Euro entwendet zu haben. Nachdem der Zeuge E der Polizei mitgeteilt hatte, der Beschuldigte habe ihm gegenüber in einem Telefonat seine Täterschaft eingeräumt, veranlaßte die Polizei ein weiteres Telefongespräch zwischen E und dem Angeklagten. Den Dolmetscher F ließ sie dieses Gespräch an einem Zweithörer mithören. Seine Bekundungen über den Inhalt des weiteren Telefonats zwischen E und dem Angeklagten hat das Landgericht dem Urteil zugrundegelegt.

Der BGH ließ im Ergebnis die Verwertung der Zeugenaussage des Dolmetschers zu. Eine Umgehung des § 136 StPO soll hier nicht vorliegen, weil dieser den Beschuldigten nur vor dem Irrtum bewahren solle, zur Aussage verpflichtet zu sein, nicht aber vor staatlich veranlaßter irrtumsbedingter Selbstbelastung schützen wolle.[96] Die Bedenken, die im Hinblick auf den Grundsatz, daß niemand sich selbst belasten müsse, bestünden, seien gegen die Pflicht des Staates zur effektiven Strafverfolgung abzuwägen: Der „heimliche Einsatz von Personen, die den Beschuldigten befragen, um ihn zu belastenden Äußerungen zu veranlassen", ist nach der Auffassung des BGH[97] jedenfalls „dann zulässig und führt zu keinem Beweisverwertungsverbot, wenn es sich bei der den Gegenstand der Verfolgung bildenden Tat um eine Straftat von erheblicher Bedeutung handelt und wenn der Einsatz anderer Ermittlungsmethoden – für deren

---

[92] Vergleiche BVerfG NStZ 2000, 589 f.
[93] BGHSt 40, 211 (213).
[94] BGHSt 40, 211 (217).
[95] Vergleiche schon BGHSt 39, 335 ff., dem ein ähnlicher Sachverhalt zugrundelag.
[96] BGHSt GS 42, 139 (153).
[97] Vergleiche dazu BVerfG NJW 2000, 3556 (= NStZ 2000, 488 f.) und BVerfG NJW 2000, 3557 (= NStZ 2000, 489). In drei zeitlich nahe beieinander liegenden Entscheidungen (neben den zitierten noch BVerfG NStZ 2000, 489 f.) verzichtet das Bundesverfassungsgericht ausdrücklich darauf, verfassungsrechtliche Maßstäbe für die Frage der Beweisverbote im Strafverfahren zu entwickeln, da die Verfassungsbeschwerden durchweg aus Gründen des Substantiierungserfordernisses der §§ 23 Abs. 1 Satz 2 und 92 BVerfGG bereits unzulässig gewesen sein sollen.

Auswahl untereinander wiederum der Grundsatz der Verhältnismäßigkeit gilt – erheblich weniger erfolgversprechend oder wesentlich erschwert wäre".[98]

e. Verwertungsverbote im Zusammenhang mit Durchsuchungen

In der Klausur können auch Probleme im Zusammenhang mit der Anordnung oder der Vornahme von *Durchsuchungen* auftreten. Hier sind zunächst zu unterscheiden Durchsuchungen beim Verdächtigen (§ 102 StPO) und solchen bei Dritten (§ 103 StPO). Die Durchsuchung von Räumlichkeiten des Verdächtigen kann insbesondere vorgenommen werden, „wenn zu vermuten ist, daß die Durchsuchung zur Auffindung von Beweismitteln führen werde". Damit setzt die Hausdurchsuchung in materieller Hinsicht lediglich eine schlichte „Vermutung" voraus, die zwar nicht notwendigerweise durch konkrete Tatsachen gestützt, jedoch zumindest in gesicherter kriminalistischer Erfahrung begründet sein muß.[99] Für die Klausur von Bedeutung können einmal solche Fälle sein, bei denen die Hausdurchsuchung nicht auf eine richterliche Anordnung gestützt wurde. So darf nach § 105 Abs. 1 Satz 1 StPO auch die Staatsanwaltschaft (und ihre Hilfsbeamten) die Durchsuchung unter bestimmten Voraussetzungen anordnen. In diesen Fällen ist eine Prüfung des Merkmals „Gefahr im Verzug" notwendig.[100] Kommt der Bearbeiter zu dem Ergebnis, die Strafverfolgungsbehörden hätten zu unrecht ihre (Eil-) Zuständigkeit angenommen und damit den Richtervorbehalt mißachtet, stellt sich die Frage der Verwertbarkeit des so gewonnenen Beweismittels.[101]

Die Voraussetzungen der Hausdurchsuchung bei Unverdächtigen sind im Grundsatz gegenüber denjenigen bei Verdächtigen in materieller und formeller Hinsicht insoweit strenger, als das gesuchte Beweismittel nicht nur bestimmt sein muß, sondern auch Tatsachen vorliegen müssen, aus denen geschlossen werden kann, daß sich der fragliche Gegenstand in den zu durchsuchenden Räumen befindet. Zudem ist in diesen Fällen die Polizei auch bei Eilbedürftigkeit zu einer Durchsuchungsanordnung nicht berechtigt (so der Umkehrschluß aus § 105 Abs. 1 Satz 2 StPO).

Finden sich bei der Durchsuchung Gegenstände, die in *keiner Beziehung* zur Untersuchung stehen, aber auf die Verübung einer *anderen* strafbaren Handlung hindeuten („Zufallsfunde"), sind die Voraussetzungen des § 108 Abs. 1 StPO zu beachten. Die danach zulässige Beschlagnahme und spätere Verwertung von Zufallsfunden setzt zunächst voraus,

---

[98] BGHSt GS 42, 139 (156 f.).
[99] Siehe *Roxin*, Strafverfahrensrecht, 25. Aufl. (1998), § 35 Rdnr. 5 und *Kleinknecht/Meyer-Goßner*, StPO, 45. Aufl. (2001), § 102 Rdnr. 2.
[100] Dazu umfassend BVerfG NStZ 2001, 382 ff.
[101] Zum Meinungsstand siehe die Darstellung bei *Amelung*, NStZ 2001, 337 (340 ff.).

Zweiter Abschnitt. Das Gutachten

daß die Anordnung der Durchsuchung rechtmäßig war sowie angeordnete Durchsuchungsbeschränkungen eingehalten wurden und § 97 StPO nicht entgegensteht.[102] Verwertungsfragen können sich hier aber etwa dann ergeben, wenn Zufallsfunde durch die durchsuchenden Beamten *angestrebt* worden sind.

Beispielsfall (KG StV 1985, 404f.): Dem Angeklagten wurde u.a. eine Beihilfe zum Betrug und zum Gebrauch unrichtiger Gesundheitszeugnisse zur Last gelegt. Deswegen wurde eine Hauptverhandlung vor der Strafkammer durchgeführt. Daneben ermittelte die Staatsanwaltschaft gegen den Angeklagten wegen des Verdachts des unerlaubten Waffenbesitzes. In diesem Verfahren ordnete das AG die Durchsuchung der Wohnung des (dort noch) Beschuldigten an. Bei der noch am selben Tage durchgeführten Durchsuchung nahmen die Polizeibeamten nach einer „Grobsichtung" aus einem Koffer eine Reihe schriftlicher Unterlagen in Beschlag, weil diese nach ihrer Auffassung für die bei der Strafkammer anhängige Sache von Bedeutung sein könnten.

Das KG[103] ging davon aus, daß die Unterlagen nicht als Zufallsfunde (im Sinne des § 108 Abs. 1 StPO) sichergestellt worden sind. Die vorliegend durchgeführte „Grobsichtung" der Unterlagen hatte nach der Auffassung des Senats nämlich „mit der Suche nach einer Schußwaffe nichts mehr zu tun", da sie „weder erforderlich noch geeignet (war), den festgelegten Zweck der Durchsuchung zu erreichen". Dieser Verstoß gegen gesetzliche Bestimmungen sei als so schwerwiegend anzusehen, daß bei Abwägung aller Umstände im konkreten Fall das öffentliche Interesse an einer Aufklärung der Tat, die nicht dem Bereich der Schwerkriminalität entstammt, zurückzutreten hat. Damit nimmt das KG nicht in allen Fällen der gezielten Suche nach Zufallsfunden ein Verwertungsverbot an, sondern verlangt stets zusätzlich eine Abwägung zwischen Aufklärungsinteresse und Einhaltung eines rechtmäßigen Verfahrens.[104]

f. Verwertungsverbote im Zusammenhang mit Telefonüberwachungen

Gelegentlich wird sich auch in der Klausur die Frage stellen, ob Erkenntnisse aus einer *Telefonüberwachung* verwertet werden können.[105] In diesen Fällen ist zunächst zu prüfen, ob der vom Gesetz für die Überwachung des Fernmeldeverkehrs bestimmte Rahmen eingehalten worden ist. Die Voraussetzungen für die Zulässigkeit der Überwachung ergeben sich vor allem aus den §§ 100a und 100b StPO. Danach darf die Anordnung einer Telefonüberwachung im Regelfall nur durch einen *Richter* er-

---

[102] *Roxin*, Strafverfahrensrecht, 25. Aufl. (1998), § 35 Rdnr. 11.
[103] Das Oberlandesgericht Berlin wird aus historischen Gründen als „Kammergericht" bezeichnet.
[104] Dagegen *Roxin*, Strafverfahrensrecht, 25. Aufl. (1998), § 35 Rdnr. 11.
[105] Abhörmaßnahmen im Sinne des § 100c Abs. 1 Nr. 2 und Nr. 3 StPO dürften noch seltener vorkommen. Lesenswert dazu BGHSt 44, 138 ff. („Safwan E."), in der es um das Abhören eines Privatgesprächs im Besuchsraum einer Untersuchungshaftvollzugsanstalt ging.

folgen und sich zudem nur auf eine der in § 100a StPO *genannten* Straftaten beziehen.[106]

Fraglich ist, wann Verstöße gegen die Anordnungsvorschriften ein Verbot der *Verwertung* erlangter Erkenntnisse nach sich ziehen. Anerkannt ist, daß jedenfalls solche Telefonüberwachungen, die unter völliger Umgehung der Voraussetzungen der §§ 100a und 100b StPO zustande gekommen sind, nicht verwertet werden dürfen. So führt das Fehlen einer wesentlichen sachlichen Voraussetzung für die Anordnung der Maßnahme nach § 100a StPO, beispielsweise das Nichtvorliegen einer Katalogtat, dazu, die rechtswidrig erlangte Information allgemein als unverwertbar anzusehen.[107]

Schwieriger zu beurteilen sind die Fälle, in denen die Voraussetzungen der Strafprozeßordnung zwar eingehalten worden sind, sich aber aus anderen Gründen Zweifel an der Verwertbarkeit der erlangten Informationen ergeben. Hier sind insbesondere die Fälle von erlangten Erkenntnissen in bezug auf *andere* als die Taten, auf die sich die Anordnung bezog, und solche in bezug auf andere Personen, als die in der Anordnung bezeichneten (vergleiche § 100b Abs. 2 Satz 2 StPO), zu nennen.

Beispielsfall (BGH NStZ 1998, 426 f.): Wegen des Verdachts des bandenmäßigen Handeltreibens mit Betäubungsmitteln wurde vom Gericht die Überwachung und Aufzeichnung des Fernmeldeverkehrs nach den §§ 100a Satz 1 Nr. 4, 100b Abs. 1 Satz 1 StPO gegen den Beschuldigten A angeordnet. Nach Abschluß der Ermittlungen wurde von der Staatsanwaltschaft die gegen den Beschuldigten erhobene Anklage nicht auf das oben genannte Delikt, sondern überwiegend auf solche Taten, bei denen eine Überwachung nach § 100a StPO nicht zulässig gewesen wäre, gestützt.

In diesem Fall stellt sich die Frage, inwieweit Erkenntnisse über weitere Straftaten, die bisher nicht Gegenstand der Ermittlungen waren und die sich anläßlich einer Telefonüberwachung ergeben haben, verwertet werden können. Eine ausdrückliche Regelung findet sich lediglich in § 100b Abs. 5 StPO, nach dem personenbezogene Informationen in *anderen* Strafverfahren zu Beweiszwecken nur dann verwertet werden dürfen, wenn sie zur Aufklärung einer der in § 100a StPO bezeichneten Straftaten benötigt werden. Im Beispielsfall lag aber kein *anderes*, sondern *dasselbe* Ermittlungsverfahren gegen denselben Beschuldigten vor, so daß § 100b Abs. 5 StPO keine Anwendung findet. Nach Ansicht des BGH dürfen Zufallserkenntnisse aus einer Telefonüberwachung aber auch im übrigen „nur dann als Beweismittel verwertet werden, wenn sie eine andere als die in der Anordnung bezeichnete *Katalog*tat nach § 100a StPO betreffen". Im Hinblick auf *Nichtkatalog*taten soll dagegen im Grundsatz ein Verwertungsverbot bestehen; die insoweit erlangten Erkenntnisse dürfen da-

---

[106] Zu den Voraussetzungen siehe *Roxin*, Strafverfahrensrecht, 25. Aufl. (1998), § 34 Rdnrn. 25 ff.
[107] Siehe BGHSt 31, 304 (309).

mit zu Beweiszwecken nicht verwertet werden, sie können allenfalls Anlaß zu weiteren Ermittlungen zur Gewinnung neuer Beweismittel sein. Etwas anderes soll nach ständiger Rechtsprechung für die „Verwertung von Zufallserkenntnissen bei ordnungsgemäß angeordneter Überwachung im Hinblick auf Nichtkatalogtaten" nur dann gelten, „wenn ein enger Bezug zu der in der Anordnung aufgeführten Katalogtat besteht, sei es daß eine andere Begehungsform der Katalogtat vorliegt, selbst wenn die abweichende Begehungsform eine Überwachung nicht zulassen würde, sei es daß Tateinheit vorliegt oder ein solcher Zusammenhang mit der Katalogtat, daß Tatidentität im Sinne von § 264 StPO anzunehmen ist".[108]

Beispielsfall (nach BGHSt 26, 298 ff.): In einem Ermittlungsverfahren gegen mehrere Personen der Düsseldorfer Unterwelt wegen des Verdachts der Erpressung und anderer Straftaten hatte das Amtsgericht gemäß § 100a StPO die Überwachung des Fernmeldeverkehrs hinsichtlich des Gastwirts B angeordnet. Bei dieser Überwachung nahm die Kriminalpolizei auf Tonband verschiedene Ferngespräche auf, die der Rechtsanwalt R mit der Ehefrau des B führte. Aufgrund des Inhalts dieser Gespräche leitete die Staatsanwaltschaft gegen den Rechtsanwalt ein Ermittlungsverfahren wegen Begünstigung und Hehlerei ein.

Über die im ersten Beispielsfall angesprochenen Schwierigkeiten hinaus ergibt sich hier ein weiteres Problem: Die gewonnenen Erkenntnisse bezogen sich – unabhängig von der Qualität der aufgedeckten Taten – auf einen *Dritten*, der bisher nicht zum beschuldigten Personenkreis gezählt hatte. Nach Ansicht des BGH ist zunächst die Verwertbarkeit von Zufallsfunden nicht auf den in § 100a Satz 2 StPO genannten Personenkreis, das heißt auf den oder die Beschuldigten der Katalogtat, derentwegen die Überwachung des Fernmeldeverkehrs angeordnet worden ist, oder auf Nachrichtenmittler beschränkt, vielmehr können die gewonnenen Erkenntnisse auch gegen eine dritte Person verwertet werden (diese Grundsätze wurden durch die Einfügung des § 100b Abs. 5 StPO im Jahre 1992[109] ohne inhaltliche Änderung gegenüber der bisherigen Rechtsprechung[110] auch Gesetz). Zur Begründung führte der BGH an, daß in einem solchen Fall auch die Überwachung dieser dritten Person zulässig wäre und die dabei gewonnenen Erkenntnisse dann *unmittelbar* gegen sie verwertet werden könnten. Das zweite Problem, daß die Delikte der Begünstigung und Hehlerei keine Katalogtaten nach § 100a StPO darstellen, ist mit dem im ersten Beispielsfall beschriebenen vergleichbar. So betont der BGH auch hier, die Verwertbarkeit sei zu beschränken auf solche Erkenntnisse, die „im Zusammenhang" mit Katalogtaten des § 100a StPO stehen. Die weitergehende Frage, ob es sich um *dieselbe* Katalogtat, der-

---
[108] BGH NStZ 1998, 426 (427).
[109] Durch das Gesetz zur Bekämpfung des illegalen Rauschgifthandels und anderer Erscheinungsformen der Organisierten Kriminalität (OrgKG) vom 15. Juli 1992 (BGBl. Abs. 1 Seite 1302).
[110] Siehe dazu *Nack*, in: KK-StPO, 4. Aufl. (1999), § 100a Rdnr. 18.

entwegen die Überwachung angeordnet wurde, oder um *irgendeine* Katalogtat handeln müsse, wird in der Entscheidung ausdrücklich offen gelassen.[111]

4. Fernwirkung von Verwertungsverboten

Auch wenn im Einzelfall ein Verbot der Beweisverwertung festgestellt worden sein sollte, ist noch nicht die weitergehende Frage geklärt, welche *Reichweite* diesem Verwertungsverbot zukommt. So ist problematisch, ob nur die unmittelbar auf verbotenem Wege gewonnenen oder auch die dadurch nur *mittelbar* erlangten Beweismittel verwertet werden dürfen.

> Beispiel: Der Beschuldigte wird mit unerlaubten Vernehmungsmethoden nach den §§ 136a Abs. 1, 163 Abs. 4 Satz 2 StPO zu einer Aussage gebracht; diese führt die Ermittlungsbehörden zum Tatwerkzeug, an dem sich die Fingerabdrücke des Beschuldigten finden. Das Schwurgericht nimmt zwar ein Verwertungsverbot hinsichtlich des Inhalts der Aussage des Angeklagten an (§ 136a Abs. 3 Satz 2 StPO), möchte ihn aber aufgrund des daktyloskopischen Gutachtens verurteilen.

Auch die Frage nach der Fernwirkung der Verwertungsverbote ist eine lebhaft umstrittene.[112] Der BGH geht im Grundsatz *nicht* von einer umfassenden Fernwirkung aus. Entscheidungen zu dieser Frage sind bisher insbesondere zu § 136a Abs. 3 Satz 2 StPO[113] und § 100a StPO[114] ergangen. Bei einem (im Beispielsfall vorliegenden) Verstoß gegen § 136a StPO soll nach Ansicht des BGH etwa die Aussage eines Zeugen, der nur aufgrund der Anwendung verbotener Ermittlungsmethoden ermittelt werden konnte, verwertet werden dürfen. Dies folge daraus, daß ein Verfahrensfehler, der ein Verwertungsverbot für ein Beweismittel herbeiführt, nicht ohne weiteres dazu führen dürfe, „daß das gesamte Verfahren lahmgelegt wird".[115] Die Begrenzung der Fernwirkung eines Verfahrensfehlers sei „zu einer wirksamen Verbrechensbekämpfung und auch deshalb erforderlich, weil sich kaum jemals feststellen läßt, ob die Polizei den Zeugen ohne den Verstoß nicht auch gefunden hätte".[116]

---

[111] BGHSt 26, 298 (302 f.).

[112] Die Problematik wird zumeist unter dem Schlagwort „Fruit of the poisonous tree doctrine" behandelt; zum Meinungsstand siehe *Roxin*, Strafverfahrensrecht, 25. Aufl. (1998), § 24 Rdnr. 44.

[113] BGHSt 34, 362 ff.

[114] BGHSt 32, 68 ff.; BGHSt 35, 32 ff.

[115] BGHSt 34, 362 (364) unter Hinweis auf BGHSt 27, 355 (358) und BGHSt 32, 68 (71).

[116] BGHSt 34, 362 (365).

5. Schlußbetrachtung zu den Beweisverwertungsverboten

Aus Vorstehendem folgt, daß bei Überlegungen zu den Beweisverwertungsverboten zunächst von den in den meisten Fällen vorliegenden gesetzlichen Vorschriften *auszugehen* ist und deren Regelungscharakter und -sinn bei der Auslegung herangezogen werden muß. Führt dies noch nicht zu einem eindeutigen Ergebnis der Frage, ob ein Verwertungsverbot anzunehmen oder abzulehnen ist, kann eine Verhältnismäßigkeitsprüfung, insbesondere unter Abwägung der Intensität des Verstoßes gegen eine Beweiserhebungsvorschrift und der Schwere der aufzuklärenden Straftat, geboten sein.[117]

D. Zusammenfassung des materiellrechtlichen Gutachtens

In der Klausur sollte im Anschluß an die Konkurrenzerwägungen am Ende des materiellrechtlichen Gutachtens dessen Ergebnis zusammengefaßt werden:

„Der Beschuldigte A ist nach alledem hinreichend verdächtig, ..."
„Der Beschuldigte B hat sich hingegen der Begehung keines Straftatbestandes hinreichend verdächtig gemacht."

§ 2. Der prozeßrechtliche Teil des Gutachtens

Im Anschluß an das materiellrechtliche Gutachten ist in einem prozessualen Teil der Klausur die Entschließung der Staatsanwaltschaft gutachterlich vorzubereiten. Wie oben gezeigt wurde, beschäftigt sich der erste Teil des Gutachtens mit der Frage, ob sich der Beschuldigte hinsichtlich der Begehung einer oder mehrerer Straftaten *hinreichend verdächtig* gemacht hat. Schon in diesem Zusammenhang können – wie ausgeführt – einzelne verfahrensrechtliche Fragen (etwa zu Strafantragsvoraussetzungen oder zum Vorliegen etwaiger Beweisverwertungsverbote) eine Rolle spielen. Der prozessuale Teil des Gutachtens hat damit nicht *sämtliche* die

---

[117] Vorstehende Überlegungen beziehen sich auf das eine *staatsanwaltschaftliche* Entscheidung vorbereitende materiellrechtliche Gutachten in der Klausur. Insbesondere in den Fällen, in denen ein Strafurteil zu fertigen oder eine Revision Gegenstand der Aufgabenstellung ist, ist die in BGHSt 38, 214 (225 f.) entwickelte „Widerspruchslösung" zu beachten: Ein Verwertungsverbot besteht danach nicht, wenn der verteidigte Angeklagte der Verwertung nicht bis zu dem in § 257 StPO genannten Zeitpunkt widersprochen hat; diese Ansicht ist in der Literatur ganz überwiegend auf Ablehnung gestoßen (siehe den Überblick bei *Fezer*, StV 1997, 57 f.).

Strafprozeßordnung betreffende Erwägungen zum Gegenstand, sondern nur solche, die das weitere praktische Vorgehen des zuständigen Staatsanwaltes betreffen.

A. Vorüberlegungen und Sinn dieses Gutachtenteils

Dieser Teil des Gutachtens dient damit der *Vorbereitung* der zu treffenden „Entschließung der Staatsanwaltschaft". Er hat in der Praxis kein Gegenstück, da sich die prozeßrechtlichen Überlegungen zunächst im Kopf des Staatsanwaltes abspielen. In der Klausur soll dagegen auch gutachterlich gezeigt werden, daß der Bearbeiter komplexe Zusammenhänge auch theoretisch abzuhandeln in der Lage ist. Aus der sich aus der Aufgabenstellung ergebenden Pflicht zur Erörterung prozeßrechtlicher Vorfragen folgt aber auch, daß der sich mit derselben Frage beschäftigende Vermerk *in der Abschlußverfügung* nicht sämtliche Erwägungen wiederholen kann. In letzteren sollten vielmehr nur die *wesentlichen* Gedanken aufgenommen werden. Auch jeder Prüfer weiß nämlich, daß die Aufgabenstellung die Arbeit der Praxis nicht genau widerspiegelt, sondern zwischen Theorie (Abfragen von Wissen) und Praxis (Anwendung von Wissen) zu vermitteln sucht.

Das Anliegen der prozeßrechtlichen Überlegungen ist demnach die Entscheidung über den *Fortgang des Strafverfahrens*. In der Praxis hat die Staatsanwaltschaft in diesem Stadium regelmäßig darüber zu entscheiden, *ob* bzw. *in welchem Umfang* das Verfahren einzustellen oder die öffentliche Klage zu erheben ist. Dem Klausurbearbeiter dürfte sich dagegen allein die Frage stellen, ob und gegebenenfalls welche Entscheidungen *neben der Anklage* zu treffen sind, da der Kandidat nämlich stets zeigen soll, daß er eine Anklageschrift formulieren kann. Damit ist praktisch immer davon auszugehen, daß (mindestens hinsichtlich eines Beschuldigten) die öffentliche Klage zu erheben ist.[118]

Es kann aber darüber hinaus durchaus einmal das Anliegen des Aufgabenstellers sein zu überprüfen, ob der Bearbeiter daneben die komplexe Materie der in Betracht zu ziehenden Einstellungsvorschriften beherrscht. Die eigentlichen Schwierigkeiten liegen in der Klausur in diesem Falle darin, daß weder das *gesamte* Verfahren einzustellen noch bezüglich *aller* festgestellten Tatbestandsverwirklichungen Anklage zu erheben sein wird.

Mit dieser Erkenntnis sind für die Klausur bereits gewisse Weichen gestellt: Sollte hier der in der Praxis häufig vorkommende Fall eines Ermittlungsverfahrens gegen *einen* Beschuldigten, dem auch nur *eine Tat* im

---

[118] Nach dem Bearbeitervermerk kann hier natürlich auch einmal der Entwurf eines Antrags auf Erlaß eines Strafbefehls in Betracht zu ziehen sein.

prozessualen Sinne vorgeworfen wird, vorliegen, wird der Kandidat über eine Einstellung des Verfahrens kaum nachzudenken haben. Vielmehr dürfte in aller Regel eine Anklageschrift zu fertigen sein, so daß in dieser Konstellation für eine etwaige (Teil-) Einstellung kein Raum bleibt, weil die *gesamte* Tat Gegenstand der späteren Urteilsfindung ist.

Schwieriger wird der Fall, wenn *ein* Beschuldigter *mehrere* prozessuale Taten im Sinne des § 264 StPO begangen hat oder aber *mehreren* Beschuldigten *eine* oder *mehrere* prozessuale Taten zur Last gelegt werden. In diesen Konstellationen sollte – zumindest gedanklich – stets die Möglichkeit von Teileinstellungen des Verfahrens neben einer Anklageerhebung erwogen werden. Klausurtypisch dürfte es danach beispielsweise sein, daß für einen Beschuldigten eine Teileinstellung mit einer Anklageerhebung im übrigen zusammentrifft oder Probleme dadurch entstehen, daß für mehrere Beschuldigte jeweils unterschiedliche Entscheidungen zu treffen sind.

Damit haben die prozeßrechtlichen Überlegungen nach den obigen Ansätzen *immer* der Vorbereitung der Anklageschrift, *häufig* aber auch der Prüfung der Voraussetzungen einer Teileinstellung des Verfahrens zu dienen.

Gerade im Hinblick auf die Möglichkeit einer Einstellung oder Teileinstellung des Verfahrens sollte der Bearbeitervermerk sehr genau gelesen werden. Häufig wird sich nämlich schon aus diesem ergeben, daß die Einstellungsvorschriften der §§ 153 ff. StPO nicht anzuwenden sind und eine Erörterung dieser Regelungen im prozessualen Gutachten daher von vornherein zu unterbleiben hat.[119]

B. Prozessuale Überlegungen im Hinblick auf die Anklageerhebung

Aus der Vorüberlegung, daß in der Klausur *stets* der Entwurf einer Anklageschrift zu fertigen sein wird, folgt, daß bestimmte verfahrensrechtliche Prüfungspunkte in der Klausur immer wiederkehren. Diese sich einzuprägen dürfte daher keine größeren Probleme bereiten.

I. Sachliche Zuständigkeit

Soll gegen den, die oder einen der Beschuldigten die öffentliche Klage erhoben werden, ist zunächst zu klären, *bei welchem Gericht* sie einzu-

---

[119] Dies führt naturgemäß gelegentlich zu recht praxisfernen Abschlußentscheidungen, da unter Umständen die öffentliche Klage zu erheben ist gegen einen bisher strafrechtlich nicht in Erscheinung getretenen geständigen Jugendlichen, der einer gemeinschädlichen Sachbeschädigung nach § 304 Abs. 1 StGB (natürlich kein Privatklagedelikt!) mit einer Schadenshöhe von 10,– DM hinreichend verdächtig ist.

reichen ist (vgl. § 170 Abs. 1 StPO: „Einreichung ... bei dem zuständigen Gericht"). Zu unterscheiden ist hier die *sachliche* und die *örtliche* Zuständigkeit.

Die sachliche Zuständigkeit im ersten Rechtszug ergibt sich aus dem Gerichtsverfassungsgesetz (GVG). Gedanklich ist es sinnvoll, die Zuständigkeiten zunächst nach aufdrängenden Zuweisungen und daran anschließend an der Straferwartung zu orientieren. Aufdrängende Zuständigkeiten nach § 24 Abs. 1 Nr. 1 GVG, die für die Klausur beachtet werden sollten, ergeben sich aus dem Katalog des § 74 Abs. 2 GVG, der (mit Ausnahme des § 74 Abs. 2 Nr. 17 GVG) durchweg Verbrechen zum Gegenstand hat, bei denen der Tod eines Menschen eingetreten ist. Die Zuständigkeiten der Wirtschaftsstraf- und der Staatsschutzkammer (§ 74c und § 74a GVG) dürften in der Klausur eine ebenso untergeordnete Rolle spielen wie diejenige des Oberlandesgerichtes in den Fällen des § 120 GVG.

Nach § 24 GVG ist *regelmäßig* die Zuständigkeit des Amtsgerichts begründet. Abgesehen von der oben angesprochenen Zuweisung an das Landgericht nach § 24 Abs. 1 Nr. 1 GVG und der (in der Klausur wohl weitgehend bedeutungslosen) Zuständigkeit des Landgerichts in Fällen mit „besonderer Bedeutung"[120] (§ 24 Abs. 1 Nr. 3 GVG) ist maßgeblich die im weiteren Verfahren zu erwartende Strafe. Das Amtsgericht ist danach (in der Regel[121]) zuständig, wenn eine höhere Strafe als vier Jahre Freiheitsstrafe nicht zu erwarten ist. Innerhalb der Zuständigkeit des Amtsgerichts ist die Anklage beim Strafrichter einzureichen, wenn das Verfahren ein Vergehen zum Gegenstand hat, das entweder ein Privatklagedelikt darstellt oder aber die Straferwartung zwei Jahre Freiheitsstrafe nicht übersteigt.(§ 25 GVG). Beim Schöffengericht einzureichen ist damit die Anklageschrift in den Fällen einer Straferwartung zwischen mehr als zwei Jahren und höchstens vier Jahren Freiheitsstrafe.

Damit sind von dem Bearbeiter an dieser Stelle zumindest die wesentlichen Gesichtspunkte der Strafzumessung im vorliegenden Fall zu erwähnen. Es empfiehlt sich daher auch in der Vorbereitung auf die Pflichtklausur,[122] sich mit den Grundsätzen des § 46 StGB (lesen!) vertraut zu machen. Zwar dürften hier kaum ausgefeilte Überlegungen erwartet wer-

---

[120] Eine „besondere Bedeutung" kann sich etwa ergeben aus dem Ausmaß der Rechtsverletzung und den Auswirkungen der Straftat sowie der Persönlichkeit und Stellung des Beschuldigten (vergleiche *Kleinknecht/Meyer-Goßner*, StPO, 45. Aufl. [2001], § 24 GVG Rdnr. 6). Zur „besonderen Bedeutung" siehe beispielhaft OLG Karlsruhe NStZ-RR 2001, 144 f.

[121] Ausnahmsweise ergibt sich auch hier eine erstinstanzliche Zuständigkeit des Landgerichts, wenn die Anordnung die Unterbringung in einem psychiatrischen Krankenhaus oder der Sicherungsverwahrung zu erwarten ist (siehe § 24 Abs. 1 Nr. 2 und Abs. 2 GVG).

[122] Zur Strafzumessung siehe unten Zweiter Teil, Zweiter Abschnitt, § 2 A II und Dritter Abschnitt, § 5.

den, der Kandidat kann sich hier jedoch schon durch wenige verständige Ausführungen auszeichnen. Unverzichtbar ist in diesem Zusammenhang die Erwähnung der anzuwendenden Strafrahmen, der verursachten Folgen der Straftat, vor allem aber auch etwaiger Vorstrafen des Täters (oder auch, daß dieselben nicht vorliegen) sowie gegebenenfalls dessen Nachtatverhalten.[123]

II. Örtliche Zuständigkeit

Da die Zuständigkeit der jeweiligen Staatsanwaltschaft bereits durch den Aktenauszug und die Aufgabenstellung vorgegeben ist, ergeben sich hinsichtlich der örtlichen Zuständigkeit in der Klausur jedenfalls dann keine Probleme, wenn die sachliche Zuständigkeit des *Landgerichts* angenommen wurde. Hier decken sich nämlich nach § 143 Abs. 1 GVG regelmäßig die örtlichen Zuständigkeitsbereiche. Soll die öffentliche Klage dagegen bei einem *Amtsgericht* erhoben werden, können auch einmal andere Gerichtsstände als der Sitz des Landgerichts in Betracht zu ziehen sein: In diesem Falle ist § 7 StPO zu beachten, nach dem grundsätzlich die örtliche Zuständigkeit des Gerichts begründet ist, in dessen Bezirk die Straftat begangen worden ist.[124] Hier dürften vom Bearbeiter kaum ausgewiesene geographische Fertigkeiten verlangt werden, jedoch empfiehlt es sich, einige Worte mit der Nennung der anzuwendenden Vorschriften (§§ 7 ff. StPO und 9 StGB) in das prozessuale Gutachten einfließen zu lassen.

III. Zuständigkeitsfragen bei mehreren Beschuldigten

Bei der Feststellung der Zuständigkeit kann bei *mehreren Beschuldigten* das Problem auftreten, daß sich für die einzelnen Beschuldigten sowohl in bezug auf den örtlichen Gerichtsstand als auch im Hinblick auf die Frage, ob Klage beim Amts- oder Landgericht zu erheben ist, zunächst voneinander abweichende Zuständigkeiten ergeben können:

Beispiel: Der Beschuldigte A schlug X mit einem Knüppel nieder und entwendete sodann dessen Brieftasche (Anklagevorwurf: Schwerer Raub nach § 250 Abs. 2 Nr. 1 StGB mit einer Mindeststrafe von fünf Jahren Freiheitsstrafe, so daß sich nach § 74

---

[123] Hier sei darauf hingewiesen, daß für die Fälle der „Alltagskriminalität" der Terminus „Regelfall" eingeführt wurde (BGHSt 27, 2 ff.), der in das untere Drittel des gesetzlichen Strafrahmens einzuordnen ist (siehe *Horn*, in: SK-StGB, 7. Aufl. [2001], § 46 Rdnrn. 87 ff.).

[124] Die Tat ist dort begangen, wo der Täter gehandelt hat oder im Falle des Unterlassens hätte handeln müssen oder an dem der zum Tatbestand gehörende Erfolg eingetreten ist oder nach der Vorstellung des Täters hätte eintreten sollen (§ 9 Abs. 1 StGB).

Abs. 1 Satz 2 GVG eine Zuständigkeit des Landgerichts ergibt). Den Knüppel erhielt A vom Beschuldigten B, der von dem Plan des A wußte, aber selbst keine täterschaftsbegründende Stellung hatte (Anklagevorwurf: Beihilfe zum schweren Raub nach §§ 250 Abs. 2 Nr. 1, 27 Abs. 1 StGB mit einem über §§ 27 Abs. 2, 49 Abs. 1 Nr. 2 und Nr. 3 StGB gemilderten Strafrahmen von zwei bis zu elf Jahren und drei Monaten Freiheitsstrafe, so daß sowohl die Zuständigkeit des Amtsgerichtes nach § 24 Abs. 1 Nr. 1 GVG als auch diejenige des Landgerichts in Betracht kommt).

Im Hinblick auf die Prozeßökonomie wäre es wenig sinnvoll, für jeden Beschuldigten ein eigenes Verfahren anzustrengen, da dann zum einen Doppelarbeit geleistet werden müßte, zum anderen aber auch die Gefahr bestünde, daß derselbe Sachverhalt von verschiedenen Gerichten unterschiedlich beurteilt wird.[125] Daher eröffnen die §§ 2 und 3 StPO (lesen!) die Möglichkeit, „zusammenhängende Strafsachen" auch dann bei demselben Gericht (höherer Ordnung) anzuklagen, wenn sich für einen der Beschuldigten an sich die Zuständigkeit eines anderen Gerichts (niedrigerer Ordnung) ergeben würde. In der Klausur spricht schon die Tatsache, daß gegen sämtliche Beschuldigte nur *ein*, sich aus der Akte ergebendes, Ermittlungsverfahren geführt wird, für das Vorliegen eines Zusammenhangs. Damit wird stets auch eine gemeinsame Anklage vertretbar sein. Will der Bearbeiter hingegen bei unterschiedlichen Gerichten anklagen, muß das Verfahren zunächst *getrennt* und sodann *zwei* Anklagen gefertigt werden. Schon aus Zeitgründen wird sich dieser Weg selten empfehlen.

IV. Besonderheiten in bezug auf Maßnahmen

Bereits im Rahmen des die Anklage vorbereitenden prozessualen Gutachtens sind Erwägungen zur möglichen Anordnung von *Maßnahmen* anzustellen, da die Umstände, welche die Anordnung einer solchen rechtfertigen, im Anklagesatz anzugeben sind (Nr. 110 Abs. 2 lit. c RiStBV). Zu den Maßnahmen gehören nach § 11 Abs. 1 Nr. 8 StGB neben den Maßregeln der Besserung und Sicherung (siehe die Übersicht in § 61 StGB) vor allem der Verfall und die Einziehung. Durch Ausführungen in diesem Bereich kann der Bearbeiter wiederum Kenntnisse zeigen, die in der Ausbildung nicht unbedingt zum Selbstverständlichen, in der Praxis jedoch zum täglichen Handwerkszeug zu zählen sind. Wenig klausurrelevant sind die Maßregeln der §§ 63 und 64 StGB, die eine Unterbringung zum Gegenstand haben. Wegen der vielschichtigen Voraussetzungen für diese Formen der Freiheitsentziehung ist der Bearbeiter auf ein Sachverständigengutachten[126] angewiesen, das – sollte es sich einmal in der Akte finden – deutliche Hinweise für die zu treffende Entscheidung enthält.

---

[125] *Kleinknecht/Meyer-Goßner*, StPO, 45. Aufl. (2001), § 2 Rdnr. 2.
[126] Bei der Frage nach der Unterbringung nach § 63 StGB soll die Zuziehung eines Sachverständigen „unerläßlich" sein (BVerfG NJW 1995, 3047).

In der Klausur wird sich der Bearbeiter dagegen sehr häufig mit den Voraussetzungen der Maßregel der Entziehung der Fahrerlaubnis nach § 69 StGB auseinanderzusetzen haben. Hier sollte der Bearbeiter andeuten, daß ihm das weitere prozessuale Vorgehen vertraut ist. Im verfahrensrechtlichen Gutachten kann es hier etwa lauten:

„Der Beschuldigte A hat sich einer fahrlässigen Straßenverkehrsgefährdung gemäß § 315 c Abs. 3 Nr. 1 i.V.m. Abs. 1 Nr. 1 lit. a StGB hinreichend verdächtig gemacht. Sollte sich seine Strafbarkeit in der Hauptverhandlung erweisen, ist er gemäß § 69 Abs. 1 Satz 1 und Abs. 2 StGB in der Regel als ungeeignet zum Führen von Kraftfahrzeugen anzusehen, so daß die Anordnung der Entziehung der Fahrerlaubnis (§ 69 Abs. 1 Satz 1 StGB), die Einziehung des Führerscheins (§ 69 Abs. 3 Satz 2 StGB) und die Bestimmung einer Sperre für die Erteilung einer neuen Fahrerlaubnis (§ 69a Abs. 1 StGB) in Betracht zu ziehen ist. Ein entsprechender Antrag ist mit der Anklageschrift bei dem Gericht zu stellen."

Dürfte der Anordnung des Verfalls nach § 73 Abs. 1 StGB in der Klausur wenig Relevanz zukommen, ist die Anordnung einer Einziehung nach § 74 StGB demgegenüber recht häufig. Der Bearbeiter wird beispielsweise durch die Existenz eines Sicherstellungsprotokolls in den Akten auf den möglicherweise einziehungsfähigen Gegenstand hingewiesen. Es kann in diesen Fällen etwa zu formulieren sein:

„Das vom Beschuldigten bei dem Banküberfall verwendete ihm gehörende Messer der Marke ‚Wagrien' unterliegt gemäß § 74 Abs. 1 StGB der Einziehung."

V. Mit der Anklage im Zusammenhang stehende Anträge

Weiterhin hat der Bearbeiter schon im prozessualen Gutachten ein Augenmerk zu richten auf Umstände, die mögliche *Anträge* betreffen, welche mit der Anklageschrift zu stellen sind.

1. Antrag auf Erlaß eines Haftbefehls

Auch wenn die Prüfung der Anordnung oder Fortdauer der Untersuchungshaft gemäß § 207 Abs. 4 StPO von Amts wegen zu geschehen hat, sieht Nr. 110 Abs. 4 Satz 2 RiStBV vor, daß jedenfalls für deren Fortdauer ein „bestimmter Antrag" zu stellen ist.

In der Klausur kann durchaus auch einmal über einen *Antrag auf Erlaß eines Haftbefehls* (§§ 112 ff. StPO)[127] nachzudenken sein, wenn sich dahingehende Hinweise in der Akte finden sollten. Daher sollte sich der Examenskandidat mit den Voraussetzungen für einen solchen ebenfalls vertraut machen.

---

[127] Siehe die beispielhafte Klausurlösung bei *Klemme*, JA 1991, 85 ff.

Nach § 112 Abs. 1 StPO muß der Beschuldigte zunächst der Tat *dringend verdächtig* sein. Dies bedeutet, daß ein hoher Grad von Wahrscheinlichkeit dafür gegeben sein muß, daß er die Tat begangen hat und daß sämtliche Voraussetzungen der Strafbarkeit und Verfolgbarkeit vorliegen.[128] Des weiteren muß einer der in den §§ 112 Abs. 2 Nr. 1 bis 3 und Abs. 3, 112a Abs. 1 StPO beschriebenen *Haftgründe* vorliegen: Hier ist zunächst die *Flucht* oder die *Gefahr der Flucht* des Beschuldigten (§ 112 Abs. 2 Nrn. 1 und 2 StPO) zu nennen. Daneben kommt der Antrag auf Erlaß eines Haftbefehls bei Vorliegen einer *Verdunklungsgefahr* in Betracht; Anhaltspunkte für eine solche ergeben sich aus den in § 112 Abs. 2 Nr. 3 lit. a bis c StPO genannten Verhaltensweisen. In bestimmten Fällen folgt schon aus dem Straftatbestand, dessen der Beschuldigte dringend verdächtig ist, ein (aus der *Schwere der Schuld* resultierender) Haftgrund, ohne daß eine der vorgenannten Voraussetzungen gegeben sein muß.[129] Des weiteren bleibt der Haftgrund der *Wiederholungsgefahr* (§ 112a Abs. 1 StPO) zu nennen.

Ein Haftbefehl darf zudem nur erlassen werden, wenn der Grundsatz der *Verhältnismäßigkeit* gewahrt wird. Hierfür ist die Schwere des Eingriffs in die Lebenssphäre des Beschuldigten gegen die Bedeutung der Strafsache und die Rechtsfolgenerwartung abzuwägen.[130]

Im prozessualen Gutachten kann sich der Kandidat gewöhnlich kurz fassen und etwa ausführen:

„Da der Beschuldigte A aufgrund seines Geständnisses der Tat dringend verdächtig ist und zudem bereits mehrmals versucht hat, den Zeugen X durch Bedrohungen zur Rücknahme seiner belastenden Aussagen zu bewegen, ist der Antrag zu stellen,[131] gegen den Beschuldigten Haftbefehl wegen Verdunklungsgefahr gemäß § 112 Abs. 2 Nr. 3 lit. b StPO zu erlassen."

2. Weitere Anträge

Häufig werden die Voraussetzungen für die vorläufige Entziehung der Fahrerlaubnis (§ 111a StPO)[132] und die für die Bestellung eines Verteidigers (§ 140 StPO) zu prüfen sein:

„Der Beschuldigte befindet sich seit dem ..., mithin seit über drei Monaten, in Untersuchungshaft; ihm ist damit ein Verteidiger zu bestellen, da ein Fall notwendiger Verteidigung nach § 140 Abs. 1 Nr. 5 StPO vorliegt."

---

[128] Vergleiche *Roxin*, Strafverfahrensrecht, 25. Aufl. (1998), § 30 Rdnr. 6.
[129] Aus diesem Grunde wird häufig ein Verstoß gegen das Verhältnismäßigkeitsgebot gerügt (s. die einschränkende Interpretation des BVerfG in BVerfGE 19, 342 [350]; vergleiche *Kleinknecht/Meyer-Goßner*, StPO, 45. Aufl. (2001), § 112 Rdnrn. 36 ff.).
[130] *Boujong*, in: KK-StPO, 4. Aufl. (1999), § 112 Rdnr. 45.
[131] Einige Prüfer verlangen auch einen Hinweis auf die Zuständigkeit „nach Erhebung der öffentlichen Klage" (§ 125 Abs. 2 StPO).
[132] Sollte ein entsprechender Antrag formuliert werden, ist die Mitteilungspflicht nach Nr. 45 Abs. 1 Nr. 1 MiStra (dazu unten VI 1) zu beachten.

Auch wenn Anklage beim Schöffengericht erhoben wird, dürften die Voraussetzung des § 29 Abs. 2 GVG („Umfang") in Klausurfällen kaum gegeben sein, so daß die Zuziehung eines zweiten Richters selten zu beantragen sein wird. Gleiches gilt für die Frage der Zulassung oder Nichtzulassung der Nebenklage (§ 396 Abs. 2 Satz 1 StPO).

3. Anträge bei Anklageerhebung gegen Jugendliche und Heranwachsende

Wird Anklage gegen einen Jugendlichen erhoben, ist hinsichtlich eines etwaigen Antrags auf Erlaß eines Haftbefehls § 72 JGG zu beachten, der die Voraussetzungen des § 112 StPO einschränkt. Hervorzuheben sind bei der Prüfung in bezug auf die Voraussetzungen eines Haftbefehlsantrags die „besonderen Belastungen", denen der Jugendliche im Vollzug ausgesetzt ist, und etwaige weniger einschneidende Maßnahmen, durch die der Zweck der Untersuchungshaft erreicht werden kann. Gegen Heranwachsende gelten demgegenüber keine Besonderheiten im Vergleich zum Antrag auf Erlaß eines Haftbefehls bei Erwachsenen (vergleiche § 105 JGG, der auf § 72 JGG nicht verweist).

Die Voraussetzungen für eine notwendige Verteidigung in Verfahren gegen Jugendliche ergeben sich aus § 68 JGG, der über den Anwendungsbereich des § 140 StPO hinaus vor allem dann eine Bestellung vorschreibt, wenn gegen den jugendlichen Beschuldigten Untersuchungshaft oder einstweilige Unterbringung vollstreckt wird.[133]

VI. Weitere Besonderheiten

1. Mitteilungspflichten

Da das prozeßrechtliche Gutachten die Entschließung der Staatsanwaltschaft in ihrem ganzen Umfang vorbereiten soll, muß bereits hier (in der gebotenen Kürze) darauf hingewiesen werden, wenn (insbesondere) von der Anklageerhebung andere behördliche Stellen zu unterrichten sind. Vor allem ist hier die „Anordnung über Mitteilungen in Strafsachen (MiStra)", eine Verwaltungsvorschrift,[134] zu nennen. Auch im Bereich dieser (in der Klausur nicht immer[135] im Text vorliegenden) Mitteilungs-

---

[133] In diesen Fällen besteht demgegenüber keine Pflicht zur Verteidigerbestellung *bei Heranwachsenden* (vergleiche § 109 Abs. 1 Satz 1 JGG, der ausdrücklich nur auf § 68 Nr. 1 und 3 JGG verweist).
[134] Die Rechtsgrundlage findet sich in den §§ 12 ff. EGGVG; vergleiche auch § 479 StPO.
[135] Abgedruckt sind diese in *Kleinknecht/Meyer-Goßner*, StPO, 45. Aufl. (2001), Anhang 16.

pflichten kann der Kandidat zusätzliche Punkte sammeln, wobei eine exakte Zitierweise niemals verlangt sein dürfte, sondern ein kurzer Hinweis genügt. Im folgenden sind einige der wichtigsten Fälle, in denen eine andere Stelle schon von der Anklageerhebung zu unterrichten ist, zusammengestellt:

- Mitteilung der Anklageerhebung an den Dienstvorgesetzten eines Angehörigen des öffentlichen Dienstes, der im Beamten- oder Richterverhältnis (Nr. 15 Abs. 1 Nr. 2 MiStra) steht (vergleiche die §§ 125c BRRG, 46 Abs. 1, 71 Abs. 3 DRiG).
- Mitteilung an den zuständigen Befehlshaber der Bundeswehr gemäß Nr. 19 Abs. 1 Nr. 2 MiStra, wenn gegen einen Soldaten der Bundeswehr Anklage erhoben wird (vergleiche die §§ 62 Abs. 1 und 3 SoldG, 125c BRRG).
- Mitteilung nach Nr. 23 Abs. 1 Nr. 3 MiStra an die Rechtsanwalts- oder Notarkammer, wenn der Beschuldigte Rechtsanwalt oder Notar ist (vergleiche die §§ 36a Abs. 3 BRAO, 64a Abs. 3 BNotO).
- Mitteilung nach Nr. 32 Nr. 4 MiStra an die Jugendgerichtshilfe, wenn der Beschuldigte Jugendlicher oder Heranwachsender ist (vergleiche die §§ 50 Abs. 3 und 109 Abs. 1 JGG).[136]
- Mitteilung gemäß Nr. 42 MiStra (schon der Einleitung des Verfahrens [Abs. 1 Nr. 1]) an das zuständige (Wohnsitz im Inland) Ausländeramt, wenn der Beschuldigte Ausländer ist (vergleiche § 76 Abs. 4 AuslG).
- Mitteilung nach Nr. 43 Nr. 1 MiStra, wenn Anklage gegen Gefangene und Untergebrachte erhoben wird.

Im prozessualen Gutachten wird regelmäßig nicht erwartet, daß der Kandidat die jeweilige Nummer der „MiStra" genau bezeichnet. Vielmehr kann etwa formuliert werden:

„Der Beschuldigte A ist Soldat auf Zeit bei der Marinewaffenschule in Rostock. Über die Anklageerhebung ist daher eine Mitteilung an das zuständige Wehrbereichskommando zu machen."

2. Abgabe an Ordnungsbehörde

In einigen Fällen kann im materiellrechtlichen Gutachten ein hinreichender Tatverdacht bezüglich einer Straftat abgelehnt worden sein, es können sich aber Anhaltspunkte für die Begehung einer Ordnungswidrigkeit ergeben haben. Hier darf die Staatsanwaltschaft die Sache nicht ohne weitere Veranlassungen nach § 170 Abs. 2 Satz 1 StPO (teil-) einstellen, sondern sie gibt „die Sache an die Verwaltungsbehörde ab" (§ 43 Abs. 1 OWiG).

---

[136] Nach Nr. 32 Nr. 3 MiStra ist die Jugendgerichtshilfe auch von dem Erlaß und der Vollstreckung eines Haftbefehls zu unterrichten.

„Der Beschuldigte A hat sich nicht wegen fahrlässiger Trunkenheit im Verkehr gemäß § 316 Abs. 2 StGB hinreichend verdächtig gemacht. Wegen der festgestellten Blutalkoholkonzentration von 0,52 Promille kommt aber die Verfolgung als Ordnungswidrigkeit nach § 24a Abs. Abs. 1 Nr. 2 StVG[137] in Betracht. Die Sache ist daher an die zuständige Ordnungsbehörde abzugeben."

C. Prozessuale Überlegungen im Hinblick auf die (Teil-)Einstellung des Verfahrens

Neben den oben ausgeführten Überlegungen, die im Zusammenhang mit der *Anklageerhebung* stehen, sind bereits im prozessualen Gutachten Erwägungen anzustellen, die eine mögliche *Einstellung* des Verfahrens betreffen. Während der zuständige Staatsanwalt in der Praxis nach der Prüfung des hinreichenden Tatverdachts[138] darüber zu entscheiden hat, ob bzw. in welchem Umfang das Verfahren einzustellen oder öffentliche Klage zu erheben ist, kann sich der Klausurbearbeiter auf die Frage beschränken, ob *neben der Anklage* eine Teileinstellung in Betracht zu ziehen ist.

Wie oben bereits gezeigt wurde, kommt zum einen eine Teileinstellung hinsichtlich eines von mehreren Beschuldigten (im folgenden sog. „vertikale Teileinstellung") und zum anderen eine Teileinstellung, die eine von mehreren in Rede stehenden prozessualen Taten eines Beschuldigten betrifft (im folgenden sog. „horizontale Teileinstellung"), in Betracht. Beide Formen können naturgemäß auch nebeneinander auftreten.[139] In zwei Schaubildern lassen sich die Konstellationen wie folgt darstellen:

Einzustellender Teil	Anzuklagender Teil
⇓	⇓
Beschuldigter A	**Beschuldigter B**
Prozessuale Tat 1	**Prozessuale Tat 1**
Prozessuale Tat 2	**Prozessuale Tat 2**

Schaubild 1 zur „vertikalen Teileinstellung" des Verfahrens bei mehreren Beschuldigten

---

[137] § 24a StVG wurde durch Gesetz vom 27. April 1998 neugefaßt (BGBl. I, Seite 795).
[138] Zu den Anforderungen an den Tatverdacht bei § 153 Abs. 1 StPO siehe *Kleinknecht/Meyer-Goßner*, StPO, 45. Aufl. (2001), § 153 Rdnr. 3.
[139] Zur Problematik der Teileinstellung umfassend *von Heintschel-Heinegg*, Die Teileinstellung in der staatsanwaltschaftlichen Abschlußverfügungsklausur, in: *Proppe/Solbach*, Fallen – Fehler – Formulierungen, Seite 119 ff. (sehr lesenswert!).

	Beschuldigter
Einzustellender Teil ⇒	Prozessuale Tat 1
Anzuklagender Teil ⇒	Prozessuale Tat 2

Schaubild 2 zur „horizontalen Teileinstellung" des Verfahrens bei einem Beschuldigten und mehreren prozessualen Taten

I. Der Begriff der prozessualen Tat

Für eine Auseinandersetzung mit den Einstellungs- bzw. Verfolgungsbeschränkungsvorschriften der §§ 153 bis 154e StPO ist eine Kenntnis des Begriffs der „prozessualen Tat" nach § 264 StPO unerläßlich. Eine Begrenzung des Untersuchungsgegenstandes durch *Teileinstellung* des Verfahrens etwa kommt nur dann in Betracht, wenn der *auszuscheidende* Teil eine *selbständige prozessuale Tat* darstellt; von einer *Beschränkung der Strafverfolgung* ist demgegenüber nur dann zu sprechen, wenn es sich bei den auszuscheidenden Tatbeständen um solche *innerhalb* einer Tat im Sinne des § 264 StPO handelt.

Unter der prozessualen Tat soll nach gängiger Definition der durch die Anklage dem Gericht unterbreitete geschichtliche Vorgang, soweit er nach der Lebensauffassung eine Einheit bildet, zu verstehen sein.[140] Durch die Voraussetzung eines „einheitlichen geschichtlichen Vorgangs" kann aber kaum eine konturenscharfe Abgrenzung vorgenommen werden. Zwar besteht Einigkeit insoweit, als der prozessuale Tatbegriff im Grundsatz *vom materiellen Recht unabhängig* zu bestimmen ist, jedoch lassen sich aus der Betrachtung der Konkurrenzen der verwirklichten Tatbestände zumindest einige wesentliche Anhaltspunkte ableiten, die für die Klausurbearbeitung hilfreich sind.

Soweit im materiellrechtlichen Gutachten ein hinreichender Tatverdacht für *tateinheitlich* verwirklichte Delikte festgestellt worden ist, bildet das gesamte Geschehen in der Regel auch eine „Tat" nach § 264 StPO.[141] Umgekehrt ist im Grundsatz dann von selbständigen prozessualen Taten auszugehen, wenn materiellrechtlich ein Verhältnis der *Tatmehrheit* festgestellt worden ist. Nach der Rechtsprechung soll jedoch trotz Vorliegens von Tatmehrheit ausnahmsweise nur *eine* „Tat" im Sinne des § 264 StPO

---

[140] *Roxin*, Strafverfahrensrecht, 25. Aufl. (1998), § 20 Rdnr. 5.
[141] Die wenigen von diesem Grundsatz abweichenden Fallgruppen werden im Assessorexamen kaum jemals Bedeutung erlangen. So sollen etwa bei der Verwirklichung eines Organisationsdeliktes (§§ 129, 129a StGB) die im Dienste der Vereinigung begangenen Straftaten zu diesem zwar materiellrechtlich in Tateinheit stehen, jedoch dennoch selbständige prozessuale Taten darstellen (s. ausf. *Roxin*, Strafverfahrensrecht, 25. Aufl. [1998], § 20 Rdnrn. 8 ff.).

gegeben sein, wenn es sich um faktisch untrennbare und ineinander übergehende Vorgänge handelt, die nicht nur zeitlich und räumlich eng miteinander verbunden sind, sondern auch hinsichtlich ihres Unrechtsgehaltes vergleichbar sind.[142] Die für die Klausur bedeutsamen Fallgruppen, in denen der Tatbegriff unabhängig vom materiellen Recht zu bestimmen ist, entstammen zumeist dem Bereich der Straßenverkehrsdelikte:

> Beispielsfall (nach BGHSt 23, 141 ff.): Der nach Alkoholgenuß fahruntüchtige Angeklagte verschuldete bei Dunkelheit mit seinem Kraftfahrzeug alkoholbedingt einen Zusammenstoß mit einem anderen Kraftfahrzeug. Beide Fahrzeuge wurden nicht unerheblich beschädigt. Um sich den Feststellungen seiner Person und der Art seiner Beteiligung an dem Unfall zu entziehen, verweilte er nicht am Unfallort, sondern fuhr davon.

Nach dem vom BGH vertretenen Tatbegriff bilden die fahrlässige Straßenverkehrsgefährdung nach § 315c Abs. 1 Nr. 1 lit. a, Abs. 3 Nr. 2 StGB und das daran anschließende (in Tateinheit mit einer fahrlässigen Trunkenheit im Verkehr nach § 316 Abs. 2 StGB begangene) unerlaubte Entfernen vom Unfallort nach § 142 Abs. 1 StGB ungeachtet ihrer sachlichrechtlichen Selbständigkeit einen einheitlichen Lebensvorgang und damit verfahrensrechtlich eine Tat. Hierbei soll darauf abzustellen sein, daß sie nicht nur äußerlich ineinander übergehen, sondern auch innerlich – strafrechtlich – eng miteinander verknüpft sind, da der Unrechts- und Schuldgehalt des Tatbestandes des § 142 StGB nicht ohne Berücksichtigung der Umstände, unter denen es zum Unfall gekommen ist, beurteilt werden könne. Die natürliche Betrachtungsweise – auf die es nach dem Ansatz des BGH entscheidend ankommt – läßt ihre getrennte Würdigung und Aburteilung in verschiedenen Verfahren insbesondere dann nicht zu, wenn der Täter nach einem Unfall ohne Halt weiterfährt.[143]

Zwar trifft dieser Ansatz des BGH zum Begriff der „Tat" in der Literatur vielfach auf Ablehnung,[144] jedoch sollte in der Klausur versucht werden, auf der Grundlage der oben dargelegten Erwägungen eine tragfähige und sachgerechte Lösung zu finden.

II. Vorläufige und endgültige Teileinstellungen

Im Rahmen der Einstellungsüberlegungen im Gutachten ist zunächst deutlich zwischen vorläufigen und endgültigen Teileinstellungen zu unter-

---

[142] Siehe etwa BGHSt 23, 141 ff.; BGHSt 23, 270 ff.; vergleiche dazu zusammenfassend *Roxin*, Strafverfahrensrecht, 25. Aufl. (1998), § 20 Rdnrn. 5 und 11.

[143] BGHSt 23, 141 (147).

[144] So etwa *Fezer*, Strafprozeßrecht, 2. Aufl. (1995), Fall 18, Rdnrn. 10 ff., der darauf hinweist, daß die Relevanz einer Tat für den Unrechts- und Schuldgehalt einer anderen Tat nicht für die Begründung prozessualer Tatidentität ausreichen kann (insbesondere Rdnr. 38).

scheiden. Eine *vorläufige* Einstellung des *gesamten* Ermittlungsverfahrens wird schon deswegen kaum jemals zu leisten sein, weil der Bearbeiter eine *abschluß*reife Ermittlungsakte vor sich hat. Mit einer vorläufigen Einstellung wird das Verfahren aber gerade nicht *abgeschlossen*, sondern im Grundsatz weiterbetrieben.

Vorläufige Einstellungen des Ermittlungsverfahrens kennt die StPO etwa in den Fällen der §§ 154d, 154e und 205 (zu den §§ 154 Abs. 1 und 153a Abs. 1 StPO, die ebenfalls vorläufigen Charakter haben können, siehe unten VI. und VIII.). In der Klausur dürfte (neben den §§ 153a Abs. 1 und 154 Abs. 1 StPO) allenfalls die vorläufige Einstellung nach § 205 StPO (zum Beispiel bei Abwesenheit des Beschuldigten) von Bedeutung sein. Diese Vorschrift betrifft zwar nach ihrem Wortlaut nur das Verfahren *nach* ergangenem Eröffnungsbeschluß, sie wird jedoch, da sie einen allgemeinen Strafverfahrensgrundsatz enthält[145], im Ermittlungsverfahren entsprechend angewandt. Die Klausurrelevanz ist aber beschränkt, weil die Einstellung nach § 205 StPO bei mehreren Beschuldigten zuvor einer Trennung der Verfahren bedarf.[146] Die Staatsanwaltschaft bleibt nämlich nur im Hinblick auf den Beschuldigten, in dessen Person das Prozeßhindernis begründet ist, „Herrin des Verfahrens", während hinsichtlich der übrigen Beschuldigten mit Anklageerhebung das Zwischenverfahren (vergleiche insbesondere § 199 Abs. 2 Satz 2 StPO) eingeleitet wird. In der Prozeßstation kann zu formulieren sein:

„Der Aufenthalt des Beschuldigten A ist unbekannt. Das Verfahren gegen ihn ist daher abzutrennen und sodann wegen unbekannten Aufenthalts gemäß § 205 StPO vorläufig einzustellen."

In den wesentlich häufiger vorkommenden Fallkonstellationen werden allerdings *verfahrensabschließende* Teileinstellungen vom Bearbeiter zu bedenken sein.[147]

III. Teileinstellung nach § 170 Abs. 2 Satz 1 StPO aus sachlichrechtlichen Gründen

Eine Teileinstellung wird vielfach vorzunehmen sein, weil die Ermittlungen in einem bestimmten Umfang keinen „genügenden Anlaß zur Erhebung der öffentlichen Klage" (§ 170 StPO) geboten haben. Die dann nach § 170 Abs. 2 Satz 1 StPO zu verfügende Einstellung kann unter-

---

[145] *Kleinknecht/Meyer-Goßner*, StPO, 45. Aufl. (2001), § 205 Rdnr. 3.
[146] *Kleinknecht/Meyer-Goßner*, StPO, 45. Aufl. (2001), § 205 Rdnr. 7.
[147] Wie oben bereits ausgeführt, stellt der Tod des Beschuldigten ein Prozeßhindernis dar. Das Verfahren ist daher gegen diesen analog § 206a StPO (BGHSt 45, 108 [111]) teileinzustellen.

schiedliche Gründe haben, die im prozeßrechtlichen Teil des Gutachtens kurz angeführt werden sollten:
So kann zum einen festgestellt worden sein, daß sich einer der Beschuldigten aus tatsächlichen oder rechtlichen Gründen der Begehung keines Straftatbestandes hinreichend verdächtig gemacht hat („vertikale Teileinstellung"):

„Da hinsichtlich des Beschuldigten A kein hinreichender Tatverdacht bezüglich einer Strafbarkeit wegen gefährlicher Körperverletzung gemäß § 224 Abs. 1 Nr. 2 StGB festzustellen war, ist das Verfahren gegen ihn gemäß § 170 Abs. 2 Satz 1 StPO teileinzustellen."

Ebenso ist zu verfahren, wenn sich bei Begutachtung mehrerer prozessualer Taten (unabhängig davon, ob ein Beschuldigter oder mehrere Beschuldigte zu prüfen waren) herausstellt, daß *hinsichtlich einer prozessualen* Tat kein hinreichender Tatverdacht gegeben ist („horizontale Teileinstellung").

IV. Teileinstellung nach § 170 Abs. 2 Satz 1 StPO wegen prozessualer Hindernisse

Auch prozessuale Hindernisse können einer Anklageerhebung entgegenstehen. Eine (wiederum sowohl „vertikal" als auch „horizontal" denkbare) Teileinstellung kann so etwa dann geboten sein, wenn bei einem reinen Antragsdelikt der Strafantrag nicht[148], nicht von dem Berechtigten (§ 77 StGB) oder verspätet (§ 77b StGB) gestellt worden ist oder aber wenn hinsichtlich der Straftat, derer der Beschuldigte hinreichend verdächtig ist, eine Verfolgungsverjährung (§§ 78 ff. StGB) festgestellt wurde. Zu denken ist bei der Prüfung darüber hinaus an einen Strafklageverbrauch oder eine etwaige anderweitige Rechtshängigkeit. Auf diese zuletzt genannten prozessualen Hindernisse wird der Bearbeiter durch entsprechende kaum zu übersehende Hinweise im Akteninhalt aufmerksam gemacht.

In allen Fällen einer Teileinstellung aus prozessualen Gründen unterscheiden sich die gutachterlichen Ausführungen nicht von den oben (unter III.) beschriebenen:

„Der Beschuldigte A ist hinreichend verdächtig, einen Diebstahl nach § 242 Abs. 1 StGB begangen zu haben. Der nach § 248a StGB erforderliche Strafantrag wurde ver-

---

[148] Hierher gehören auch Überlegungen zu dem inhaltlichen Erfordernis an einen Strafantrag, in dem eindeutig das Verlangen nach Strafverfolgung zum Ausdruck kommen muß; das bedeutet zugleich, daß nicht jede Strafanzeige nach § 158 Abs. 2 StPO auch einen Strafantrag enthält; vergleiche *Brunner*, Abschlußverfügung, 4. Aufl. (2000) Rdnrn. 52 f.

spätet gestellt und ein besonderes öffentliches Interesse wurde verneint.[149] Das Verfahren gegen den Beschuldigten A ist daher nach Maßgabe des § 170 Abs. 2 Satz 1 StPO teileinzustellen."

V. Teileinstellung und Verweisung auf den Privatklageweg

Neben den oben genannten Einstellungsgründen kommt beim Privatklagedelikt (Katalog des § 374 Abs. 1 StPO lesen!) ein weiterer hinzu. Hier bestimmt nämlich § 376 StPO, daß die Erhebung der öffentlichen Klage bedingt ist durch die Annahme eines „öffentlichen Interesses".

Nr. 86 Abs. 1 RiStBV: „Sobald der Staatsanwalt von einer Straftat erfährt, die mit der Privatklage verfolgt werden kann, prüft er, ob ein öffentliches Interesse an der Verfolgung von Amts wegen besteht."

Die Voraussetzungen für die Feststellung eines solchen „öffentlichen Interesses" an der Anklageerhebung sind in der Strafprozeßordnung nicht genannt. Eine Auslegungshilfe bietet insoweit Nr. 86 Abs. 2 RiStBV, deren tragende Formulierung auch in der Klausur verwandt werden sollte.

Nr. 86 Abs. 2 RiStBV: „Ein öffentliches Interesse wird in der Regel vorliegen, wenn der Rechtsfrieden über den Lebenskreis des Verletzten hinaus gestört und die Strafverfolgung ein gegenwärtiges Anliegen der Allgemeinheit ist, z. b. wegen des Ausmaßes der Rechtsverletzung, wegen der Roheit oder Gefährlichkeit der Tat, der niedrigen Beweggründe des Täters oder der Stellung des Verletzten im öffentlichen Leben. Ist der Rechtsfrieden über den Lebenskreis des Verletzten hinaus nicht gestört worden, so kann ein öffentliches Interesse auch dann vorliegen, wenn dem Verletzten wegen seiner persönlichen Beziehung zum Täter nicht zugemutet werden kann, die Privatklage zu erheben, und die Strafverfolgung ein gegenwärtiges Anliegen der Allgemeinheit ist."

Das „öffentliche Interesse" ist nicht zu verwechseln mit dem „besonderen öffentlichen Interesse", das die Voraussetzung der Strafverfolgung bei den relativen Antragsdelikten darstellt. Fehlt es etwa bei der einfachen Körperverletzung nach § 223 Abs. 1 StGB an einem Strafantrag, so hatte der Bearbeiter bereits im materiellrechtlichen Gutachten zur Frage Stellung zu nehmen, ob ein „besonderes öffentliches Interesse" an der Strafverfolgung besteht. Mit der Beantwortung dieser Frage wurde auch im Hinblick auf eine etwaige Privatklage die Weiche gestellt: Wurde ein „*besonderes* öffentliches Interesse" angenommen, enthält dies schon begrifflich das Vorliegen eines „öffentlichen Interesses"; wurde ersteres hingegen verneint, besteht ein Verfolgungshindernis, weitere Überlegungen zur Privatklage erübrigen sich daher, das Verfahren ist vielmehr ohne weiteres nach § 170 Abs. 2 Satz 1 StPO einzustellen.

---

[149] Bei dieser Formulierung wurde davon ausgegangen, daß die Frage nach einem „besonderen öffentlichen Interesse" bereits im materiellrechtlichen Gutachten abgehandelt wurde; siehe dazu oben § 1 B I.

Hat der Verletzte aber einen Strafantrag gestellt, bleibt es bei der Notwendigkeit der Prüfung der Voraussetzungen des § 376 StPO. Für die Verfolgung von Körperverletzungen ergänzt Nr. 233 RiStBV die allgemeine Vorschrift der Nr. 86 Abs. 2 RiStBV.

Nr. 233 RiStBV: „Das öffentliche Interesse an der Verfolgung von Körperverletzungen ist vor allem dann zu bejahen, wenn eine rohe Tat, eine erhebliche Mißhandlung oder eine erhebliche Verletzung vorliegen (vgl. Nr. 86). Dies gilt auch, wenn die Körperverletzung in einer engen Lebensgemeinschaft begangen wurde; ..."

Eine Teileinstellung des Verfahrens (verbunden mit einer Verweisung auf den Privatklageweg) ist bei Verneinung des „öffentlichen Interesses" aber immer nur dann zu bedenken, wenn eine der geprüften prozessualen Taten ausschließlich ein (oder auch mehrere) Privatklagedelikt(e) zum Gegenstand hat. Treffen nämlich innerhalb einer prozessualen Tat Offizial- und Privatklagedelikt zusammen, darf das Verfahren, wenn das Offizialdelikt angeklagt werden soll, nicht („horizontal") teileingestellt werden, da nach § 264 StPO die gesamte „Tat" Gegenstand der Urteilsfindung ist. Hinsichtlich des „Privatklageteils" der Tat ist aber an eine Beschränkung der Strafverfolgung nach § 154a Abs. 1 StPO zu denken (siehe noch unten X.).[150] Im Gutachten (im Beispielsfall einer „vertikalen Teileinstellung") kann es danach etwa lauten[151]:

„Der Beschuldigte A hat sich einer Körperverletzung nach § 223 Abs. 1 StGB hinreichend verdächtig gemacht. Die Tat hat sich im Rahmen einer Nachbarstreitigkeit zugetragen. Der Rechtsfrieden ist damit nicht über die Lebenskreise der unmittelbar Beteiligten hinaus gestört worden, so daß ein öffentliches Interesse im Sinne des § 376 StPO zu verneinen ist. Das Verfahren gegen den Beschuldigten A ist demnach gemäß den §§ 170 Abs. 2 Satz 1, 376 StPO teileinzustellen, wobei der Verletzte auf den Weg der Privatklage zu verweisen ist."

Einer vorherigen Abtrennung bedarf es im Beispielsfall nicht, da im Rahmen eines Privatklageverfahrens die Ermittlungsakten der Staatsanwaltschaft (jedenfalls zunächst) nicht benötigt werden (siehe § 377 Abs. 1 StPO).

VI. Teileinstellung bei unwesentlichen Nebenstraftaten

Nach Maßgabe des § 154 Abs. 1 StPO kann die Staatsanwaltschaft von der Verfolgung einzelner Taten im prozessualen Sinne absehen, wenn de-

---

[150] Dem Verletzten wird durch die Beschränkung jedoch nicht die Möglichkeit genommen, sich der öffentlichen Klage als Nebenkläger (Katalog des § 395 Abs. 1 und Abs. 2 StPO lesen!) anzuschließen (vergleiche § 397 Abs. 2 StPO).
[151] Da, wie bereits mehrfach betont, nach der hier vertretenen Ansicht immer eine Anklage zu fertigen ist, wird im Beispielsfall eine Einstellung wegen mangelnden öffentlichen Interesses hinsichtlich nur eines Beschuldigten gewählt; gegen den oder die anderen Beschuldigten würde demnach Anklage zu erheben sein.

52 Erster Teil. Staatsanwaltschaftliche Aufgabenstellungen

ren Unrechtsgehalt im Vergleich zu der oder den übrigen (anzuklagenden) Taten nicht wesentlich ins Gewicht fällt. § 154 StPO betrifft damit immer nur den Fall einer „horizontalen Teileinstellung". Soweit der Bearbeitervermerk eine solche Teileinstellung nicht ausdrücklich verbietet, hat der Kandidat bei der Anwendung dieser Vorschrift die Möglichkeit, insbesondere bei umfangreichen Tatkomplexen seine prozessualen Kenntnisse praxisnah anzuwenden.[152] Im Rahmen der prozeßrechtlichen Überlegungen ist darauf zu achten, daß § 154 Abs. 1 StPO zumeist keine endgültige[153], sondern nur eine vorläufige Teileinstellung[154] beschreibt, bei der die endgültige Einstellung erst durch eine spätere Entscheidung der Staatsanwaltschaft[155] erfolgt.

„Der Beschuldigte A ist hinreichend verdächtig, einen Betrug zum Nachteil der Autovermietung V sowie tatmehrheitlich dazu eine besonders schwere Brandstiftung begangen zu haben. Die wegen des Betrugs angesichts des verursachten Schadens in Höhe von 49,– Euro zu erwartende Strafe fällt gegenüber der zu erwartenden Bestrafung wegen der besonders schweren Brandstiftung gemäß § 306b Abs. 1 StGB (Mindeststrafe nicht unter zwei Jahren Freiheitsstrafe) nicht beträchtlich ins Gewicht. Das Verfahren hinsichtlich des Betruges ist daher gemäß § 154 Abs. 1 Nr. 1 StPO im Hinblick auf die Strafverfolgung wegen besonders schwerer Brandstiftung vorläufig teileinzustellen."

VII. Teileinstellung wegen Geringfügigkeit

Eine besondere Bedeutung kommt in der staatsanwaltschaftlichen Praxis der Einstellung des Verfahrens nach § 153 Abs. 1 StPO zu. In der Assessorklausur wird unter Zugrundelegung der obigen Vorüberlegungen eine Einstellung nach dieser Vorschrift nur bei mehreren Beschuldigten in Betracht kommen („vertikale Teileinstellung"). Ist nämlich nur das Verhalten eines Beschuldigten zu begutachten, kann, da vom Bearbeiter immer eine Anklageschrift verlangt werden dürfte,[156] § 153 Abs. 1 StPO schon deswegen nicht relevant werden, weil eine („horizontale") Teileinstellung des Verfahrens im Hinblick auf eine von mehreren prozessualen Taten nach dieser Norm kaum üblich ist. Auch wenn die Tatbestandsvor-

---

[152] Vergleiche Nr. 101 Abs. 1 RiStBV: Der Staatsanwalt soll von den Möglichkeiten einer Einstellung nach § 154 Abs. 1 StPO „in weitem Umfang und in einem möglichst frühen Verfahrensstadium Gebrauch machen".

[153] Eine endgültige Einstellung nach § 154 Abs. 1 Nr. 1 StPO setzt voraus, daß das Verfahren im Hinblick auf eine schon *rechtskräftig verhängte* Sanktion eingestellt wird.

[154] Die Einstellung sollte in der Klausur auch als „vorläufig" bezeichnet werden, wenn diese Bezeichnung in der Praxis auch nicht zwingend geboten ist (vergleiche *Schoreit*, in: KK-StPO, 4. Aufl. [1999], § 154 Rdnr. 23).

[155] Zum Verfahrensgang *Schoreit*, in: KK-StPO, 4. Aufl. (1999), § 154 Rdnrn. 24 f.

[156] Siehe oben § 2 A.

aussetzungen des § 153 Abs. 1 StPO vorliegen sollten, dürfte die Einstellung nach § 154 Abs. 1 StPO nämlich als Spezialgesetz vorgehen.[157] Der Anwendungsbereich von § 153 Abs. 1 StPO in der Klausur ist weiter dadurch eingeschränkt, daß diese Vorschrift regelmäßig die Zustimmung des Gerichts verlangt. Sollte nicht nach dem Bearbeitervermerk eine solche Zustimmung vorauszusetzen sein, kommt eine *abschließende* Entscheidung nur durch eine Einstellung nach § 153 Abs. 1 Satz 2 StPO (lesen!) in Betracht. Klausurtypisch ist damit vor allem die Konstellation einer Teileinstellung im Anwendungsbereich des § 153 Abs. 1 Satz 2 StPO:

„Der Beschuldigte A ist eines Diebstahls gemäß § 242 Abs. 1 StGB hinreichend verdächtig. Da der Wert des entwendeten Lippenstiftes lediglich 7,99 Euro beträgt, sind die Folgen der Straftat als gering anzusehen. Damit wäre das Verschulden des Beschuldigten, auch wenn es vom Gericht festgestellt würde, als gering anzusehen. An der Strafverfolgung besteht unter diesen Umständen kein öffentliches Interesse. Das Verfahren ist daher nach § 153 Abs. 1 Satz 2 StPO teileinzustellen."

VIII. Einstellung des Verfahrens bei Erfüllung von Auflagen und Weisungen

Entsprechend den Überlegungen zu den Einstellungsmöglichkeiten nach § 153 Abs. 1 StPO kommt auch einer solchen nach § 153a Abs. 1 StPO in der Klausur eine geringe Bedeutung zu. Problematisch dürfte schon das Erfordernis der Zustimmung des Gerichts (und des Beschuldigten) nach § 153 Abs. 1 Satz 1 StPO sein, weil das Verfahren bei Fehlen einer solchen auch hier nicht *abschluß*reif wäre. Hinzu kommt noch, daß selbst dann, wenn einmal ein Fall des § 153a Abs. 1 Satz 6 StPO[158] (lesen!) vorliegen sollte oder der Bearbeitervermerk eine Zustimmung des Gerichts und des Beschuldigten fingiert, das Absehen von der Erhebung der öffentlichen Klage nach § 153a Abs. 1 StPO immer nur einen *vorläufigen* Charakter hätte, da die endgültige Entscheidung nunmehr vom Verhalten des Beschuldigten abhängt. Die Teileinstellung wäre damit auch hier wiederum keine *abschließende*.

Eine Verfahrenseinstellung nach § 153a StPO setzt im Unterschied zu einer solchen nach § 153 Abs. 1 StPO zunächst voraus, daß im materiellrechtlichen Gutachten ein *hinreichender Tatverdacht* hinsichtlich eines *Vergehens* festgestellt worden ist. § 153a StPO geht davon aus, daß an sich eine Strafverfolgung geboten ist, das öffentliche Interesse an dieser aber

---

[157] Abweichend *Kleinknecht/Meyer-Goßner*, StPO, 45. Aufl. (2001), § 153 Rdnr. 1 und wohl auch *Schoreit*, in: KK-StPO, 4. Aufl. (1999), § 153 Rdnr. 12.
[158] In dessen Rahmen zumeist eher über die (direkte) Anwendung des § 153 Abs. 1 Satz 2 StPO nachzudenken sein dürfte.

auch durch die Erfüllung von bestimmten Auflagen und Weisungen *beseitigt* werden kann, solange die *Schwere der Schuld* nicht entgegensteht. Die Anwendung dieser Einstellungsvorschrift kommt danach vor allem dann in Betracht, wenn der Beschuldigte nicht oder nicht einschlägig vorbestraft ist und die zu erwartende Strafe (unter Beachtung des § 46 Abs. 2 StGB) im Bereich mittlerer Kriminalität[159] liegt. Im prozessualen Gutachten sollte die Einstellung nach § 153a StPO deutlich von der nach § 153 Abs. 1 StPO abgegrenzt werden:

> „Der Beschuldigte A hat sich hinreichend verdächtig gemacht, den Tatbestand der Nötigung rechtswidrig und schuldhaft verwirklicht zu haben.
> Eine Teileinstellung des Verfahrens gegen den Beschuldigten A nach § 153 Abs. 1 Satz 1 StPO kommt nicht in Betracht, da der vorliegende Sachverhalt für großes Aufsehen in der Bevölkerung gesorgt hat und daher insbesondere aus generalpräventiven Gesichtspunkten grundsätzlich ein öffentliches Interesse an der Verfolgung der Tat besteht. Es ist jedoch zu beachten, daß der Beschuldigte A das Hindernis, das den Zugang zum Rathaus versperrte, nach kurzer Zeit selbst wieder beseitigte und auch aus seiner weltanschaulichen Überzeugung heraus handelte. Da der Beschuldigte A zudem nicht vorbestraft ist, kann das öffentliche Interesse an der Strafverfolgung nach § 153a Abs. 1 Satz 1 StPO durch die Erfüllung einer Geldauflage in Höhe eines Monatsgehaltes des A kompensiert werden. Da nach dem Bearbeitervermerk das Gericht und der Beschuldigte bereits zugestimmt haben, ist das Verfahren nach Maßgabe des § 153a Abs. 1 Satz 1 vorläufig teileinzustellen."

IX. Teileinstellung nach § 153b StPO

Nach § 153b Abs. 1 StPO kann die Staatsanwaltschaft (wiederum mit Zustimmung des zuständigen Gerichts[160]) von der Erhebung der öffentlichen Klage absehen, wenn die Voraussetzungen vorliegen, unter denen das Gericht von Strafe absehen könnte. Der Einstellung nach § 153b Abs. 1 StPO dürfte in der Klausur zwar keine *bedeutende* Rolle zukommen, jedoch sollte nicht übersehen werden, daß durch die Ergänzung des Tatbestandes des unerlaubten Entfernens vom Unfallort um eine Regelung der tätigen Reue (§ 142 Abs. 4 StGB) der Anwendungsbereich dieser Einstellungsvorschrift in der Praxis deutlich erweitert wurde. Hier könnte daher in der Klausur zu formulieren sein:

> „Der Beschuldigte hat sich hinreichend verdächtig gemacht, den Tatbestand des unerlaubten Entfernens vom Unfallort gemäß § 142 Abs. 1 StGB rechtswidrig und schuldhaft verwirklicht zu haben. Er erfüllte jedoch auch die Voraussetzungen des § 142 Abs. 4 StGB, nach dem das Gericht von der Bestrafung absehen kann. Da zum einen der vom Beschuldigten verursachte Schaden nur unwesentlich über der Bagatellgrenze

---

[159] Vergleiche die beispielhaft aufgezählten Anwendungsfälle bei *Kleinknecht/Meyer-Goßner*, StPO, 45. Aufl. (2001), § 153a Rdnr. 8.
[160] Für die Klausur müßte der Bearbeitervermerk für einen derartigen Verfahrensabschluß mithin wiederum die Zustimmung fingieren.

des Tatbestandes[161] liegt und zum anderen der Beschuldigte den Schaden bereits am nächsten Tage regulierte, erscheint es sachgerecht, das Verfahren nach Maßgabe des § 153b Abs. 1 StPO hinsichtlich seiner Person teileinzustellen."

X. Beschränkung der Strafverfolgung

Demgegenüber sollte in der Assessorklausur die Vorschrift des § 154a Abs. 1 StPO besondere Beachtung finden. Gerade durch deren Anwendung kann der Kandidat nämlich zeigen, daß er in der Lage ist, das Verfahren praxisnah zu „vereinfachen"[162]. Es ist nochmals zu betonen, daß § 154a Abs. 1 StPO keine Teil*einstellung* des Verfahrens beschreibt, sondern lediglich die Strafverfolgung auf einzelne Delikte innerhalb einer prozessualen Tat *beschränkt*. Gerade im Hinblick auf die §§ 154 und 154a StPO sind daher Kenntnisse zum Begriff der „prozessualen Tat" unverzichtbar.[163]

Die Anwendung des § 154a Abs. 1 StPO ermöglicht zum einen, die Anklageschrift auch in der Klausur zu entlasten, indem Gesetzesverletzungen ausgesondert werden, hinsichtlich derer ein hinreichender Tatverdacht zwar festgestellt wurde, denen jedoch mit Blick auf die schwereren Gesetzesverstöße nur untergeordnete Bedeutung zukommt. Neben dieser positiven Auswirkung auf die in der Klausur häufig auftretenden Zeitprobleme kann der Bearbeiter zum anderen nachweisen, daß er die gemeinhin als anspruchsvoll geltende Materie des Tatbegriffs bewältigen kann.

„Der Beschuldigte hat sich hinreichend verdächtig gemacht, eine besonders schwere Brandstiftung nach § 306b Abs. 2 Nr. 1 StGB in Tateinheit[164] mit einer Brandstiftung nach § 306 Abs. 1 Nr. 1 StGB begangen zu haben. Der Beschuldigte hat schon wegen der Verwirklichung des Tatbestandes des § 306 Abs. 2 Nr. 1 StGB eine Freiheitsstrafe nicht unter fünf Jahren zu erwarten. Der daneben erfüllte Tatbestand der einfachen Brandstiftung dürfte insbesondere wegen des nur geringen Schadens am Gebäude bei der Strafzumessung innerhalb des nach § 52 Abs. 2 Satz 1 StGB anzuwendenden Strafrahmens des § 306 Abs. 2 Nr. 1 StGB nicht beträchtlich ins Gewicht fallen. Die Strafverfolgung ist daher gemäß § 154a Abs. 1 Satz 1 Nr. 1 StPO vorläufig[165] auf die besonders schwere Brandstiftung zu beschränken."

---

[161] Diese wird gegenwärtig bei etwa 40,– DM gezogen (siehe dazu nur *Tröndle/Fischer*, StGB, 50. Aufl. [2001], § 142 Rdnr. 11).
[162] So ausdrücklich Nr. 101a Abs. 1 RiStBV.
[163] Siehe oben C I.
[164] Siehe zum Verhältnis der Brandstiftungsdelikte (des neuen Rechts) zueinander *Horn*, in: SK-StGB, 6. Aufl. (1999), § 306 Rdnr. 21 sowie § 306a Rdnrn. 23 ff. und 30; vergleiche dazu die alte Rechtslage bei *Cramer*, in: *Schönke/Schröder*, StGB, 26. Aufl. (2001) § 306 Rdnr. 19.
[165] Vergleiche § 154 Abs. 3 Satz 1 StPO.

XI. Besonderheiten bei Einstellung von Taten Jugendlicher und Heranwachsender

Auch in der Klausur kann einmal die (Teil-)Einstellung eines gegen einen Jugendlichen oder Heranwachsenden geführten Verfahrens in Betracht zu ziehen sein. Hier ergeben sich im Ausgangspunkt zunächst keine Unterschiede zu den oben dargelegten Einstellungsvorschriften im Erwachsenenstrafrecht. So hat der Staatsanwalt auch in Jugendstrafsachen das Verfahren gemäß § 170 Abs. 2 Satz 1 StPO einzustellen, wenn die Ermittlungen aus tatsächlichen oder rechtlichen Gründen keinen hinreichenden Tatverdacht ergeben haben.

Da das Jugendstrafrecht dem Erziehungsgedanken verpflichtet ist, eröffnet das Jugendgerichtsgesetz neben den aus dem allgemeinen Strafrecht bekannten Einstellungsvorschriften mit § 45 JGG zahlreiche Möglichkeiten, auf den jugendlichen oder heranwachsenden Täter einzuwirken, gleichzeitig aber ein Gerichtsverfahren zu vermeiden.

Für die Klausur von besonderem Interesse dürfte dabei zum einen § 45 Abs. 1 JGG sein. Danach kann die Staatsanwaltschaft „ohne Zustimmung des Richters" von der Verfolgung absehen, wenn die Voraussetzungen des § 153 StPO vorliegen:[166]

„Der zur Tatzeit sechzehnjährige Beschuldigte Boris Nerz hat sich des Vergehens eines Diebstahls hinreichend verdächtig gemacht. Zwar haben die entwendeten Turnschuhe einen Wert von 119,– Euro, jedoch ist zu berücksichtigen, daß der Beschuldigte bisher strafrechtlich noch nicht in Erscheinung getreten ist und zudem zwei Tage nach der Tat aus eigenem Antrieb dem Verletzten die Schuhe unbenutzt zurückgab. Danach ist die Schuld des Täters als gering anzusehen; ein öffentliches Interesse an der Strafverfolgung besteht nicht. Demnach ist das Verfahren nach den §§ 45 Abs. 1 JGG i.V.m. 153 Abs. 1 Satz 1 StPO, ohne daß es einer Zustimmung des Gerichts bedürfte, einzustellen."[167]

Zum anderen sollte auch § 45 Abs. 2 JGG beachtet werden, der es ermöglicht, von der Verfolgung abzusehen, wenn eine „erzieherische Maßnahme bereits durchgeführt oder eingeleitet" wurde und weder eine Beteiligung des Richters noch die Erhebung der Anklage für erforderlich zu erachten ist. Im Rahmen der Anwendung dieser Vorschrift ist darauf hinzuweisen, daß auch „erzieherische Maßnahmen" der Eltern, des Jugend-

---

[166] Die Frage, ob neben der Einstellung nach §§ 45 Abs. 1 JGG, 153 Abs. 1 StPO auch eine solche direkt nach § 153 Abs. 1 StPO zulässig ist, wird nicht einheitlich beurteilt (siehe zum Meinungsstand nur *Eisenberg*, JGG, 6. Aufl. [2000], § 45 Rdnr. 10); hier sei nur darauf hingewiesen, daß eine Einstellung nach § 153 Abs. 1 StPO für den Jugendlichen insoweit günstiger ist, als diese Einstellung, anders als die nach § 45 Abs. 1 JGG, nicht ins Erziehungsregister eingetragen wird (vergleiche § 60 Abs. 1 Nr. 7 BZRG).

[167] Im Beispielsfall käme auch eine Einstellung nach den §§ 153b StPO, 46a StGB in Betracht. Das Verhältnis der Einstellungsvorschriften nach § 45 JGG zu § 153b StPO ist indes nicht vollständig geklärt; vergleiche dazu *Eisenberg*, JGG, 6. Aufl. (2000) § 45 Rdnr. 13.

amtes, der Schule oder des Lehrherrn genügen können.[168] Sollte der Aufgabensteller der Assessorklausur eine Auseinandersetzung mit der Einstellung nach § 45 Abs. 2 JGG[169] vor Augen haben, wird sich mit dem Vorliegen einer solchen Maßnahme ein recht deutlicher Hinweis aus der Akte ergeben.

D. Besonderheiten hinsichtlich einer Prüfung des Antrags auf Erlaß eines Strafbefehls

Erwägt der Bearbeiter (oder verlangt dies die Aufgabenstellung sogar) einen Antrag auf Erlaß eines *Strafbefehls* zu stellen, müssen sich bereits im prozessualen Gutachten Ausführungen zu dessen Voraussetzungen und Inhalt finden.

I. Zulässigkeitsvoraussetzungen

Zunächst muß festgestellt werden, ob der Erlaß eines Strafbefehls nicht schon deswegen ausscheidet, weil der Beschuldigte Jugendlicher (siehe § 79 JGG) oder Heranwachsender, auf den das Jugendstrafrecht Anwendung findet (siehe § 109 Abs. 2 Satz 1 JGG), ist. Das Verfahren muß sich weiterhin auf ein Vergehen beziehen, das zur Zuständigkeit des Strafrichters[170] gehört, und es dürfen nur die in § 407 Abs. 2 StPO (abschließend) genannten Rechtsfolgen in Betracht kommen.

Nach Maßgabe des § 407 Abs. 1 Satz 2 StPO darf der Antrag nur gestellt werden, wenn „die Staatsanwaltschaft nach dem Ergebnis der Ermittlungen eine Hauptverhandlung nicht für erforderlich erachtet". Wann dies der Fall ist, wird durch Nr. 175 Abs. 3 RiStBV konkretisiert:

Nr. 175 Abs. 3 RiStBV: „Im übrigen soll von dem Antrag auf Erlaß eines Strafbefehls nur abgesehen werden, wenn die vollständige Aufklärung aller für die Rechtsfolgenbestimmung wesentlichen Umstände oder Gründe der Spezial- oder Generalprävention die Durchführung einer Hauptverhandlung geboten erscheinen lassen. Auf einen Straf-

---

[168] Siehe dazu *Böhm*, Jugendstrafrecht, 3. Aufl. (1996), Seite 99 und *Eisenberg*, JGG, 6. Aufl. (2000), § 45 Rdnrn. 19 ff.

[169] Ein Formulierungsvorschlag hierzu findet sich im Abschnitt zur Abschlußverfügung der Staatsanwaltschaft; siehe unten Dritter Abschnitt, § 1 C X.

[170] Zwar spricht § 407 Abs. 1 Satz 1 StPO neben dem Strafrichter auch von der Zuständigkeit des Schöffengerichts; diese Voraussetzung für den Antrag auf Erlaß eines Strafbefehls hat aber jetzt, nach der Änderung des § 25 GVG durch das Rechtspflegeentlastungsgesetz vom 11. Januar 1993 (BGBl. I, Seite 50) keine Bedeutung mehr, da der Strafrichter bei Vergehen nun stets zuständig ist, wenn eine höhere Freiheitsstrafe als zwei Jahre nicht zu erwarten ist und durch den Strafbefehl höchstens eine Freiheitsstrafe von einem Jahr (§ 407 Abs. 2 Satz 2 StPO) verhängt werden darf.

befehlsantrag ist nicht schon deswegen zu verzichten, weil ein Einspruch des Angeschuldigten zu erwarten ist."

Diese Voraussetzungen werden sich in der Klausur gerade im Hinblick auf Strafzumessungsfragen angesichts der nicht allzu umfangreichen Akte zwar nur schwer feststellen lassen,[171] es kann sich aber gelegentlich anbieten, die Voraussetzungen des Antrags auf Erlaß eines Strafbefehls zumindest zu prüfen. Hier kann dann durchaus festgestellt werden, daß sich der vorliegende Fall für eine solche Verfahrensbeendigung *nicht* eignet. Der Kandidat sollte sich daher jedenfalls in Grundzügen mit dem Inhalt der Nr. 175 Abs. 3 RiStBV bekannt machen.

II. Inhaltliche Anforderungen

Im Rahmen des prozessualen Gutachtens ist für die Prüfung der Voraussetzungen eines Antrags auf Erlaß eines Strafbefehls zunächst auf dessen inhaltliche Besonderheiten einzugehen. Zu beachten sind hier insbesondere die Nrn. 6 und 7 des § 409 Abs. 1 Satz 1 StPO sowie § 408b StPO.

Danach sind zunächst die Rechtsfolgen (unter Beachtung des § 407 Abs. 2 StPO) festzusetzen (§ 409 Abs. 1 Satz 1 Nr. 6 StPO). Hier werden von dem Bearbeiter damit Ausführungen zur Strafzumessung erwartet.[172] Weiterhin ist im prozessualen Gutachten kurz auf die Rechtsbehelfsbelehrung nach § 409 Abs. 1 Satz 1 Nr. 7 StPO (und gegebenenfalls auf den weiteren Antrag an das Gericht, einen Verteidiger nach § 408b StPO zu bestellen) hinzuweisen.

E. Die Prüfung eines Antrags im beschleunigten Verfahren

Ist nach den materiell- und prozeßrechtlichen Überlegungen ein hinreichender Tatverdacht hinsichtlich eines Beschuldigten oder mehrerer Beschuldigter festgestellt worden, hat die Staatsanwaltschaft in der Praxis vor einer Anklageerhebung *stets* darüber nachzudenken, ob nicht ein Antrag auf Entscheidung im beschleunigten Verfahren nach § 417 StPO in Betracht zu ziehen ist. In der Klausur hingegen wird eine Entscheidung im beschleunigten Verfahren (siehe Nr. 146 RiStBV) schon deswegen nur selten zu fertigen sein, weil sich die notwendigen Voraussetzungen für einen solchen Antrag aus der knappen Klausurakte kaum ergeben dürften. Dem Bearbeiter werden nämlich im Regelfall keine Informationen

---

[171] Siehe dazu unten Dritter Abschnitt, § 5.
[172] Dazu unten Zweiter Teil, Zweiter Abschnitt, § 2 A II und Dritter Abschnitt, § 5.

darüber zur Verfügung stehen, ob die Geschäftslage des zuständigen Gerichts eine Hauptverhandlung innerhalb kurzer Zeit zuläßt; gerade das Vorliegen dieser Voraussetzung stellte aber das gesetzgeberische Motiv für die Neuregelung dieser Verfahrensform dar.[173] Über diese Erwägung hinaus ist bei einem klausurgeeigneten Sachverhalt auch kaum davon auszugehen, daß er „einfach" ist und eine „klare Beweislage" (siehe § 417 StPO sowie Nr. 146 Abs. 1 RiStBV) vorliegt; nur in diesen Fällen ist aber ein Verfahrensabschluß in *einem Termin* zu erwarten.[174]

Dritter Abschnitt. Die Entschließung der Staatsanwaltschaft

Nach Anfertigung der beiden Gutachten hat der Bearbeiter in einem zweiten Teil der Klausur die „Entschließung des zuständigen Staatsanwaltes" zu entwerfen. Diese Entschließung ist wiederum in zwei Teile zu gliedern. Zum einen ist eine abschließende Verfügung zu erstellen (unten § 1) und zum anderen (in aller Regel[175]) eine Anklageschrift zu entwerfen (unten § 2).

§ 1. Die staatsanwaltschaftliche Abschlußverfügung

Insbesondere im Hinblick auf die Abfassung der staatsanwaltschaftlichen Abschlußverfügung – die häufig auch als *Begleit*verfügung bezeichnet wird[176] – in der Assessorklausur sind Examenskandidaten häufig auf sich allein gestellt, da die meisten Anleitungsbücher in erster Linie praxisorientiert ausgerichtet sind und so Hinweise auf klausurrelevante Punkte häufig nur oberflächlich behandeln können. Im folgenden soll dem entgegentreten werden, indem in der Klausur immer wiederkehrende Konstellationen in eine praxisgerechte Form der Abschlußverfügung eingebettet werden sollen.

---

[173] Ziel der durch das Verbrechensbekämpfungsgesetz vom 28. Oktober 1994 (BGBl. I, Seite 3186) eingeführten Neuregelung des beschleunigten Verfahrens ist es, in einfach gelagerten Fällen eine Aburteilung zu ermöglichen, die der Tat „auf dem Fuße folgt"; vergleiche OLG Stuttgart NJW 1998, 3134 (3134 f.); *Kleinknecht/Meyer-Goßner*, StPO, 45. Aufl. (2001), § 417 Rdnr. 17.

[174] Diese (kurze) Verfahrensdauer ist nach OLG Stuttgart NJW 1998, 3134 (3135) ebenfalls Voraussetzung für das beschleunigte Verfahren.

[175] Siehe dazu oben Zweiter Abschnitt, § 2 A.

[176] So etwa *Solbach/Klein*, Anklageschrift, 11. Aufl. (1998), Seite 161 ff.

Beim Entwurf der staatsanwaltschaftlichen Entschließung hat der Bearbeiter in der Klausur in aller Regel ein *abschlußreifes* Ermittlungsverfahren vor sich, weitere Ermittlungen werden also nicht zu veranlassen sein. Wie bereits gesagt, hat die Staatsanwaltschaft in der Praxis in diesem Stadium regelmäßig darüber zu entscheiden, ob bzw. in welchem Umfang das Verfahren einzustellen oder öffentliche Klage zu erheben ist. Demgegenüber kann sich der Klausurbearbeiter – wie gezeigt – auf die Frage beschränken, welche Entscheidungen *neben der Anklage* zu treffen sind. Schwierigkeiten ergeben sich in der Klausur dann, wenn weder das gesamte Verfahren einzustellen noch bezüglich aller festgestellten Tatbestandsverwirklichungen Anklage zu erheben sein wird, so etwa wenn hinsichtlich eines Beschuldigten eine Teileinstellung mit einer Anklageerhebung im übrigen zusammentrifft oder Probleme dadurch entstehen, daß für mehrere Beschuldigte jeweils unterschiedliche Entscheidungen zu treffen sind.

In der Abschlußverfügung können daher neben allgemeinen Fragen (unten A. und B.) zwei Teile deutlich unterschieden werden. Der Bearbeiter wird *immer* die Verfügungspunkte aufzunehmen haben, die bei Anklageerhebung zu beachten sind (hier sog. „Anklageteil", unten D.). Da diese damit immer wiederkehren und inhaltlich kaum variieren, dürften sie – einmal verstanden und eingeprägt – in der Klausur kaum Schwierigkeiten bereiten. Derjenige Teil der Abschlußverfügung, der die Verfahrenseinstellungen behandelt (hier sog. „Einstellungsteil", unten C.), hat dagegen den hierbei denkbaren unterschiedlichen Fallkonstellationen Rechnung zu tragen.

A. Formalien

Die Abschlußverfügung beginnt stets am linken oberen Rand mit der Bezeichnung der Behörde[177] und dem Aktenzeichen des Ermittlungsverfahrens. Beides ergibt sich aus dem Akteninhalt (also etwa *„Staatsanwaltschaft bei dem Landgericht Duisburg, 33 Js 345/01"*). Ob das Datum und der Ort der Entscheidung bereits im Kopf der Verfügung[178] zu plazieren sind oder aber erst vor der Unterschrift, bleibt dem Bearbeiter überlassen.

Es folgt die meist zentriert gesetzte Überschrift *„Verfügung"*. Befindet sich der Beschuldigte in Untersuchungshaft, erscheint es auch hier zweckmäßig, auf diese Tatsache hinzuweisen, indem im rechten oberen Teil der Abschlußverfügung *„Haft! Sofort!"* vermerkt wird.[179]

---

[177] Abweichend *Riemann u.a.*, Pflichtklausur, 2. Aufl. (1998), Seite 68 und 70 (nur Aktenzeichen).
[178] So *Solbach/Klein*, Anklageschrift, 11. Aufl. (1998), Seite 161.
[179] So auch *Emde*, JuS 1996, 923 (925).

Dritter Abschnitt. Die Entschließung der Staatsanwaltschaft

B. Einleitungsvermerke

In der staatsanwaltschaftlichen Praxis wird sich häufig ein Einleitungsvermerk in der Abschlußverfügung finden, in der Ausführungen zur Sach- und Rechtslage zu finden sind.[180] So wird in Vermerkform zu erörtern sein, warum etwa zunächst wegen eines Tötungsdeliktes ermittelt wurde, dann aber nur wegen Körperverletzung mit Todesfolge angeklagt wird. Ebenso können sich in diesem Punkt der Verfügung Angaben darüber finden, warum ein hinreichender Tatverdacht hinsichtlich einzelner Tatbestände innerhalb einer prozessualen Tat[181] nicht angenommen werden konnte. In der Praxis können sich hier etwa auch Ausführungen zu etwaigen Beweisverwertungsverboten[182] finden. In der Klausur hat der Bearbeiter zu diesen Fragen bereits ausführlich im gutachterlichen Teil Stellung bezogen. Der Einleitungsvermerk ist daher entbehrlich und wird auch aus zeitlichen Gründen kaum zu leisten sein. Sollte die Aufgabenstellung einmal einen oben beschriebenen Vermerk verlangen[183], könnte dieser beispielsweise zu formulieren sein:

1. Vermerk: Ein hinreichender Tatverdacht wegen Totschlags oder Mordes scheidet aus, da dem Beschuldigten nicht nachzuweisen sein wird, daß er den Faustschlag in das Gesicht des Opfers im Rahmen der Auseinandersetzung in der Gaststätte „Zur Tankstelle" mit Tötungsvorsatz vornahm. Die Ermittlungen haben nämlich ergeben, daß ...

Ein Sonderfall eines einleitenden Vermerks ist gegeben, wenn einer der Beschuldigten während des Ermittlungsverfahrens verstorben ist. Folgt man entgegen der oben erwähnten höchstrichterlichen Rechtsprechung[184] der Ansicht, daß es keiner formellen Einstellung (nach § 206a StPO analog) bedarf[185], ist die faktische Erledigung lediglich in deklaratorischer Form zu den Akten zu bringen:

1. Vermerk: Der Beschuldigte B ist am 6. November 1998 verstorben. Das Verfahren wird damit hinsichtlich seiner Person nicht weitergeführt.[186]

---

[180] Vergleiche *Solbach/Klein*, Anklageschrift, 11. Aufl. (1998), Seite 161.

[181] Da die prozessuale Tat als Einheit anzusehen ist und damit im Falle der Anklage in ihrer Gesamtheit Gegenstand der Urteilsfindung ist, darf in diesen Fällen nicht von einer Teileinstellung gesprochen werden.

[182] Zur Bedeutung von Beweisverwertungsverboten in der staatsanwaltschaftlichen Abschlußverfügungsklausur siehe *Brunner*, Abschlußverfügung, 4. Aufl. (2000), Rdnrn. 63 ff.

[183] Zu einer solchen Aufgabenstellung *Brunner*, Abschlußverfügung, 4. Aufl. (2000), Rdnrn. 4 ff.

[184] BGHSt 45, 108 (111); siehe dazu schon oben Zweiter Abschnitt, B IV.

[185] *Tolksdorf*, in: KK-StPO, 4. Aufl. (1999), § 206a Rdnr. 9; abweichend *Schmid*, in: KK-StPO, 4. Aufl. (1999), § 170 Rdnr. 15, der aus Gründen der Klarstellung eine förmliche Einstellungsverfügung empfiehlt.

[186] Hierüber sollte auch der Anzeigeerstatter beschieden werden, vergleiche *Emde*, JuS 1996, 923 (926).

C. „Einstellungsteil" der Abschlußverfügung

Hat sich der Bearbeiter entschieden, das Verfahren teilweise einzustellen, muß er auch bei der Abfassung der Begleitverfügung folgendes beachten: In der Klausur kommt – wie gezeigt[187] – zum einen eine Teileinstellung hinsichtlich eines von mehreren Beschuldigten („vertikale Teileinstellung") und zum anderen eine Teileinstellung, die eine von mehreren in Rede stehenden prozessualen Taten eines Beschuldigten betrifft („horizontale Teileinstellung"), in Betracht.

I. Vorläufige Teileinstellung nach § 205 StPO

In der Klausur dürfte der vorläufigen Einstellung nach § 205 StPO – wie dargestellt – eine nur untergeordnete Bedeutung zukommen, weil sie bei mehreren Beschuldigten zuvor einer *Trennung der Verfahren* bedarf.[188] Der Verfügungspunkt

1. Das Ermittlungsverfahren hinsichtlich des Beschuldigten A wird aus den Gründen des Vermerks zu 2. nach § 205 StPO analog vorläufig teileingestellt.

findet sich nur in dem neuen Verfahren und ist damit nicht Gegenstand der im Bearbeitervermerk verlangten „Entschließung der Staatsanwaltschaft". Diese müßte bezüglich des Beschuldigten A in einem solchen Fall lediglich lauten:

1. Das Verfahren gegen den Beschuldigten A wird wegen unbekannten Aufenthalts des Beschuldigten abgetrennt.
2. Mit beglaubigter Abschrift von Ziffer 1 und Ziffer 2 dieser Verfügung und den zu fertigenden Ablichtungen von Bl. 1–24 d. A. beginnt eine neue Js-Sache gegen A wegen des Verdachts der Erpressung.

II. Teileinstellung aus tatsächlichen oder rechtlichen Gründen

In den wesentlich häufiger vorkommenden Fallkonstellationen werden *endgültige* Teileinstellungen vom Bearbeiter zu verfügen sein.

Vielfach wird eine solche Teileinstellung vorzunehmen sein, weil die Ermittlungen in einem bestimmten Umfang keinen „genügenden Anlaß zur Erhebung der öffentlichen Klage" (§ 170 StPO) geboten haben. Die dann nach § 170 Abs. 2 Satz 1 StPO zu verfügende Einstellung kann unterschiedliche Gründe haben:

---

[187] Oben Zweiter Abschnitt, § 2 C.
[188] Siehe oben Zweiter Abschnitt, § 2 C II.

Dritter Abschnitt. Die Entschließung der Staatsanwaltschaft

Ist im materiellrechtlichen Gutachten festgestellt worden, daß sich einer der Beschuldigten aus tatsächlichen oder rechtlichen Gründen der Begehung keines Straftatbestandes hinreichend verdächtig gemacht hat („vertikale Teileinstellung"), kann in der Verfügung ausgeführt werden:

1. Vermerk: Hinsichtlich des Beschuldigten A liegt ein hinreichender Tatverdacht bezüglich einer Strafbarkeit wegen gefährlicher Körperverletzung gemäß § 224 Abs. 1 Nr. 2 StGB nicht vor. Die Zeugin Z war mit dem Beschuldigten nämlich zur Tatzeit im 300 km vom Tatort entfernten Cloppenburg bei einem Violinenkonzert. An der Glaubwürdigkeit der Zeugin und der Glaubhaftigkeit ihrer Aussage bestehen keine Zweifel. (...) Auch paßt keine der Täterbeschreibungen auf den Beschuldigten. (...)
2. Teileinstellung des Verfahrens nach § 170 Abs. 2 Satz 1 StPO hinsichtlich des Beschuldigten A aus den Gründen des Vermerks zu 1.

Für die Formulierung der Abschlußverfügung ergeben sich keine Unterschiede zu Vorstehendem, wenn sich bei Begutachtung mehrerer prozessualer Taten (unabhängig davon, ob ein Beschuldigter oder mehrere Beschuldigte zu prüfen waren) herausstellt, daß hinsichtlich *einer* prozessualen Tat kein hinreichender Tatverdacht gegeben ist („horizontale Teileinstellung").

Vor allem (siehe den Wortlaut des § 170 Abs. 2 Satz 2 StPO), wenn der Beschuldigte zum Tatvorwurf verantwortlich vernommen oder aber gegen ihn Haftbefehl erlassen wurde[189], ergeht an ihn eine „Mitteilung"[190], die ebenfalls zu verfügen ist:

1. ...
3. Mitteilung formlos an Beschuldigten
Sehr geehrter ...
Das Ermittlungsverfahren gegen Sie wegen des Verdachts der Brandstiftung wurde mangels eines hinreichenden Tatverdachts eingestellt.
Mit freundlichen Grüßen

Hat die Staatsanwaltschaft nicht von Amts wegen, sondern aufgrund einer Anzeige die Ermittlungen eingeleitet, so hat sie nach § 171 Satz 1 StPO den Anzeigeerstatter[191] zu „bescheiden". Erwägungen zum hinreichenden Tatverdacht finden in diesem Fall nicht in Vermerkform Eingang in die Abschlußverfügung, sondern durch Verweisung auf diesen Bescheid[192],

---

[189] Siehe *Schmid*, in: KK-StPO, 4. Aufl. (1999), § 171 Rdnr. 26.
[190] Diese Bezeichnung ergibt sich aus Nr. 88 RiStBV (lesen!).
[191] Zwar spricht § 171 StPO vom „Antrag" und „Antragsteller", dieser Begriff ist jedoch nicht technisch im Sinne eines „Strafantrags" zu verstehen; vielmehr ist derjenige als „Antragsteller" anzusehen, der durch eine Strafanzeige nach § 158 Abs. 1 StPO den eindeutigen Willen hat erkennen lassen, die Verfolgung des Angezeigten in Gang zu setzen (*Schmid*, in: KK-StPO, 4. Aufl. [1999], § 171 Rdnr. 1).
[192] Vergleiche Nr. 89 RiStBV, zur inhaltlichen Gestaltung des Bescheides insbesondere dessen zweiter Absatz.

der dann förmlich zuzustellen ist, wenn dem Antragsteller die Rechtsmittel nach § 172 StPO zustehen[193]:

1. Teileinstellung des Verfahrens nach § 170 Abs. 2 Satz 1 StPO aus den Gründen des Bescheides zu 2.
2. (Förmlicher) Bescheid an Anzeigeerstatter
   Sehr geehrter ...
   Auf Ihre Anzeige vom ... gegen ... wegen ... haben die Ermittlungen ergeben, daß ... Mangels sonstiger Beweismittel, insbesondere Zeugen des Vorfalls, ist dem Beschuldigten eine strafbare Handlung nicht nachzuweisen. Ich habe das Verfahren daher eingestellt.
   Mit freundlichen Grüßen

Bei dieser Bescheidung des Anzeigeerstatters ist weiterhin in denjenigen Fällen, in welchen dieser zugleich Verletzter ist, das etwaige Erfordernis einer *Rechtsmittelbelehrung* zu beachten.[194] Einer solchen bedarf es nach § 172 StPO immer dann, wenn dem Anzeigenden die Möglichkeit eines *Klageerzwingungsverfahrens* offensteht. Negativ formuliert, ergibt sich aus § 172 Abs. 2 Satz 3 StPO, daß in den Fällen einer Einstellung nach § 170 Abs. 2 Satz 1 StPO nur dann *keine* Belehrung vonnöten ist, wenn ein Privatklagedelikt (§ 374 StPO)[195] Gegenstand des Verfahrens ist.

1. ...
2. (wie oben)

Gegen diesen Bescheid können Sie binnen eines Monats bei dem Generalstaatsanwalt bei dem Schleswig-Holsteinischen Oberlandesgericht oder bei der Staatsanwaltschaft bei dem Landgericht Itzehoe Beschwerde einlegen.

III. Teileinstellung wegen prozessualer Hindernisse

Auch prozessuale Hindernisse können einer Anklageerhebung – wie oben ausgeführt – entgegenstehen. Bei einer (wiederum „vertikal" als auch „horizontal" denkbaren) Teileinstellung aus prozessualen Gründen unterscheidet sich die Abschlußverfügung nicht von den oben beschriebenen.

---

[193] Vergleiche Nr. 91 Abs. 2 RiStBV, in der auch der Grund für die förmliche Zustellung genannt ist. Diese soll den Nachweis des Ablaufs der Beschwerdefrist nach § 172 Abs. 1 Satz 1 StPO ermöglichen.
[194] Vergleiche dazu *Solbach/Klein*, Anklageschrift, 11. Aufl. (1998), Seite 202 ff.
[195] Wird ein Verfahren, welches ein Privatklagedelikt zum Gegenstand hat, mangels Beweises nach § 170 Abs. 2 Satz 1 StPO eingestellt, wird der Antragsteller in dem Bescheid nicht auf den Privatklageweg verwiesen (*Kleinknecht/Meyer-Goßner*, StPO, 45. Aufl. [2001], § 171 Rdnr. 4).

Dritter Abschnitt. Die Entschließung der Staatsanwaltschaft 65

IV. Teileinstellung und Verweisung auf den Privatklageweg

Eine Teileinstellung des Verfahrens ist bei Verneinung eines öffentlichen Interesses immer nur dann zu verfügen, wenn eine der geprüften prozessualen Taten ausschließlich ein (oder auch mehrere) Privatklagedelikt(e) zum Gegenstand hat. Eine Abschlußverfügung (im Beispielsfall einer „vertikalen Teileinstellung") kann hier dann etwa lauten:[196]

1. Teileinstellung des Verfahrens gegen den Beschuldigten A nach den §§ 170 Abs. 2 Satz 1 und 376 StPO aus den Gründen des Bescheides zu 2.
2. Bescheid an Antragsteller
   Sehr geehrter ...
   Auf Ihre Anzeige vom ... gegen ... wegen ... teile ich Ihnen mit, daß die Strafverfolgung nicht im öffentlichen Interesse liegt. Das Gesetz sieht für die Verfolgung von Vergehen der angezeigten Art in erster Linie den Weg der Privatklage vor. Die Staatsanwaltschaft darf gemäß § 376 StPO von Amts wegen nur tätig werden, wenn ein gegenwärtiges Anliegen der Allgemeinheit an der Strafverfolgung besteht. Die Prüfung des Sachverhaltes hat ergeben, daß die angezeigte Vorfall sich im Rahmen einer Nachbarstreitigkeit abgespielt hat und damit der Rechtsfrieden nicht über die Lebenskreise der Beteiligten hinaus gestört worden ist. Ich habe das Verfahren daher eingestellt und stelle Ihnen anheim, gegen den Beschuldigten im Wege der Privatklage vorzugehen.
   Mit freundlichen Grüßen

Auch in diesem Fall muß der Bescheid an den Antragsteller nicht mit einer Rechtsbehelfsbelehrung versehen werden (vergleiche § 172 Abs. 2 Satz 3 StPO). Die Einstellung des Verfahrens ist dem Beschuldigten wiederum dann formlos mitzuteilen, wenn er verantwortlich vernommen worden ist.[197]

V. Teileinstellung bei unwesentlichen Nebenstraftaten

Gemäß § 154 Abs. 1 StPO kann die Staatsanwaltschaft von der Verfolgung einzelner prozessualer Taten absehen, wenn deren Unrechtsgehalt im Vergleich zu der oder den übrigen (angeklagten) nicht wesentlich ins Gewicht fällt. Bei der Formulierung der Abschlußverfügung ist darauf zu achten, daß § 154 Abs. 1 StPO zumeist keine endgültige[198], sondern nur

---

[196] Einer vorherigen Abtrennung bedarf es nicht, da im Falle eines Privatklageverfahrens die Ermittlungsakten der Staatsanwaltschaft (jedenfalls zunächst) nicht benötigt werden, vergleiche § 377 Abs. 1 StPO.
[197] Vergleiche *Brunner*, Abschlußverfügung, 4. Aufl. (2000), Rdnr. 274.
[198] Eine endgültige Einstellung nach § 154 Abs. 1 Nr. 1 StPO setzt – wie gesagt – voraus, daß das Verfahren im Hinblick auf eine schon rechtskräftig verhängte Sanktion eingestellt wird.

eine *vorläufige* Teileinstellung[199] beschreibt, bei der die endgültige Einstellung erst durch eine spätere Entscheidung der Staatsanwaltschaft[200] erfolgt.

1. Vorläufige Teileinstellung des Verfahrens nach Maßgabe des § 154 Abs. 1 Nr. 1 StPO im Hinblick auf eine Strafverfolgung wegen Betruges aus den Gründen des Vermerks zu 2.
2. Vermerk: Der Beschuldigte A ist hinreichend verdächtig, einen Betrug zum Nachteil der Autovermietung V sowie tatmehrheitlich dazu eine schwere Brandstiftung begangen zu haben. ... (Begründung). Die wegen des Betrugs angesichts des verursachten Schadens in Höhe von 49,– Euro zu erwartende Strafe fällt gegenüber der zu erwartenden Bestrafung wegen schwerer Brandstiftung nicht ins Gewicht.

Sind die Ermittlungen nicht von Amts wegen eingeleitet worden, ist der Anzeigeerstatter zu bescheiden.[201] Einer Rechtsmittelbelehrung für den Anzeigeerstatter bedarf es in diesem Falle nicht. Eine solche ist nach überwiegender Auffassung nämlich nur dann geboten, wenn dem Anzeigenden die Möglichkeit eines Klageerzwingungsverfahrens offensteht.[202] Dieses ist nach Maßgabe des § 172 Abs. 2 Satz 3 StPO im Anwendungsbereich des § 154 Abs. 1 StPO aber ausdrücklich ausgeschlossen. In dem hier gebildeten Fall einer Anklageerhebung im übrigen ist auch die Mitteilung an den Beschuldigten entbehrlich:[203]

1. ...
3. Bescheid an die Anzeigeerstatterin
Sehr geehrte Frau ...,

auf Ihre Anzeige vom ... gegen ... wegen Betruges wird mitgeteilt, daß die Strafe, zu der die Verfolgung des von Ihnen angezeigten Verhaltens führen kann, gegenüber einer gegen den Beschuldigten wegen einer anderen Tat zu erwartenden Strafe nicht beträchtlich ins Gewicht fällt. Das Verfahren wurde daher gemäß § 154 Abs. 1 Nr. 1 StPO vorläufig eingestellt.
Mit freundlichen Grüßen

VI. Teileinstellung wegen Geringfügigkeit

Kommt der Einstellung des Verfahrens nach § 153 Abs. 1 StPO auch in der Praxis eine besondere Bedeutung zu, wird diese in der Assessorklau-

---

[199] Noch einmal: Die Einstellung sollte in der Klausur auch als „vorläufig" bezeichnet werden, wenn diese Bezeichnung in der Praxis auch nicht zwingend geboten ist (vergleiche *Schoreit*, in: KK-StPO, 4. Aufl. [1999], § 154 Rdnr. 23).
[200] Zum Verfahrensgang *Schoreit*, in: KK-StPO, 4. Aufl. (1999), § 154 Rdnrn. 24 f.
[201] Siehe Nr. 101 Abs. 2, 89 RiStBV.
[202] Siehe etwa *Schmid*, in: KK-StPO, 4. Aufl. (1999), § 171 Rdnr. 12; *Solbach/Klein*, Anklageschrift, 11. Aufl. (1998), Seite 203.
[203] Vergleiche Nr. 101 Abs. 2 RiStBV, die ausdrücklich nur einen Bescheid an den Anzeigenden vorsieht und insofern auf Nr. 89 RiStBV verweist, während eine Verweisung auf Nr. 88 RiStBV fehlt. Eine Mitteilung an den Beschuldigten kann aber in den Fällen in Betracht kommen, in denen im Hinblick auf ein *anderes Verfahren* eingestellt wird; so auch das Beispiel bei *Solbach/Klein*, Anklageschrift, 11. Aufl. (1998), Seite 184.

Dritter Abschnitt. Die Entschließung der Staatsanwaltschaft

sur – wie ausgeführt – allerdings nur bei mehreren Beschuldigten in Betracht kommen. So dürfte insbesondere die Fallgestaltung einer „vertikalen Teileinstellung" im Anwendungsbereich des § 153 Abs. 1 Satz 2 StPO in der Examensklausur auftreten. Hier muß der Anzeigende beschieden werden; dem Beschuldigten muß eine formlose Mitteilung zukommen, die keiner Begründung bedarf.

1. Das Verfahren wird hinsichtlich des Beschuldigten A aus den Gründen des Bescheides zu 2. gemäß § 153 Abs. 1 Satz 2 StPO teileingestellt.
2. Bescheid an den Antragsteller:
Sehr geehrter ...,
auf Ihre Anzeige vom ... gegen ... wegen Diebstahls haben die Ermittlungen ergeben, daß ... Jedoch wäre das Verschulden des Beschuldigten, auch wenn es vom Gericht festgestellt würde, gering. Dies gilt vor allem deswegen, weil der Wert des entwendeten Taschenrechners und damit die Folgen der Straftat als gering anzusehen sind. An der Strafverfolgung besteht unter diesen Umständen kein öffentliches Interesse. Das Verfahren wurde daher nach § 153 Abs. 1 Satz 2 StPO eingestellt.
Mit freundlichen Grüßen

Auch diese Bescheidung bedarf wegen § 172 Abs. 2 Satz 3 StPO keiner Rechtsmittelbelehrung.[204]

VII. Einstellung des Verfahrens bei Erfüllung von Auflagen und Weisungen

Entsprechend den Überlegungen zu den Einstellungsmöglichkeiten nach § 153 Abs. 1 StPO kommt auch einer solchen nach § 153a Abs. 1 StPO in der Klausur eine geringe Relevanz zu.[205]

VIII. Teileinstellung nach § 153b StPO

Möchte der Bearbeiter das Verfahren gemäß § 153b Abs. 1 StPO teilweise einstellen, ergeben sich keine Besonderheiten. Nach dieser Vorschrift kann die Staatsanwaltschaft mit Zustimmung des zuständigen Gerichts auf die Anklageerhebung verzichten, wenn die Voraussetzungen vorliegen, unter denen das Gericht von Strafe absehen könnte. Damit hat sich der Bearbeiter das weitere mögliche Verfahren vor Augen zu führen; er sollte in einem Vermerk begründen, warum eine Anklageerhebung nicht notwendig erscheint. In den hier zumeist vorliegenden Fällen von

---

[204] Vergleiche dazu OLG Frankfurt NStZ-RR 2001, 20.
[205] Dazu oben Zweiter Abschnitt, C VIII.

68   Erster Teil. Staatsanwaltschaftliche Aufgabenstellungen

„tätiger Reue"[206] ist kurz darzustellen, warum der Bearbeiter die Schuld des Beschuldigten als so gering ansieht, daß auch bei durchgeführter Hauptverhandlung die Folge der Straftat aufgrund seines Reueverhaltens allenfalls ein Schuldspruch mit gleichzeitigem Absehen von Strafe wäre.

1. Teileinstellung des Verfahrens gegen den Beschuldigten D nach § 153b Abs. 1 StPO aus den Gründen des Vermerks zu 2.
2. Vermerk: Der Beschuldigte hat sich hinreichend verdächtig gemacht, den Tatbestand des unerlaubten Entfernens vom Unfallort gemäß § 142 Abs. 1 StGB rechtswidrig und schuldhaft verwirklicht zu haben. Er erfüllte jedoch auch die Voraussetzungen des § 142 Abs. 4 StGB. Nach dieser Vorschrift kann das Gericht von der Bestrafung absehen. Da zum einen der vom Beschuldigten verursachte Schaden nur unwesentlich über der Bagatellgrenze tatbestandsmäßigen Verhaltens liegt und zum anderen der Beschuldigte den Schaden bereits am nächsten Tage regulierte, erscheint es sachgerecht, daß Verfahren nach Maßgabe des § 153b Abs. 1 StPO hinsichtlich seiner Person teileinzustellen."

IX. Beschränkung der Strafverfolgung

Möchte der Bearbeiter in der Klausur die Anklageschrift durch Anwendung der Vorschrift des § 154a Abs. 1 StPO entlasten, indem Gesetzesverstöße ausgesondert werden, hinsichtlich derer ein hinreichender Tatverdacht zwar festgestellt wurde, denen aber im Hinblick auf die schwereren Gesetzesverletzungen nur untergeordnete Bedeutung zukommt, ist zu verfügen:

1. Beschränkung der Strafverfolgung gemäß § 154a Abs. 1 Satz 1 Nr. 1 StPO auf die besonders schwere Brandstiftung aus den Gründen des Vermerks zu 2.
2. Vermerk: Der Beschuldigte hat sich hinreichend verdächtig gemacht, eine besonders schwere Brandstiftung nach § 306b Abs. 2 StGB in Tateinheit mit einer (einfachen) Brandstiftung nach § 306 Abs. 1 Nr. 1 StGB begangen zu haben ... Der Beschuldigte hat jedoch schon wegen der Verwirklichung des Tatbestandes des § 306b Abs. 2 StGB eine Freiheitsstrafe nicht unter fünf Jahren zu erwarten. Der daneben erfüllte Tatbestand der (einfachen) Brandstiftung dürfte insbesondere wegen des nur geringen Schadens am Gebäude bei der Strafzumessung innerhalb des nach § 52 Abs. 2 Satz 1 StGB anzuwendenden Strafrahmens des § 306b Abs. 2 StGB nicht beträchtlich ins Gewicht fallen.

Auch wenn die Ermittlungen durch eine Anzeige veranlaßt wurden, wird der Anzeigeerstatter im Regelfall nicht beschieden.[207] Eine Mitteilung an den Beschuldigten erfolgt nicht, da im übrigen Anklage erhoben

---

[206] Sollten einmal die Vorschriften des § 60 StGB oder des § 46a StGB, auf die sich § 153b StPO ebenfalls bezieht (*Kleinknecht/Meyer-Goßner*, StPO, 45. Aufl. [2001], § 153b Rdnr. 1), einschlägig sein, werden sich nicht zu übersehende Hinweise in der Aufgabenstellung finden.
[207] Dies ergibt sich schon aus Nr. 101a Abs. 3, dem eine der Nr. 101 Abs. 2 RiStBV entsprechende Bestimmung fehlt; vergleiche auch *Solbach/Klein*, Anklageschrift, 11. Aufl. (1998), Seite 207.

wird und sich die Beschränkung nach § 154a Abs. 1 StPO schon aus der Anklageschrift ergibt (siehe Nr. 101a Abs. 3 RiStBV).

X. Einstellungen nach dem Jugendstrafrecht

Erwägt der Bearbeiter eine Einstellung nach Vorschriften des Jugendgerichtsgesetzes, ergeben sich im Hinblick auf die Abschlußverfügung im Grundsatz keine Unterschiede zu oben Ausgeführtem. Der Katalog der in Betracht kommenden Einstellungsvorschriften wird jedoch – wie ausgeführt – durch § 45 JGG erweitert. Die Verfügungspunkte können in einem Ermittlungsverfahren gegen Jugendliche damit etwa lauten:

1. Das Verfahren wird hinsichtlich des Beschuldigten Gerd Michels nach § 45 Abs. 2 JGG aus den Gründen des Vermerks zu 2. eingestellt.
2. Vermerk: Der Beschuldigte ist hinreichend verdächtig, seinen Mitschüler Carsten Baumer durch zwei Faustschläge ins Gesicht im Sinne des § 223 Abs. 1 StGB körperlich mißhandelt zu haben. Er entschuldigte sich aber später bei dem Verletzten und dessen Eltern. Die Entschuldigung wurde angenommen. Zudem ermahnte der Schulleiter den Beschuldigten mit Nachdruck. Da der Beschuldigte einen Ausgleich mit dem Verletzten erreicht hat (§ 45 Abs. 2 Satz 2 JGG) und eine erzieherische Maßnahme bereits durchgeführt (§ 45 Abs. 2 Satz 1 JGG) wurde, ist weder die Beteiligung des Richters noch die Erhebung der Anklage für erforderlich zu halten, und demnach von der Verfolgung abzusehen.

D. „Anklageteil" der Abschlußverfügung

Wie bereits in den einleitenden Bemerkungen angedeutet, dürfte der Bearbeiter wesentlich weniger Schwierigkeiten mit den im folgenden dargestellten Verfügungspunkten haben, die bei Erhebung der öffentlichen Klage stets zu beachten sind.

Nach § 169a StPO ist der Abschluß der Ermittlungen in den Akten (das heißt in der Regel in der Abschlußverfügung) zu vermerken;[208] hierauf ist auch in der Klausur stets zu achten. In der Praxis findet sich dieser Vermerk gelegentlich auch dann eingangs der Abschlußverfügung, wenn sich das Ermittlungsverfahren gegen mehrere Beschuldigte richtete und etwa hinsichtlich eines Beschuldigten das Verfahren teileingestellt wurde.[209] Dies entspricht jedoch nicht der Anordnung des § 169a StPO, da sich

---

[208] Dieser Abschlußvermerk ist nicht nur eine bloße Förmlichkeit, sondern hat zur Folge, daß nunmehr dem Beschuldigten auf Antrag der Staatsanwaltschaft ein Verteidiger zu bestellen ist (§ 141 Abs. 3 Satz 3 StPO) und dem Verteidiger die unbeschränkte Akteneinsicht und die Besichtigung der amtlich verwahrten Beweisstücke (§ 147 Abs. 2 StPO) nicht mehr versagt werden kann (vergleiche auch Nr. 109 Abs. 1 RiStBV).
[209] So etwa *Solbach/Klein*, Anklageschrift, 11. Aufl. (1998), Seite 207 f.

diese Vorschrift nur auf Fälle der späteren Klageerhebung bezieht.[210] Der Vermerk ist damit immer erst direkt vor den „Anklageteil" der Begleitverfügung zu setzen.[211]

1. Vermerk: Die Ermittlungen sind (im Falle einer vorangegangenen Teileinstellung hinsichtlich eines von mehreren Beschuldigten: im übrigen) abgeschlossen.
2. Anklage nach anliegendem Entwurf in Reinschrift mit den erforderlichen Abschriften fertigen.
3. Urschrift und eine Abschrift der Anklage zu den Handakten.
4. Ablichtungen von Blatt.... der Akte sowie dieser Verfügung fertigen und zu den Handakten nehmen.

Sind in besonderen Fällen andere behördliche Stellen von der Anklageerhebung zu unterrichten, ist dies zu verfügen:

5. Mitteilung der Anklageerhebung nach Maßgabe der MiStra[212] übersenden an die Schleswig-Holsteinische Rechtsanwaltskammer.

Ebenfalls sowohl praxisrelevant als auch in Klausuren häufig zu bedenken ist die Mitteilung der Anklageerhebung an die Haftanstalt, wenn sich der Beschuldigte in Untersuchungshaft befindet:

6. Mitteilung von Anklageerhebung an den Leiter der Untersuchungshaftanstalt Uelzen.

Sollte sich bei den Akten noch kein Auszug aus den in Betracht kommenden Registern (Bundeszentral-, Erziehungs-, Verkehrszentralregister) befinden, so ist dieser anzufordern:[213]

7. Auskunft aus dem Bundeszentralregister für den Beschuldigten D (Bl. 6 d. A.) anfordern[214].
8. Urschriftlich mit Akten (gegebenenfalls und Beiakten)
dem Amtsgericht[215]
– Schöffengericht[216] –
Koblenz[217]
unter Bezugnahme auf beiliegende Anklageschrift übersandt.

---

[210] Wie hier auch *Kleinknecht/Meyer-Goßner*, StPO, 45. Aufl. (2001), § 169a Rdnr. 2 und auch *Solbach/Klein*, Anklageschrift, 11. Aufl. (1998), Seite 161.

[211] Dieses Vorgehen wird auch von § 109 Abs. 3 RiStBV gestützt, nach der „der Vermerk erkennen lassen (muß), gegen welchen Beschuldigten die Ermittlungen abgeschlossen sind".

[212] Wie bereits gesagt, wird die genaue Bezeichnung der entsprechenden Nummer in der Klausur nicht verlangt.

[213] Formulierungshilfen finden sich bei *Kraß*, Anklage und Begleitverfügung, Seite 1, 3 und 5.

[214] Häufig findet sich in der Praxis die sprachlich wenig schöne Formulierung „erfordern".

[215] Zur Zuständigkeit des Gerichtes vergleiche die §§ 24 ff. und §§ 73 ff. GVG; hierzu hat der Bearbeiter bereits im prozessualen Teil des Gutachtens Stellung bezogen.

[216] In der Praxis werden die Akten häufig an den „Vorsitzenden des Schöffengerichts" gerichtet; dies widerspricht aber dem Wortlaut des § 199 Abs. 2 Satz 2 StPO, der auf „das Gericht" abstellt; vergleiche *Solbach/Klein*, Anklageschrift, 11. Aufl. (1998), Seite 110.

[217] Die örtliche Zuständigkeit des Gerichts ergibt sich vor allem aus den §§ 7 und 9 StPO sowie § 9 StGB.

Dritter Abschnitt. Die Entschließung der Staatsanwaltschaft 71

Auch wenn sich dies nicht immer in den Abschlußverfügungen findet, ist es ratsam, weitere an das Gericht zu stellende Anträge, die nicht bis zur Eröffnung des Hauptverfahrens warten können, schon hier einzufügen. Hier ist insbesondere folgender Zusatz aufzunehmen:

> mit den Anträgen auf Bestellung eines Pflichtverteidigers gemäß den §§ 140 Abs. 2 und 141 Abs. 1 StPO sowie auf Erlaß eines Haftbefehls gemäß den §§ 112 Abs. 1 Nr. 2 und 114 StPO unter Bezugnahme auf die beiliegende Anklageschrift übersandt.

Die Abschlußverfügung endet mit einem Wiedervorlagevermerk, der sich naturgemäß nur auf die Handakten beziehen kann, sowie dem Datum (siehe aber oben A.) und der (vollen) Unterschrift des bearbeitenden Staatsanwaltes nebst seiner Dienstbezeichnung:

> 9. Handakte wiedervorlegen in sechs Wochen.
>
> Duisburg, den ...
> (Unterschrift mit Dienstbezeichnung)[218]

E. Besonderheiten bei Antrag auf Erlaß eines Strafbefehls

Kommt der Bearbeiter zu dem Ergebnis, statt Erhebung der öffentlichen Klage einen Antrag auf Erlaß eines Strafbefehls zu stellen, ergeben sich für die Abschlußverfügung lediglich kleinere sprachliche Besonderheiten, da nicht auf die „Anklageschrift", sondern auf den „Strafbefehl" Bezug zu nehmen ist:

> ...
> Antrag auf Erlaß eines Strafbefehls nach anliegendem Entwurf in Reinschrift mit den erforderlichen Abschriften fertigen.
> ...
> Urschriftlich mit Akten
> dem Amtsgericht
> – Strafrichter –
> Rostock
> unter Bezugnahme auf den beiliegenden Antrag auf Erlaß eines Strafbefehls übersandt.

§ 2. Die Anklageschrift

Wie oben bereits ausgeführt, wird vom Bearbeiter in der strafrechtlichen Pflichtklausur im Assessorexamen neben der Klärung von materiell-

---

[218] Folgt man der oben unter A. dargestellten abweichenden Auffassung (*Riemann u.a.*, Pflichtklausur, 2. Aufl. [1998], Seite 68 und 70), ist an dieser Stelle auch die Behördenbezeichnung mit aufzunehmen.

und prozeßrechtlichen Fragen und der Anfertigung eines Entwurfs der Abschlußverfügung der zuständigen Staatsanwaltschaft auch die Fertigung eines Entwurfs einer Anklageschrift verlangt. In Klausuren wird daher nicht nur stets ein abschlußreifes Ermittlungsverfahren gegeben sein, so daß der Kandidat eine staatsanwaltschaftliche *Abschluß*verfügung zu verfassen hat, sondern in aller Regel dürfte dieses Verfahren auch (zumindest in Teilen[219]) „anklagereif" sein.

A. Vorüberlegungen

Haben die materiell- und prozeßrechtlichen Überlegungen einen hinreichenden Tatverdacht (§ 203 StPO) hinsichtlich eines Beschuldigten oder mehrerer Beschuldigter ergeben, hat die Staatsanwaltschaft regelmäßig die „öffentliche Klage ... durch Einreichung einer Anklageschrift bei dem zuständigen Gericht" zu erheben (§ 170 Abs. 1 StPO). In der Praxis hat der Staatsanwalt vor einer Anklageerhebung zwar auch über einen Antrag auf Entscheidung im beschleunigten Verfahren nach § 417 StPO oder auf Erlaß eines Strafbefehls nach § 407 Abs. 1 StPO nachzudenken, in der Klausur wird einer Entscheidung im beschleunigten Verfahren – wie oben[220] gezeigt wurde – kaum Relevanz zukommen. Auch die gegen die Entscheidung für den Entwurf eines Antrags auf Erlaß eines Strafbefehls nach § 407 StPO sprechenden Gründe wurden dargestellt.[221]

Die Kandidaten haben damit praktisch immer eine Anklageschrift zu entwerfen, so daß es empfehlenswert ist, sich die wesentlichen – immer wiederkehrenden – formalen und inhaltlichen Erfordernisse einzuprägen.

B. Allgemeines

Bei der Anfertigung des Entwurfs ist zunächst im Hinblick auf die zu verwendende Begrifflichkeit zu beachten, daß die Praxis den Beschuldigten schon in der Anklageschrift als „Angeschuldigten" bezeichnet;[222] dies sollte daher auch in der Klausur unbedingt beachtet werden. Da nach § 157 StPO hierfür an sich die bereits „erhobene" Klage vorausgesetzt wird, diese Klage*erhebung* aber gemäß § 170 Abs. 1 StPO erst durch „Einreichung ... bei dem zuständigen Gericht" erfolgt, müßte sich in der Abfassung der Anklageschrift nach dem Gesetzeswortlaut eigentlich

---

[219] Siehe dazu schon oben Dritter Abschnitt, § 1.
[220] Siehe dazu Zweiter Abschnitt, § 2 E.
[221] Siehe dazu Zweiter Abschnitt, § 2 D.
[222] *Schoreit*, in: KK-StPO, 4. Aufl. (1999), § 157 Rdnr. 2.

noch die Bezeichnung „Beschuldigter" finden (allerdings spricht auch § 200 Abs. 1 Satz 1 StPO von dem „Angeschuldigten"). Inhalt und Form der Anklageschrift sind gesetzlich nicht abschließend geregelt. Einzelne Hinweise zu ihrer Gestaltung ergeben sich aus den §§ 199 Abs. 2 Satz 1 und 200 StPO sowie den Nrn. 110 bis 114 RiStBV (lesen!). In der Praxis hat sich ein regional unterschiedlicher Aufbau der Anklageschrift herausgebildet, ohne daß sich hierdurch inhaltliche Unterschiede ergeben. Im folgenden soll zunächst die überwiegend gebräuchliche Form dargestellt werden. Abweichende Besonderheiten (vor allem in den Ländern Bayern und Baden-Württemberg) werden entweder in Anmerkungen oder im Anschluß an diesen Abschnitt (siehe unten G.) genannt.

Bei der Abfassung des Entwurfs der Anklageschrift ist zunächst zwischen dem „Anklagesatz" (§ 200 Abs. 1 Satz 1 StPO) und weiteren Angaben zu unterscheiden.

C. Anklagesatz

Die inhaltlichen Hauptanforderungen an den „Anklagesatz", der nach § 243 Abs. 3 Satz 1 StPO in der Hauptverhandlung verlesen wird und daher das „Herz" der Anklageschrift darstellt, sind in § 200 Abs. 1 Satz 1 StPO (lesen!) aufgeführt. Nähere Angaben finden sich in Nr. 110 Abs. 2 RiStBV, wobei aber beachtet werden sollte, daß die dort gewählte Reihenfolge nicht dem Aufbau des Anklagesatzes, der in der überwiegenden Praxis üblich ist, entspricht.

I. Kopf der Anklageschrift

Die Anklageschrift wird stets am oberen linken Rand mit der Bezeichnung der absendenden Behörde und dem staatsanwaltschaftlichen Aktenzeichen, das dem Klausurtext zu entnehmen ist, sowie am rechten Rand mit dem Datum versehen:

Staatsanwaltschaft bei dem Landgericht Kiel
322 Js 432/01
                                                    Kiel, den 27. November 2001

Da die Anklageschrift an das „für die Hauptverhandlung zuständige Gericht" (siehe § 199 Abs. 1 StPO) zu übersenden ist, findet sich in der Praxis zumeist[223] bereits im Kopf der Anklageschrift dessen Bezeichnung

---

[223] Hierauf verzichtet die bayrische Praxis (siehe etwa *Brunner*, Abschlußverfügung, 4. Aufl. [2000], Rdnrn. 119f. und *Solbach/Klein*, Anklageschrift, 11. Aufl. [1998], Seite 99).

und Anschrift. Obwohl § 199 Abs. 1 StPO nur auf „das Gericht" abstellt und sich daher auch die Adressierung auf dieses beschränken könnte, wird gewöhnlich schon an dieser Stelle dessen Spruchkörper[224] – nicht jedoch wie gelegentlich zu finden „der Vorsitzende"[225] – bezeichnet.

An das
Landgericht
– Schwurgericht –
in Kiel

oder

An das
Amtsgericht
– Schöffengericht –[226]
in Oldenburg/Holstein

Nach der Anschrift des Gerichts (aber noch vor der Überschrift) ist gegebenenfalls durch einen besonderen Hinweis (gewöhnlich am rechten Rand) hervorzuheben, daß sich der Angeschuldigte oder einer der Angeschuldigten in Untersuchungs- oder Strafhaft befindet (siehe die Nrn. 52 und 110 Abs. 4 Satz 1 RiStBV).[227]

Haft!

Mit diesem Hinweis zu verbinden sind die mit der Untersuchungshaft bzw. ihrer Fortdauer verbundenen *Prüfungstermine*. Hat der Angeschuldigte keinen Verteidiger, findet eine Haftprüfung gemäß § 117 Abs. 5 StPO bereits nach drei Monaten statt; spätestens nach Ablauf von sechs Monaten ist nach § 121 StPO über das weitere Vorliegen der Haftvoraussetzungen zu befinden (siehe die Nrn. 56 und 110 Abs. 4 Satz 3 RiStBV).[228]

Nächster Haftprüfungstermin nach § 117 Abs. 5 StPO am ...
Ablauf der Frist gemäß § 121 Abs. 2 StPO am ...

---

[224] Neben den unten beispielhaft genannten, kann die Anklageschrift auch gerichtet sein an den „Strafrichter" (§ 25 GVG), den „Jugendrichter" (§ 39 JGG), an das „Jugendschöffengericht" (§ 40 JGG), an die „Jugendkammer" (§ 41 JGG), an die „Wirtschaftsstrafkammer" (§ 74c GVG) und (bei einer in der Klausur seltenen erstinstanzlichen Zuständigkeit des OLG) an den „Strafsenat" (siehe § 120 GVG).

[225] Vergleiche dazu *Solbach/Klein*, Anklageschrift, 11. Aufl. (1998), Seite 110.

[226] Eine Adressierung an das „Schöffengericht" ist auch in dem Fall zu wählen, in dem eine Entscheidung durch das *erweiterte* Schöffengericht begehrt wird; die Anschrift „erweitertes Schöffengericht", die sich in der Praxis gelegentlich findet, sollte vermieden werden, weil dieser Spruchkörper in diesem Verfahrensstadium überhaupt noch nicht existiert; über die Zuziehung eines zweiten Richters ist nach § 29 Abs. 2 Satz 1 GVG nämlich erst „bei Eröffnung des Hauptverfahrens" zu entscheiden; siehe dazu *Solbach/Klein*, Anklageschrift, 11. Aufl. (1998), Seite 110 f. mit weiteren Nachweisen (zur Formulierung des Antrags auf Zuziehung eines zweiten Richters siehe unten F.).

[227] Der hier ebenfalls zu plazierende Hinweis „Jugendschutzsache" (vergleiche § 26 GVG) dürfte in der Klausur keine Rolle spielen.

[228] Die Fristberechnung beginnt nicht schon mit der vorläufigen Festnahme, sondern erst mit Erlaß des Haftbefehls, datiert letzterer bspw. unter dem 6. Mai 2001, hat die

Nunmehr ist der Entwurf zentriert mit
Anklageschrift
zu überschreiben.

II. Personalien

Da der Angeschuldigte in der Hauptverhandlung identifiziert und individualisiert werden muß, ist er in der Anklageschrift so genau zu bezeichnen, daß eine Verwechslung ausgeschlossen ist. Aus Nr. 110 Abs. 2 lit. a RiStBV ergeben sich die in die Anklageschrift aufzunehmenden Personalien des Angeschuldigten. Danach sind anzugeben der Familienname, die Vornamen (Rufname unterstrichen), der Geburtsname, der Beruf, die Anschrift, der Familienstand, der Geburtstag und der genaue Geburtsort sowie die Staatsangehörigkeit.[229] Nicht geboten sind bereits hier Zusätze hinsichtlich etwaiger Vorstrafen,[230] diese können aber im wesentlichen Ergebnis der Ermittlungen, das in Klausuren allerdings nur selten zu fertigen ist, genannt werden, da ihnen für die Strafzumessung Bedeutung zukommen kann; hierbei sollte jedoch der Rahmen des § 243 Abs. 4 Satz 3 StPO beachtet werden.

Bei Minderjährigen sind – deutlich abgesetzt – zusätzlich auch der Name und die Anschrift der gesetzlichen Vertreter in die Anklageschrift aufzunehmen. Bezieht sich die Klageerhebung auf mehrere Angeschuldigte, sind diese arabisch zu numerieren.[231]

Besonders hervorzuheben ist hier noch einmal eine etwaige Inhaftierung des Angeschuldigten. Anzugeben sind der Tag der polizeilichen Festnahme und derjenige des Erlasses des Haftbefehls; daneben sind auch das Gericht, das den Haftbefehl erlassen hat (mit dem dortigen Aktenzeichen), und die Justizvollzugsanstalt, in der der Angeschuldigte zum Zeitpunkt der Anklageerhebung einsitzt, zu nennen.

Falls sich eine anwaltliche Vertretung bereits aus dem Akteninhalt ergibt, ist auch die Nennung des Strafverteidigers[232] geboten.

Prüfung nach § 117 Abs. 5 StPO bis zum 6. August 2001 zu erfolgen; siehe im einzelnen *Kleinknecht/Meyer-Goßner*, StPO, 45. Aufl. (2001), § 121 Rdnr. 4.

[229] Auch wenn in der Klausurakte einige Angaben fehlen, sollten diese nicht weggelassen, sondern als „nicht bekannt" gekennzeichnet werden.

[230] Vergleiche aber *Emde*, JuS 1996, 631 (632).

[231] Hinsichtlich der zu wählenden Reihenfolge verfährt die Praxis uneinheitlich; in der Klausur empfiehlt sich eine Ordnung nach der Schwere des Tatvorwurfs, bei vergleichbarer Schwere eine alphabetische.

[232] Hier wird gelegentlich auch die Stellung als Pflicht- oder Wahlverteidiger aufgenommen; siehe *Emde*, JuS 1996, 631 (632); *Kraß*, Anklage und Begleitverfügung, Seite 35; vergleiche aber *Solbach/Klein*, Anklageschrift, 11. Aufl. (1998), Seite 114. *Schmehl/Vollmer*, Assessorklausur, 6. Aufl. (2001), Seite 78 empfehlen auch die Nennung der Blattzahl der Vollmachterteilung.

1. Die Ärztin Dr. Petra Schwarz, geboren am 27. Juni 1959 in Berchtesgaden, wohnhaft Parkstraße 16 in 23759 Oldenburg/Holstein, ledig, Deutsche,
– in anderer Sache zur Zeit in Strafhaft in der Justizvollzugsanstalt Celle bis zum 4. März 2006,
– Verteidiger: Rechtsanwalt Dr. Franz Hoffmann, Vinetaplatz 36, 24188 Kiel,[233]
2. die Auszubildende Laura Ramona Polenz, geboren am 6. Mai 1986[234] in Karlsruhe, wohnhaft Kirchenweg 4 in 23759 Oldenburg/Holstein, ledig, Deutsche,
– gesetzliche Vertreterin: Helga Polenz, Bahnhofstraße 34, 24119 Kronshagen
– in dieser Sache vorläufig festgenommen am 17. Oktober 2001 und seit dem 18. Oktober 2001 in Untersuchungshaft in der JVA Neumünster aufgrund des Haftbefehls des Amtsgerichts Bad Segeberg vom 18. Oktober 2001 – Az ... –[235]
– Verteidigerin: Dr. Franziska Hubertus, Kuglerstraße 45, 24149 Kiel

III. Zeit und Ort der Tatbegehung

Nunmehr ist gemäß § 200 Abs. 1 Satz 1 StPO die Tat, die dem Angeschuldigten zur Last gelegt wird, Zeit und Ort ihrer Begehung sowie ihre gesetzlichen Merkmale so genau wie möglich zu bezeichnen. Diese Punkte werden mit dem Rubrum durch die Wendung verbunden:

wird (bzw.: werden) angeklagt,

Gelegentlich findet sich hier auch die Formulierung „*klage ich an:*"; da jedoch nach § 170 Abs. 1 StPO „die Staatsanwaltschaft" und nicht ein einzelner Staatsanwalt Anklagebehörde ist, dürfte die neutralere Fassung vorzugswürdig sein.

Schon in diesem überleitenden Teil des Anklagesatzes findet sich in der Praxis der Hinweis auf eine Strafverfolgungsbeschränkung nach § 154a StPO (siehe hierzu Nr. 101a und Nr. 110 Abs. 2 lit. e RiStBV).[236] Durch

---

[233] Nicht notwendig – aber auch nicht falsch – ist schon hier die Angabe der Vollmacht oder des Beschlusses der Beiordnung als Pflichtverteidiger.

[234] Soll, wie im Beispielsfall, eine Strafsache gegen Jugendliche und Erwachsene *gemeinsam* verhandelt werden, ist hinsichtlich der Voraussetzungen und der Gerichtszuständigkeit § 103 JGG zu beachten.

[235] Auch wenn der Haftbefehl zwischenzeitlich aufgehoben wurde (siehe § 120 StPO), ist dies (nun nicht mehr wegen der Erreichbarkeit des Angeschuldigten, sondern vor allem wegen der späteren Anrechnung erlittener Untersuchungshaft nach § 51 Abs. 1 StGB bzw. wegen etwaiger Entschädigung nach § 2 Abs. 1 StrEG) in die Anklageschrift aufzunehmen; in diesem Falle kann etwa formuliert werden: „In dieser Sache vorläufig festgenommen am ... und in Untersuchungshaft in der Justizvollzugsanstalt ... gewesen vom ... bis zum ... aufgrund des Haftbefehls des Amtsgerichts ... vom ...". Ähnliches gilt, wenn der Haftbefehl außer Vollzug gesetzt wurde (siehe § 116 StPO); hier kann es heißen: „In dieser Sache vorläufig festgenommen am ... und in Untersuchungshaft in der Justizvollzugsanstalt ... gewesen aufgrund des Haftbefehls des Amtsgerichts ... vom ... Durch Beschluß des Amtsgerichts ... vom ... wurde der Vollzug des Haftbefehls ausgesetzt; entlassen am ...".

[236] Teilweise wird der Hinweis auf eine etwaige Verfolgungsbeschränkung auch erst im Anschluß an die anzuwendenden Vorschriften eingefügt; so etwa *Emde*, JuS 1996, 825 (826).

Anwendung dieser Vorschrift kann der Bearbeiter nicht nur strafprozessuale Kenntnisse in die Klausur einfließen lassen, sondern auch zeigen, daß er in der Lage ist, das Verfahren – den Erfordernissen der Praxis gerecht werdend – zu „vereinfachen" (Nr. 101a Abs. 1 RiStBV). Zugleich bietet die Verfolgungsbeschränkung die für die Klausur besonders wichtige Möglichkeit, sehr komplizierten und verschachtelten Formulierungen der „gesetzlichen Merkmale" vorzubeugen. Ausführungen zu den Voraussetzungen des § 154a StPO werden vom Kandidaten bereits im prozessualen Gutachten oder in der Begleitverfügung verlangt, so daß im Anklagesatz etwa zu formulieren bleibt:

wird – unter Beschränkung nach § 154a Abs. 1 Nr. 1 StPO in bezug auf den Vorwurf des versuchten Betruges und der Urkundenfälschung – angeklagt,

Tatzeit und Tatort sind im folgenden so genau wie möglich anzugeben:[237]

am 3. November 2001
in Duisburg

Diese Angaben dienen nicht nur der Information der Verfahrensbeteiligten, sondern auch dazu, die äußeren Merkmale der prozessualen Tat(en) und damit den Gegenstand der Anklage genau zu umreißen. Sind die Informationen in der Akte nicht geeignet, ein genaues Datum zu benennen, ist ein Zeitraum anzugeben; so kann es etwa heißen:

an einem nicht näher bestimmbaren Tag in den Herbstferien 2001 (8. bis 21. Oktober)

oder

vor dem 10. Oktober 2001 in nicht rechtsverjährter Zeit

Sind strafbare Handlungen zu verschiedenen Zeiten und/oder an mehreren Orten begangen worden, besteht die Gefahr, den Anklagesatz zu überfrachten. In einem solchen Fall sollte daher hinsichtlich beider eine zusammenfassende Angabe gemacht werden.[238] Die Praxis beschränkt sich bei der Bezeichnung des Tatorts etwa auf die Wiedergabe desjenigen, welcher die örtliche Zuständigkeit des Gerichts begründet.[239]

in der Zeit vom 13. Juni 2001 bis zum 4. Dezember 2001
in Regensburg und andernorts

---

[237] Nicht erforderlich ist in der Regel die Aufnahme der Uhrzeit; vergleiche auch *Kraß*, Anklage und Begleitverfügung, Seite 36.
[238] *Solbach/Klein*, Anklageschrift, 11. Aufl. (1998), Seite 115.
[239] Vergleiche *Kraß*, Anklage und Begleitverfügung, Seite 37.

IV. Gesetzliche Merkmale der Straftat

Daran anschließend sind nach § 200 Abs. 1 Satz 1 StPO in der Anklageschrift die „gesetzlichen Merkmale der Straftat"[240] zu bezeichnen.[241] Um Wiederholungen zu vermeiden, werden diese sinnvollerweise mit allgemeinen Hinweisen, die sämtliche oder eine Vielzahl von Tatbestandsverwirklichungen betreffen, eingeleitet. Hervorzuheben ist hier gegebenenfalls, daß der Angeschuldigte „als Jugendlicher mit Verantwortungsreife" oder „als Heranwachsender" gehandelt hat.

Wird in der staatsanwaltschaftlichen Praxis zumeist darauf verzichtet, die mittelbare Täterschaft durch die Formulierung „durch einen anderen" zu kennzeichnen, so besteht jedenfalls Einigkeit, die mittäterschaftliche Begehung durch den Begriff „gemeinschaftlich" im Anklagesatz vor der Bezeichnung der gesetzlichen Merkmale der Tat zu nennen, wobei der Mittäter insbesondere dann genau zu bezeichnen ist, wenn er nicht Mitangeklagter ist.

„gemeinschaftlich mit dem gesondert verfolgten Hans Maier" oder „… bereits abgeurteilten …" oder „… zwischenzeitlich verstorbenen …"

Sachgerecht ist es auch, bei Vorliegen der Voraussetzungen des § 21 StGB einen entsprechenden Hinweis[242] jedenfalls dann voranzustellen, wenn sämtliche angeklagte Delikte in diesem Zustand begangen wurden.[243]

Darüber hinaus sieht Nr. 110 Abs. 2 lit. c RiStBV vor, bei der Bezeichnung des gesetzlichen Tatbestands tateinheitliches bzw. tatmehrheitliches Zusammentreffen anzugeben. Bei *Tateinheit* geschieht dies durch die Formulierung „durch dieselbe Handlung", wobei die einzelnen Straftatbestände im weiteren mit kleinen Buchstaben (a., b. etc.) gekennzeichnet werden. Bei Vorliegen von *Tatmehrheit* findet sich die Wendung „durch … selbständige Handlungen", die durch arabische Ziffern in der zeitlichen Reihenfolge ihrer Begehung untergliedert werden (bei tateinheitlicher Verwirklichung „innerhalb" einer selbständigen Handlung ist wie oben mit kleinen Buchstaben weiter zu untergliedern). Wurde ein Tatbestand mehrmals verwirklicht, ist dies bei Tatmehrheit vor der Bezeichnung der Merkmale durch die Worte „in … Fällen"[244], bei Tateinheit durch die Nennung der Anzahl der Tatobjekte („drei andere Personen

---

[240] Diese werden gelegentlich auch als „abstrakter Anklagesatz" (im Unterschied zum „konkreten Anklagesatz" [„Konkretisierung"]) bezeichnet.
[241] In Bayern werden die gesetzlichen Merkmale erst im Anschluß an die Sachverhaltsschilderung angeführt; siehe etwa *Brunner*, Abschlußverfügung, Rdnr. 193.
[242] Zur Formulierung siehe sogleich.
[243] *Kleinknecht/Meyer-Goßner*, StPO, 45. Aufl. (2001), § 200 Rdnr. 11 möchte auf die Nennung der Merkmale des § 21 StGB an dieser Stelle verzichten.
[244] Die Bezeichnung „Fall" sollte nur bei gleichartiger Tatmehrheit benutzt werden, um Verwechselungen mit der gleichartigen Tateinheit zu vermeiden.

Dritter Abschnitt. Die Entschließung der Staatsanwaltschaft 79

körperlich mißhandelt zu haben") zu verdeutlichen. Die Beteiligung mehrerer Personen wird gewöhnlich mit römischen Ziffern gegliedert. Bei Qualifizierungen sind deren Merkmale im Anschluß an die Bezeichnung des Grundtatbestandes im Nebensatz mit „wobei" einzuleiten.

> „gemeinschaftlich mit dem bereits abgeurteilten Daniel Langen und dem gesondert verfolgten Michael Martens
> eine fremde bewegliche Sache einem anderen in der Absicht weggenommen zu haben, die Sache einem Dritten rechtswidrig zuzueignen, wobei ein anderer Beteiligter, namentlich der gesondert verfolgte Michael Martens, ein Mittel bei sich führte, um den Widerstand einer anderen Person durch Drohung mit Gewalt zu überwinden."

Gleiches gilt nach überwiegender Praxis[245] für *Strafzumessungsregeln* (bei § 243 Abs. 1 Satz 2 Nr. 1 StGB also etwa: „..., wobei er zur Ausführung der Tat in ein Gebäude[246] einbrach").[247] Sind Tatbestände sowohl *vorsätzlich* als auch *fahrlässig* zu begehen (wie die §§ 315c, 316 und 323a StGB), muß dies aus der Bezeichnung der gesetzlichen Merkmale hervorgehen.

Gelegentlich kann es sich empfehlen, gesetzliche Merkmale vereinfacht wiederzugeben (beim Versuch ist dies in Nr. 110 Abs. 2 lit. c RiStBV ausdrücklich genannt). Dies gilt insbesondere dann, wenn die Wiedergabe der gesetzlichen Merkmale den Anklagesatz sehr unübersichtlich geraten ließe. So sollten etwa in Fällen des § 21 StGB nicht die dort beschriebenen Merkmale genannt, sondern einfacher formuliert werden („im Zustand verminderter Schuldfähigkeit ..."[248]). Bei *Anstiftungs-* oder *Beihilfe*konstellationen sollten[249] die gesetzlichen Merkmale der Haupttat nicht aufgenommen werden, sondern diese nur mit ihrer gesetzlichen Überschrift wiedergegeben werden („... vorsätzlich einen anderen zu dessen vorsätzlich begangenen rechtswidrigen Tat, namentlich eines Diebstahls, Hilfe geleistet zu haben"). Ein Begehen durch *Unterlassen* (§ 13 Abs. 1 StGB) wird bei der Bezeichnung der gesetzlichen Merkmale nicht aufgenommen, nähere Ausführungen hierzu finden sich erst in der „Konkretisierung".[250]

In Fällen der *Wahlfeststellung* werden die gesetzlichen Merkmale der in Frage kommenden Tatbestände mit einem „oder" verbunden.[251]

---

[245] Siehe nur *Solbach*, MDR 1978, 900 (900 f.); wohl auch *Tolksdorf*, in: KK-StPO, 4. Aufl. (1999), § 200 Rdnr. 10 mit weiteren Nachweisen zum Meinungsstand; abweichend *Kleinknecht/Meyer-Goßner*, StPO, 45. Aufl. (2001), § 200 Rdnr. 11.
[246] Der „Wohnungseinbruchsdiebstahl" als früherer Hauptanwendungsfall des Regelbeispiels nach § 243 Abs. 1 Satz 2 Nr. 1 StGB ist durch das sechste Strafrechtsreformgesetz in den Qualifizierungstatbestand des § 244 Abs. 1 Nr. 3 StGB eingeflossen; siehe dazu *Dencker*, in: Dencker u.a., 6. Strafrechtsreformgesetz, Erster Teil Rdnrn. 4 ff.
[247] Unbenannte besonders schwere Fälle werden in der Klausur keine bedeutende Rolle spielen; ist ein solcher einmal festgestellt worden, ist er in den Anklagesatz aufzunehmen („..., wobei ein besonders schwerer Fall anzunehmen ist.").
[248] Vergleiche *Emde*, JuS 1996, 631 (633).
[249] Vergleiche *Riemann u.a.*, Pflichtklausur, 2. Aufl. (1998), Seite 78 f.
[250] Dazu sogleich unten V.
[251] Vergleiche dazu *Solbach/Klein*, Anklageschrift, 11. Aufl. (1998), Seite 119.

Die Merkmale des Tatbestands sind bei der Bezeichnung immer in ihrer konkret verwirklichten Form wiederzugeben. Sieht ein Tatbestand verschiedene Handlungsmodalitäten oder Erfolge vor, sind daher nur diejenigen zu nennen, hinsichtlich welcher im materiellrechtlichen Gutachten ein hinreichender Tatverdacht angenommen wurde. Nicht aufzunehmen sind ungeschriebene Tatbestandsmerkmale (wie die Vermögensverfügung beim Betrug) oder ein allgemeines Verbrechensmerkmal (wie: „rechtswidrig" bei 303 Abs. 1 StGB, „widerrechtlich" bei § 123 Abs. 1 StGB oder „unbefugt" bei § 203 Abs. 1 StGB).[252]

Die Bezeichnung der gesetzlichen Merkmale der Straftat im Anklagesatz kann bei mehreren Angeschuldigten, denen zudem verschiedene tateinheitlich und tatmehrheitlich begangene Delikte zur Last gelegt werden, beispielhaft wie folgt aussehen:

I. der Angeschuldigte zu 1.
   durch drei selbständige Handlungen
   1. durch dieselbe Handlung
      a. eine fremde bewegliche Sache in der Absicht, die Sache sich rechtswidrig zuzueignen, weggenommen und
      b. zwei andere Person körperlich mißhandelt zu haben,
   2. fahrlässig ein Fahrzeug geführt zu haben, obwohl er infolge des Genusses alkoholischer Getränke nicht in der Lage war, das Fahrzeug sicher zu führen, sowie
   3. durch dieselbe Handlung
      a. als Arbeitgeber Beiträge der Arbeitnehmerin zur Sozialversicherung vorenthalten zu haben und
      b. in der Absicht, einem Dritten einen rechtswidrigen Vermögensvorteil zu verschaffen und dadurch das Vermögen eines anderen zu beschädigen, durch Vorspiegelung falscher Tatsachen versucht zu haben, einen Irrtum zu erregen,[253]
II. der Angeschuldigte zu 2.
   durch drei selbständige Handlungen
   1. dem Angeschuldigten zu 1. Hilfe geleistet zu haben, einen anderen körperlich zu mißhandeln,[254] und
   2. durch dieselbe Handlung
      a. eine fremde bewegliche Sache einem anderen in der Absicht weggenommen zu haben, die Sache sich rechtswidrig zuzueignen, wobei er zur Ausführung der Tat in einen umschlossenen Raum einbrach, und
      b. vorsätzlich ein Kraftfahrzeug geführt zu haben, obwohl er die dazu erforderliche Fahrerlaubnis nicht hatte, sowie

---

[252] Siehe die zahlreichen Formulierungsbeispiele häufig vorkommender Tatbestände bei *Emde*, JuS 1996, 631 (632).
[253] Das Beispiel folgt der Ansicht von *Solbach/Klein*, Anklageschrift, 11. Aufl. (1998), Seite 120, indem klargestellt wird, welcher Teil des mehraktigen Delikts nicht zur Vollendung gelangt ist.
[254] Bei der Bezeichnung der gesetzlichen Merkmale im Bereich der Teilnahmestrafbarkeit empfiehlt sich jedenfalls bei übersichtlichen Tatbeständen neben der Aufnahme der Merkmale der §§ 26 und 27 StGB zusätzlich auch die Nennung derjenigen der Haupttat; im einzelnen ist das Vorgehen hier uneinheitlich und sehr umstritten, vergleiche *Solbach/Klein*, Anklageschrift, 11. Aufl. (1998), Seite 121.

3. entweder
eine fremde bewegliche Sache einem anderen in der Absicht weggenommen zu haben, die Sache sich rechtswidrig zuzueignen,
oder
eine Sache, die ein anderer gestohlen hat, sich verschafft zu haben,
III. die Angeschuldigte zu 3.
durch drei selbständige Handlungen
1.–3. in drei Fällen einen anderen an der Gesundheit beschädigt zu haben.

V. „Konkretisierung"

Im Anschluß an die gesetzlichen Merkmale der Straftat(en) ist im Anklagesatz „die Tat", die dem Angeschuldigten *zur Last gelegt* wird (siehe § 200 Abs. 1 Satz 1 StPO), zu bezeichnen. Diese gesetzlich vorgeschriebene Bezeichnung der (vorgeworfenen) Tat, für die sich der Begriff „Konkretisierung" eingebürgert hat, muß das konkrete Tatgeschehen als Lebensvorgang und als geschichtliches Ereignis unverwechselbar nach bestimmten Tatumständen so genau kennzeichnen, daß keine Unklarheit über den Tatvorwurf aufkommen kann. Gerade die Konkretisierung bereitet Examenskandidaten oftmals Schwierigkeiten. Diese können jedoch recht einfach überwunden werden, wenn man sich vor Augen führt, daß die Schilderung nur auf das Wesentliche zu beschränken ist.[255] Allein darzustellen sind danach diejenigen Tatsachen, die für die Verwirklichung des gesetzlichen Tatbestands und – dem obigen Ansatz zum Inhalt der gesetzlichen Merkmale folgend – gegebenenfalls auch einer Strafzumessungsregel[256] erforderlich sind. Weiterführende Angaben gehören allenfalls in das „wesentliche Ergebnis der Ermittlungen". Damit dürfen sich an dieser Stelle insbesondere keine Ausführungen zur Beweiswürdigung finden.[257]

In der Praxis werden (regional abweichend) verschiedene einleitende Formulierungen gewählt. Teilweise wird nach den gesetzlichen Merkmalen ein neuer Hauptsatz begonnen, der dann etwa lautet:

„Dem Angeschuldigten wird folgendes zur Last gelegt: Gegen 17.00 Uhr befuhr er ..." oder: „Dem Angeschuldigten wird vorgeworfen, daß er gegen 17.00 Uhr ... befuhr" oder (ohne jede Einleitung): „Der Angeschuldigte befuhr gegen 17.00 Uhr ..."

Die am häufigsten vertretene Form verbindet die Bezeichnung der gesetzlichen Merkmale mit der „Konkretisierung" durch einen Nebensatz, der gewöhnlich mit dem Wort „indem" beginnt. Der gesamte Anklage-

---

[255] *Kleinknecht/Meyer-Goßner*, StPO, 45. Aufl. (2001), § 200 Rdnr. 8.
[256] *Solbach*, MDR 1978, 900 (900); vergleiche auch *Solbach/Klein*, Anklageschrift, 11. Aufl. (1998), Seite 124; mißverständlich *Tolksdorf*, in: KK-StPO, 4. Aufl. (1999), § 200 Rdnrn. 9 f.
[257] *Kleinknecht/Meyer-Goßner*, StPO, 45. Aufl. (2001), § 200 Rdnr. 5.

satz wird danach tatsächlich (dem Gesetzeswortlaut des § 200 Abs. 1 Satz 1 StPO entsprechend) in *einem* Satz zusammengefaßt:

indem er gegen 17.00 Uhr ... befuhr.

Dieser Aufbau hat den Vorteil, daß der Bearbeiter daran erinnert wird, die Anklageschrift nicht zu überlasten, sondern sich wirklich darauf zu beschränken, diejenigen Tatsachen aufzuzählen, welche die Subsumtion tragen. Er birgt jedoch auch die Gefahr in sich, den „Faden" zu verlieren, so daß der zuerst genannte Ansatz in der Klausur wohl vorzuziehen ist.

Wenn damit auch stets vom verletzten Straftatbestand auszugehen ist, so ist bei der Formulierung der Konkretisierung dennoch dringend darauf zu achten, den jeweiligen Gesetzestext nicht zu wiederholen, da das geschilderte Geschehen diesem gerade subsumiert werden soll. Zu vermeiden ist zudem die Verwendung des Passivs. Die Zeitform ist das Imperfekt und – für vor der Tat liegende Geschehnisse – das Plusquamperfekt.

Besonders wichtig – und dennoch häufig vergessen – ist die Mitteilung der Tatsachen, die zur Subsumtion der *inneren Tatseite* benötigt werden. Hier genügt nicht allein die Darstellung der intellektuellen Komponente des Vorsatzes, einzugehen ist immer auch auf dessen voluntative Seite.[258]

„... Dabei erkannte der Angeschuldigte die Möglichkeit des Todeseintritts und nahm diesen billigend in Kauf."

Es ist zweifelhaft, ob auch die Umstände, die für die Strafzumessung von Bedeutung sein können, wie etwa der verursachten Tatfolgen oder das Verhalten des Täters nach der Tat (siehe § 46 Abs. 2 Satz 2 StGB), schon in die Konkretisierung aufzunehmen ist. Gegen eine Erwähnung der Tatfolgen und des Nachtatverhaltens spricht zwar, daß die Funktion des Anklagesatzes lediglich darin besteht, den Verfahrensgegenstand genau zu umschreiben[259] und die genannten weitergehenden Angaben hierfür nicht erforderlich sind,[260] jedoch finden sich in Praxis häufig bereits in der Konkretisierung Angaben, die nicht für die Strafbarkeit selbst, sondern allein für die Folgen der Straftat von Interesse sind.[261] Die Aufnahme solcher Angaben in den Anklagesatz ist daher nicht falsch, sondern allenfalls überflüssig.

---

[258] Die häufig zu findende Formulierung „Der Angeschuldigte handelte in Kenntnis aller tatsächlichen Umstände" (siehe etwa *Brunner*, Abschlußverfügung, 4. Aufl. [2000], Rdnr. 130 und *Riemann u.a.*, Pflichtklausur, 2. Aufl. [1998], Seite 70 und 102) gerät daher zu knapp.

[259] Vergleiche BGHSt 16, 47 (48) und BGHSt 22, 336 (337 f.); siehe dazu auch *Tolksdorf*, in: KK-StPO, 4. Aufl. (1999), § 200 Rdnr. 10 mit weiteren Nachweisen.

[260] So ausdrücklich *Kleinknecht/Meyer-Goßner*, StPO, 45. Aufl. (2001) § 200 Rdnr. 10; differenzierend *Tolksdorf*, in: KK-StPO, 4. Aufl. (1999), § 200 Rdnrn. 9 ff.

[261] So etwa *Riemann u.a.*, Pflichtklausur, 2. Aufl. (1998), Seite 70.

Dritter Abschnitt. Die Entschließung der Staatsanwaltschaft

Bei einem vorsätzlichen Begehungsdelikt kann die Konkretisierung danach etwa wie folgt formuliert werden:

„Gegen 17.00 Uhr bestieg der Angeschuldigte das Taxi der Anne Schumann[262] und begehrte, zur Schützenstraße gefahren zu werden. Bereits zu diesem Zeitpunkt plante er, den Fahrpreis später nicht zu begleichen. Beim Anhalten am Zielort wies das Taxameter einen Fahrpreis in Höhe von 12,70 Euro aus. Als Anne Schumann[263] diese Summe von dem Angeschuldigten verlangte, zog er wortlos eine Gaspistole der Marke „Starigard" und richtete diese auf das Gesicht der Taxifahrerin Schumann. Ohne ihre Reaktion abzuwarten, feuerte er sodann aus einer Entfernung von 50 Zentimetern einen Schuß ab, wobei er sich bewußt war und zumindest billigend in Kauf nahm, daß die Taxifahrerin Schumann hierdurch Verletzungen an den Augen erleiden würde. Anne Schumann, die durch den Schuß eine starke Bindehautreizung erlitt, riß sich beide Hände vor das Gesicht. In diesem Moment verließ der Angeschuldigte, seinen Planungen entsprechend, das Fahrzeug und flüchtete."

Bei dem Vorwurf einer fahrlässigen Tatbegehung ist darauf zu achten, das sorgfaltswidrige Verhalten so genau wie möglich zu beschreiben:

„Der Angeschuldigte befuhr gegen 22.00 Uhr mit seinem Kraftfahrzeug mit dem amtlichen Kennzeichen FR-OG 222 die Kreisstraße 546 von Wermelshagen nach Benndorf. Im Ortsbereich der Gemeinde Tersdorp beugte er sich in Richtung seines Handschuhfaches und wechselte eine Kassette seines Autokassettenradios. Hierbei achtete er für einen kurzen Zeitraum nicht mehr auf den vor ihm fließenden Verkehr; aufgrund dieser Unachtsamkeit fuhr er auf das vor ihm abbiegende und vorschriftsmäßig die Änderung der Fahrtrichtung anzeigende Kraftfahrzeug des Horst Bucher auf. Dieser erlitt durch den Aufprall ein Halswirbelsäulen-Schleudertrauma und eine Platzwunde an der Stirn."

Ist das Verhalten *mehrerer* Angeschuldigter in eine Konkretisierung aufzunehmen, ergeben sich dann keine Schwierigkeiten, wenn ausschließlich ein Fall mittäterschaftlicher Haftung vorliegt. Hier ist eine gemeinsame Konkretisierung zu fertigen, die die Angeschuldigten entsprechend der Numerierung in der Anklageschrift bezeichnet:[264]

„Die Angeschuldigten betraten um die Mittagszeit des 6. November 2001 das Grundstück des Juweliers Erich Schneider in der Parkstraße 6. Der Angeschuldigte zu 1. schlug sodann mit einem mitgeführten Brecheisen das zum Garten gelegene Kellerfenster ein. Durch dieses kletterten die Angeschuldigten in das Haus und gelangten durch die Kellerräume in den Wohnbereich. Im Wohnzimmer öffnete der Angeschuldigte zu 2. mit dem Brecheisen den Sekretär, in dem sich 15.000 Euro Bargeld befanden. Dieses nahmen die Angeschuldigten an sich und verließen damit das Gebäude durch die Vordertür. Das entwendete Geld verbrauchten sie in den kommenden Wochen – wie von vornherein geplant – für aufwendige Urlaubsreisen."

---

[262] Häufig findet sich schon hier die Bezeichnung „Zeuge" oder „Zeugin"; dies ist aber schon deshalb nicht ganz richtig, weil sich die Stellung als Zeuge erst aus dem Beweismittelkatalog ergibt.
[263] Es läßt sich kaum vermeiden, den Namen eines Tatopfers häufig zu wiederholen. Variationen bieten sich zwar sprachlich an, werden in der Praxis aber nicht immer gern gesehen. So ist die Bezeichnung „Herr Klein" oder „Frau Groß" ebenso zu vermeiden wie die Verbindung des Nachnamens mit einem Artikel ohne weiteren Zusatz („der Jörgensen"); siehe dazu etwa *Brunner*, Abschlußverfügung, 4. Aufl. (2000), Rdnr. 135.
[264] Hiervon rät *Brunner*, Abschlußverfügung, 4. Aufl. (2000), Rdnr. 136 (freilich ohne weitere Begründung) ab.

Werden den Angeschuldigten neben einer gemeinschaftlichen Tatbegehung auch nicht gemeinschaftlich begangene Taten zur Last gelegt, so sollte dies in der Konkretisierung durch Verwendung von Gliederungspunkten zum Ausdruck gebracht werden, wobei es sinnvoll ist, das Geschehen in der zeitlichen Reihenfolge zu schildern.

„1. Die Angeschuldigten betraten um die Mittagszeit des 6. November 2001 das Grundstück des Juweliers Erich Schneider in der Parkstraße 6. ... Das entwendete Geld verbrauchten sie in den kommenden Wochen – wie von vornherein geplant – für aufwendige Urlaubsreisen.

2. Der Angeschuldigte zu 2. traf am 22. Dezember 2001 in der Gaststätte ‚Zum Anker' auf den ihm aus der Studienzeit bekannten Heiner Jörgensen. Im Verlaufe eines Gesprächs kam es zu einem Streit. Nachdem Heiner Jörgensen den Angeschuldigten zu 2. wegen seines Verhaltens auslachte, zog dieser ein mitgeführtes Messer und stieß dieses Heiner Jörgensen in den rechten Arm, um ihn zu verletzen. Er wollte ihm hiermit einen ‚Denkzettel' verpassen. Die heftig blutende Stichwunde mußte mit zwölf Stichen genäht werden."

Auch wenn ein Angeschuldigter mehrere selbständige Handlungen begangen hat, ist – entsprechend der Bezeichnung bei den gesetzlichen Merkmalen – mit arabischen Zahlen zu untergliedern („zu 1.", „zu 2." etc.).

Wurde im materiellrechtlichen Gutachten eine Wahlfeststellung angenommen, sind in der Anklageschrift zwei Konkretisierungen mit „oder" zu verbinden.[265]

VI. Anzuwendende Strafvorschriften

Am Ende des Anklagesatzes sind die „anzuwendenden Strafvorschriften zu bezeichnen" (§ 200 Abs. 1 Satz 1 StPO). Hier ist es umstritten, ob es neben der Angabe des Paragraphen auch einer Bezeichnung als „Verbrechen" oder „Vergehen" bedarf. Für die Fassung des *Urteilstenors* ist anerkannt, daß es einer solchen Klassifizierung nicht bedarf (siehe § 260 Abs. 4 Satz 1 und Satz 2 StPO). Da die Anklageschrift die „Tat" bezeichnen soll, die „Gegenstand der Urteilsfindung" (§ 264 Abs. 1 StPO) ist, erscheint es nicht notwendig, in die Anklage Informationen aufzunehmen, die sogar für die Tenorierung des Urteils entbehrlich sind.[266] Zudem eröffnet die Einteilung eine zusätzliche Fehlerquelle,[267] die gerade in der Klausur umgangen werden sollte.

---

[265] Siehe *Kleinknecht/Meyer-Goßner*, StPO, 45. Aufl. (2001), § 200 Rdnr. 7.
[266] Abweichend *Solbach/Klein*, Anklageschrift, 11. Aufl. (1998), Seite 126, welche die Informationsfunktion der Anklage hervorheben; dem läßt sich aber entgegenhalten, daß zum einen mit dieser Information eine unnötige diskriminierende Wertung der Tat einhergeht und zum anderen das Urteil die Verfahrensbeteiligten in nicht geringerem Maße informieren soll als die Anklage.
[267] So ausdrücklich BGH NJW 1986, 1116 (1117).

Dritter Abschnitt. Die Entschließung der Staatsanwaltschaft

Die Aufzählung hat im Hinblick auf Absatz, Satz, Nummer und Buchstabe (vergleiche § 260 Abs. 5 Satz 1 StPO) exakt zu erfolgen. Sie beginnt mit den Straftatbeständen des Besonderen Teils, die in aufsteigender Linie angegeben werden; hieran anschließend werden die anzuwendenden Tatbestände des Allgemeinen Teils, ebenfalls in aufsteigender Linie, aufgezählt. Tatbestände, die Nebengesetzen entnommen werden, sind nach denen des Strafgesetzbuches anzuführen. Im einzelnen ist zu beachten, daß auch ein etwaiges Antragserfordernis (etwa aus den §§ 247 und 248a StGB) und die Bezeichnung des jeweiligen Konkurrenzverhältnisses gemäß den §§ 52 und 53 StGB sowie bei einer Anklage von Jugendlichen oder Heranwachsenden zusätzlich die §§ 1 und 3 JGG sowie bei Heranwachsenden auch § 105 JGG aufzunehmen sind (bei Anwendung von Jugendstrafrecht ist darüber hinaus im Bereich der Konkurrenzen Vorsicht geboten: wegen der Einheitsstrafe gemäß § 31 JGG sind die §§ 52 und 53 StGB in diesen Fällen nämlich nicht zu zitieren). Ebenfalls aufzulisten sind § 25 Abs. 1 Fall 2 StGB bei Tatbegehung in mittelbarer Täterschaft und § 25 Abs. 2 StGB bei Mittäterschaft.[268] Darüber hinaus sind auch die Rauschtat bei § 323a Abs. 1 StGB[269] und die Vorschriften eine Einziehung oder einen Verfall betreffend zu nennen.

Bei einer Vielzahl von Taten, die möglicherweise außerdem noch von verschiedenen Angeschuldigten begangen wurden, kann sich zur besseren Übersicht eine Gliederung nach den einzelnen Beteiligten empfehlen. Aus § 260 Abs. 4 Satz 2 StPO könnte auch für die Anklageschrift gefolgert werden, daß neben der Paragraphennennung auch die gesetzliche Überschrift aufzunehmen ist. Die Praxis ist hier uneinheitlich;[270] für die Klausur empfiehlt es sich aber schon aus Zeitgründen, auf die Überschriften zu verzichten.

„Für den Angeschuldigten zu 1. strafbar gemäß den §§ 223 Abs. 1[271], 224 Abs. 1 Nr. 2, 242 Abs. 1, 243 Abs. 1 Satz 2 Nr. 7, 306a Abs. 1 Nr. 2, 21, 22, 23 Abs. 1, 25 Abs. 2, 52 Abs. 1 und Abs. 2, 53 Abs. 1, 73 Abs. 1 StGB, §§ 37 Abs. 1 Nr. 1 lit. d, 52a Abs. 1 Nr. 1 WaffG."

„Für den Angeschuldigten zu 2. strafbar gemäß den §§ 223 Abs. 1, 224 Abs. 1 Nr. 1, 242 Abs. 1, 323a Abs. 1, 25 Abs. 2, 27 Abs. 1 und Abs. 2, 52 Abs. 1 und Abs. 2, 53 Abs. 1, 74 Abs. 1 und Abs. 2 Nr. 1 StGB."

---

[268] Dagegen wird § 25 Abs. 1 Mod. 1 StGB, der die unmittelbare Tatbegehung beschreibt, gewöhnlich nicht angeführt.
[269] Vergleiche auch *Solbach*, MDR 1978, 900 (901).
[270] Vergleiche *Kraß*, Anklage und Begleitverfügung, Seite 44.
[271] Auch bei Verwirklichung der Qualifikation sollte der Grundtatbestand in die Liste aufgenommen werden.

VII. Weitere Angaben

Im Anschluß an die Mitteilung der anzuwendenden Vorschriften sind in Sonderfällen noch weitergehende Angaben zu machen. Examensrelevant dürften hier nur Fragen zum Strafantrag, im Zusammenhang mit der Entziehung der Fahrerlaubnis und zu einer etwaigen Einziehung sein.[272] Sowohl bei relativen als auch bei absoluten Antragsdelikten ist immer ein entsprechender Hinweis im Anschluß an die Liste der anzuwendenden Vorschriften aufzunehmen. Wurde ein Strafantrag gestellt, ist dies kurz zu erwähnen:

„Der im Hinblick auf den Hausfriedensbruch erforderliche Strafantrag wurde vom Verletzten, dem Augenoptiker Karl Kope, am 3. November 2001 gestellt (Bl. 3 d. A.)."

Fehlt hingegen bei einem relativen Antragsdelikt der Strafantrag,[273] ist in der Anklageschrift festzustellen, *daß* die Staatsanwaltschaft ein „besonderes öffentliches Interesse" annimmt, eine Begründung, *warum* ein solches zu bejahen war, ist an dieser Stelle[274] nicht darzulegen:

„Ein Strafantrag in bezug auf den Diebstahl ist nicht gestellt, jedoch bejaht die Staatsanwaltschaft ein besonderes öffentliches Interesse an der Strafverfolgung."

Auch die Voraussetzungen von Maßnahmen, deren Anordnung im Urteil wahrscheinlich sind, sind ohne weitere Begründung in einem Satz wiederzugeben:

„Der Angeschuldigte zu 1. hat sich durch sein Verhalten als ungeeignet zum Führen von Kraftfahrzeugen erwiesen (§ 69 StGB)."[275]
„Das zur Tat verwandte im Eigentum des Angeschuldigten zu 2. stehende Messer unterliegt der Einziehung nach § 74 Abs. 1 und Abs. 2 Nr. 1 StGB."

---

[272] Der Feststellung einer „besonderen Schwere der Schuld" (§ 57a Abs. 1 Satz 1 Nr. 2 StGB), die nach Rechtsprechung des BVerfG im Urteilstenor erscheinen muß (vergleiche BVerfGE 86, 288 ff.; *Tröndle/Fischer*, StGB, 50. Aufl. [2001], § 57a Rdnrn. 1 ff.), wenn sie angenommen wird, und daher wohl auch schon in die Anklageschrift aufgenommen werden kann, dürfte in der Klausur keine Bedeutung zukommen; vergleiche dazu *Solbach/Klein*, Anklageschrift, 11. Aufl. (1998), Seite 125.

[273] Fehlt dieser bei einem absoluten Antragsdelikt, liegt – wie oben dargestellt – ein Verfolgungshindernis vor, so daß der Tatbestand auch nicht Teil des Anklagevorwurfs sein kann.

[274] Ausführliche Erwägungen hierzu waren schon im Gutachten anzustellen (siehe oben Zweiter Abschnitt, § 1 B).

[275] Ein Hinweis, daß in der Hauptverhandlung die Entziehung der Fahrerlaubnis, die Einziehung des Führerscheins und eine Sperrfrist für die Erteilung einer neuen Fahrerlaubnis (vergleiche die §§ 69 Abs. 1 Satz 1 und Abs. 3 Satz 2 sowie 69a Abs. 1 Satz 1 StGB) beantragt werden wird, findet sich an dieser Stelle nicht, da dies nur eventuell zu beantragende Rechtsfolgen betrifft und daher nicht in den Anklagetenor aufzunehmen ist (etwas anderes gilt für die Antragsschrift im Sicherungsverfahren, vergleiche § 414 Abs. 2 Satz 2 StPO).

D. Angabe der Beweismittel

In der Anklageschrift sind nunmehr die „Beweismittel" aufzuführen (§ 200 Abs. 1 Satz 2 StPO sowie Nr. 111 RiStBV). Gerade für die zumeist in Zeitnöten anzufertigende Klausur ist von besonderer Bedeutung, daß hier nicht sämtliche Beweismittel, die sich aus den Akten ergeben, zwingend aufgenommen werden müssen, sondern nur diejenigen zu nennen sind, die für die Aufklärung des Sachverhalts und für die Beurteilung der Persönlichkeit des Angeschuldigten wesentlich sind (Nr. 111 Abs. 1 RiStBV). Eine bestimmte Ordnung ist gesetzlich zwar nicht vorgeschrieben, üblicherweise werden jedoch die persönlichen vor den sächlichen Beweismitteln in folgender Reihenfolge aufgeführt:

- Angaben des Angeschuldigten
- Zeugen
- Sachverständige
- Urkunden
- Gegenstände des Augenscheins[276]

I. Angaben des Angeschuldigten

In den meisten Klausurtexten wird sich eine Einlassung des Angeschuldigten zu den Tatvorwürfen finden, so daß die Aufzählung der Beweismittel hiermit in der Regel zu beginnen hat. In der Praxis werden Angaben des Angeschuldigten, die dieser im Ermittlungsverfahren gemacht hat, im Beweismittelkatalog aufgeführt, obwohl diesen Angaben in der Regel noch *keine* Beweiskraft zukommt; durch die Aufnahme in den Beweismittelkatalog wird vielmehr lediglich (vorausschauend) zum Ausdruck gebracht, der Angeschuldigte werde in der Hauptverhandlung seine Angaben (zumindest hinsichtlich ihres wesentlichen Inhalts) wiederholen, so daß sie dann als Beweismittel zur Verfügung stehen werden.[277]

Bei der Nennung der Angaben des Angeschuldigten kann gekennzeichnet werden, ob und gegebenenfalls in welchem Umfang die Vorwürfe bestritten werden.[278] Hat sich der Angeschuldigte im Ermittlungsverfahren zur Sache nicht eingelassen, wird dies im Beweismittelkatalog nicht erwähnt.

---

[276] Gelegentlich findet sich auch die Überschrift „Sonstige Beweismittel" (siehe etwa *Brunner*, Abschlußverfügung, 4. Aufl. [2000], Rdnrn. 186 und 190).
[277] Siehe dazu ausführlich *Solbach/Klein*, Anklageschrift, 11. Aufl. (1998), Seite 128 ff.
[278] Diese Kennzeichnung hat lediglich klarstellende Funktion, da das Beweismittel selbstverständlich die (vollständige) Einlassung des Angeschuldigten ist.

Beweismittel

I. Geständnis²⁷⁹/Teilgeständnis des Angeschuldigten

oder (wenn der Angeschuldigte die Tatvorwürfe in Gänze bestreitet)

I. Einlassung des Angeschuldigten

II. Zeugen und Sachverständige

In der Regel werden sich in der Klausur neben der Einlassung des Beschuldigten auch Zeugenaussagen finden. Sollte der Beschuldigte – was in Klausuren nicht die Regel sein dürfte – in vollem Umfang geständig sein, sollte stets daran gedacht werden, daß auf die Benennung von Zeugen verzichtet werden kann, wenn schon das Geständnis „zur vollständigen Beurteilung der Tat" und „der Strafbemessung" voraussichtlich ausreichen wird (Nr. 111 Abs. 4 RiStBV). Dabei sollte jedoch berücksichtigt werden, daß ein solches Vorgehen in der Praxis das Risiko in sich birgt, daß im Falle eines etwaigen Widerrufs oder auftretenden Zweifeln an der Glaubhaftigkeit des Geständnisses weitere Beweismittel in die Hauptverhandlung eingeführt werden müssen, die aber in der Anklage unerwähnt geblieben sind. Damit wird dem Angeklagten die Möglichkeit eröffnet, einen Antrag auf Aussetzung der Hauptverhandlung nach § 246 Abs. 2 StPO zu stellen, so daß sich der der Prozekonomie dienende Ansatz der Nr. 111 Abs. 4 RiStBV ins Gegenteil verkehren kann.

Soll in der Klausur in einem solchen Fall dennoch einmal dieser Richtlinie gemäß verfahren werden, muß sich ein kurzer Hinweis bereits im *prozessualen Gutachten* finden, ohne daß es dann einer weiteren Erwähnung in der Anklageschrift oder der Begleitverfügung²⁸⁰ bedarf:

---

²⁷⁹ Da – wie oben bereits erwähnt – das Geständnis unabhängig von seiner Beweiskraft im Beweismittelkatalog aufgeführt wird, sollte es an dieser Stelle auch nur als „Geständnis" aufgelistet werden, ohne daß hervorzuheben ist, *wer* den Angeschuldigten vernommen hat (vergleiche aber *Emde*, JuS 1996, 825 [826]). Kommt der Unterscheidung zwischen richterlichen und anderen Vernehmungen einmal Bedeutung zu, ist das Protokoll der richterlichen Vernehmung im Beweismittelkatalog allerdings als „Urkunde" aufzuführen, da es sich bei der Verlesung nach § 254 StPO nach überwiegender Auffassung um einen Urkundenbeweis handelt (siehe nur *Kleinknecht/Meyer-Goßner*, StPO, 45. Aufl. [2001], § 254 Rdnr. 1 mit weiteren [auch abweichenden] Nachweisen).

²⁸⁰ Die Auflistung der Zeugen im Beweismittelkatalog mit dem Zusatz „Im Hinblick auf das Geständnis des Angeschuldigten wird auf die Ladung der genannten Zeugen vorläufig verzichtet" kann schon deswegen nicht empfohlen werden, (so aber wohl *Brunner*, Abschlußverfügung, 4. Aufl. [2000], Rdnr. 189), weil die Staatsanwaltschaft die Zeugen in der Anklage lediglich „benennt", nicht aber „lädt". Damit verbietet sich aber auch, zunächst in der Anklageschrift alle Zeugen zu benennen und lediglich in der Begleitverfügung einen Hinweis darauf zu geben, daß die Ladung für entbehrlich gehalten wird (in diesem Sinne auch *Solbach/Klein*, Anklageschrift, 11. Aufl. [1998], Seite 130).

Dritter Abschnitt. Die Entschließung der Staatsanwaltschaft

„Der Angeschuldigte hat das Geschehen in vollem Umfang gestanden. Da Hinweise für einen Widerruf des Geständnisses nicht vorliegen und dieses zudem glaubhaft ist, wird es zur vollständigen Beurteilung der Tat voraussichtlich ausreichen, so daß auf die Benennung von Zeugen im Beweismittelkatalog der Anklageschrift vorläufig verzichtet werden kann."

Bei der Benennung von Zeugen müssen nicht deren gesamte Personalien aufgeführt werden. Vielmehr genügt neben dem Namen und Vornamen[281] die Anschrift, unter der die Person zu laden ist. Regelmäßig ist dies der Wohnort, in den wenig klausurtypischen Fällen des § 200 Abs. 1 Satz 3 i.V.m. § 68 Abs. 2 Satz 1 StPO etwa können sich aber auch abweichende Anschriften ergeben. Bei Zeugen, die Wahrnehmungen „in amtlicher Eigenschaft" (also zumeist Polizeibeamte) gemacht haben, sollte nur die Dienststelle angegeben werden (§ 200 Abs. 1 Satz 3 i.V.m. § 68 Abs. 1 2 StPO).

II. Zeugen
1. Franziska Steller, Maierbachstraße 27, 48149 Münster,
2. Monika Müller, Beethovenring 45, 20450 Hamburg, gesetzlicher Vertreter:[282] Herbert Müller, wohnhaft ebenda,
3. PHM Kurt Roggensack, zu laden über das 2. Polizeirevier Wuppertal, Falckstraße 17, 42369 Wuppertal,

Bei der Benennung der persönlichen Beweismittel ist – nicht zuletzt aus Zeitgründen – stets zu überlegen, ob nicht auf einzelne Zeugen verzichtet werden kann. Ist etwa der Beschuldigte in weiten Teilen des Anklagevorwurfs geständig und stimmen zudem *mehrere* Zeugenaussagen mit diesem Geständnis überein (was in Klausurakten nur selten vorkommen dürfte), sollte als Beweismittel nur die Person ausgewählt werden, die die Tatvorgänge am zuverlässigsten wiedergeben dürfte (Nr. 111 Abs. 2 RiStBV). Auch in diesem Falle sollte sich aber schon im *prozessualen Gutachten* ein kurzer Hinweis finden:

„Die Angestellten B, C und D haben inhaltlich übereinstimmend bekundet, die Beschuldigte beobachtet zu haben, als sie die Bohrmaschine an sich nahm und in ihrer Tasche verbarg. Da die Angestellte C die Beschuldigte nach Verlassen des Baumarktes zur Rede stellte, sie danach an der Flucht hinderte und später das Geschehen zur Anzeige brachte, erscheint es ausreichend, allein sie als Zeugin im Beweismittelkatalog der Anklageschrift zu benennen."

Hinsichtlich der Benennung von Sachverständigen gelten die Ausführungen zu den Zeugen entsprechend:

---

[281] Wenig klausurrelevant sind die Fälle, in denen auch auf die Personalien eines Zeugen verzichtet werden kann (vergleiche § 200 Abs. 1 Satz 4 StPO).
[282] Jedenfalls bei Kindern (also solchen Personen, die das vierzehnte Lebensjahr noch nicht vollendet haben [siehe § 19 StGB und § 1 Abs. 2 JGG]) ist die Nennung des gesetzlichen Vertreters vonnöten, da sie zu dessen Händen geladen werden; auch bei Jugendlichen empfiehlt sich eine Aufnahme des gesetzlichen Vertreters, obwohl sie auch persönlich geladen werden können; vergleiche dazu *Kleinknecht/Meyer-Goßner*, StPO, 45. Aufl. (2001), § 48 Rdnr. 7.

Erster Teil. Staatsanwaltschaftliche Aufgabenstellungen

III. Sachverständige
1. Dipl. Ing. Werner Hinrichsen, Balsenring 45, 44742 Bochum,
2. Prof. Dr. Horst Hempel, zu laden über das Rechtsmedizinische Institut der Freien Universität Berlin, 10545 Berlin

Für die Klausur von besonderer Bedeutung ist, daß Sachverständige, deren Gutachten nach § 256 StPO in die Hauptverhandlung durch Urkundenbeweis eingeführt werden, im Beweismittelkatalog keine Erwähnung finden, sondern unter der folgenden Überschrift „Urkunden" genannt werden. Hierauf ist vor allem bei den häufig vorkommenden den Blutalkoholgehalt bestimmenden Gutachten, aber auch bei „Attesten über Körperverletzungen, die nicht zu den schweren gehören", zu achten.

III. Urkunden und Gegenstände des Augenscheins

Bei der Auflistung der Urkunden sind nur solche Schriftstücke anzuführen, bei denen die rechtlichen Voraussetzung für eine Verlesung in der Hauptverhandlung gegeben sind. So ist etwa das Protokoll über eine polizeiliche Vernehmung überhaupt nur dann aufzunehmen, wenn der Zeuge verstorben ist oder aus einem anderen Grunde gerichtlich nicht vernommen werden kann (§ 251 Abs. 2 Satz 2 StPO).

IV. Urkunden
1. Auszug aus dem Bundeszentralregister für die Angeschuldigte zu 1. (Bl. 12 d. A.),
2. Auszug aus dem Erziehungsregister für den Angeschuldigten zu 2. (Bl. 13 d. A.),
3. Gutachten über die Bestimmung des Blutalkoholgehaltes von dem Rechtsmedizinischen Institut der Freien Universität Berlin (Bl. 12 d. A.),
4. Brief des Angeschuldigten zu 1. an Herrn Gustav Baier (Bl. 6 d. A.),
5. Niederschrift der richterlichen Vernehmung des am 3. Oktober 2001 verstorbenen Zeugen Johann Weger (Bl. 11 d. A.),[283]

Als weiteres sachliches Beweismittel sind daran anschließend Objekte des Augenscheins aufzuführen. Gegenstand des Augenscheins bilden diejenigen Sachgegebenheiten und Vorgänge, die durch sinnliche Wahrnehmung zu erfassen sind, aber nicht im Wege des persönlichen oder des Urkundsbeweises erhoben werden[284]; *Augen*scheinsobjekte können danach auch solche sein, die zu Gehör gebracht werden sollen (etwa Tonbandaufnahmen).

V. Gegenstände des Augenscheins
1. Oberhemd der Marke „Ralph Lauren", asserviert unter Nr. 234/01 bei der Staatsanwaltschaft bei dem Landgericht München I, und
2. Messer der Marke „Buck", asserviert unter ...

---

[283] Vergleiche zu dieser Form des Urkundsbeweises § 251 Abs. 1 Nr. 1 StPO.
[284] Vergleiche *Herdegen*, in: KK-StPO, 4. Aufl. (1999), § 244 Rdnr. 14.

Ebenfalls im Beweismittelkatalog aufzuführen sind diejenigen Akten, die neben der Hauptakte dem Gericht vorzulegen sind (siehe vor allem § 199 Abs. 2 Satz 2 StPO und Nr. 119 RiStBV). Ob deren Nennung unter einer eigenen Überschrift („Beiakten") oder unter derjenigen der „Urkunden" erfolgt, ist inhaltlich ohne Bedeutung.

E. Wesentliches Ergebnis der Ermittlungen

Nach § 200 Abs. 2 Satz 1 StPO ist in der Anklageschrift auch das „wesentliche Ergebnis der Ermittlungen" darzustellen. Hiervon abgesehen werden darf nur dann, wenn Anklage beim Strafrichter erhoben wird (§ 200 Abs. 2 Satz 2 StPO).[285] Da in der Klausur sehr häufig der Bearbeitervermerk auch in den übrigen Fällen von der Erstellung dieses Teils der Anklageschrift entpflichtet, sollen hier lediglich die *wichtigsten* Anforderungen behandelt werden.

Aus der Strafprozeßordnung ergibt sich lediglich, *daß* das wesentliche Ergebnis der Ermittlungen in die Anklageschrift aufzunehmen, nicht hingegen *wie* dieses zu gestalten ist. Der in der Praxis überwiegend gewählte Aufbau ist mit demjenigen des strafrechtlichen Urteils verwandt:

Unter dem Gliederungspunkt „I." ist danach mit *Angaben zur Person* des Angeschuldigten zu beginnen. Hier sind die Informationen, die sich bereits aus dem Anklagesatz ergeben (Geburtstag und -ort, Beruf etc.), nicht erneut zu erwähnen. Zu beschreiben sind vor allem die persönlichen und wirtschaftlichen Verhältnisse des Angeschuldigten und weitere Umstände, die für die *Strafzumessung* von Bedeutung sein können. Insbesondere sind etwaige *Veränderungen* im Leben des Angeschuldigten nach der Tat sowie seine *Vorstrafen* hervorzuheben.

Es folgen (unter „II.") Angaben zur *Sache*. Diese bestehen zum einen aus einer umfangreichen Schilderung des der Anklage zugrundeliegenden – für erwiesen erachteten – *Sachverhalts*, wobei (über die Konkretisierung hinaus) auch Umstände mitzuteilen sind, die nicht unmittelbare Subsumtionsgrundlage darstellen, aber für das Gesamtbild von Tat und Täter bedeutsam erscheinen. Hier ist auch Raum für Ausführungen zur Vorgeschichte der Tat und zum Verhalten des Täters nach der Tat.

An diese Darstellung schließt sich die *Einlassung des Angeschuldigten* an. Ist er im gesamten Umfang geständig, muß im wesentlichen Ergebnis der Ermittlungen auf die Aussagen von Zeugen regelmäßig nicht einge-

---

[285] Auch bei einer Anklage zum Strafrichter soll aber gemäß Nr. 112 Abs. 1 RiStBV das wesentliche Ermittlungsergebnis in die Anklageschrift aufgenommen werden, wenn „die Sach- und Rechtslage Schwierigkeiten bietet".

gangen werden;[286] bestreitet er hingegen die ihm zur Last gelegte Tat, hat sich eine umfassende Würdigung der Beweise anzuschließen, aus der sich die hinreichende Wahrscheinlichkeit des eingangs *festgestellten* Sachverhalts ergibt. An dieser Stelle kann von dem Bearbeiter also verlangt werden, sich mit den zur Verfügung stehenden Beweismitteln abwägend auseinanderzusetzen, was keine Schwierigkeiten bereiten dürfte, da zu diesen Fragen bereits im sachlichrechtlichen Gutachten Stellung genommen wurde.

Bei der Beweiswürdigung ist darauf zu achten, daß nur solche Beweismittel verwandt werden, die zuvor auch im Katalog benannt worden sind; umgekehrt darf in diesem Katalog auch kein Beweismittel aufgelistet sein, auf das im wesentlichen Ermittlungsergebnis mit keinem Wort eingegangen wird.

Rechtliche Ausführungen werden sich im wesentlichen Ergebnis der Ermittlungen nur bei Besonderheiten finden: So sind dem ebenfalls juristisch gebildeten Gericht nicht etwa bestimmte Tatbestandsauslegungen *aufzudrängen*, jedoch kann sich durchaus einmal die Notwendigkeit ergeben, Zuständigkeitsprobleme oder abgelegene Rechtsfragen vertieft darzustellen.

F. Mit der Anklageschrift zu stellende Anträge

Dürfte der Bearbeitervermerk den Kandidaten häufig von dem Entwurf des „wesentlichen Ergebnisses der Ermittlungen" entpflichten, so sollten in der Examensklausur aber unbedingt etwaige mit der Anklageschrift zu stellende Anträge beachtet werden. *Jede* Anklageschrift hat nach § 199 Abs. 2 Satz 1 StPO den Antrag zu enthalten, das Hauptverfahren zu eröffnen. Darüber hinaus sieht Nr. 110 Abs. 3 RiStBV vor, auch das Gericht und den Spruchkörper zu bezeichnen. Nicht erforderlich sind die gelegentlich in der staatsanwaltschaftlichen Praxis zu findenden Anträge, „die Anklage zuzulassen" oder einen „Termin zur Hauptverhandlung zu bestimmen", da sich diese Folgen bereits aus dem Gesetz ergeben (siehe die §§ 207 Abs. 1 und 213 StPO). Obwohl auch die Prüfung der Anordnung oder Fortdauer der Untersuchungshaft gemäß § 207 Abs. 4 StPO von Amts wegen geschieht, sieht Nr. 110 Abs. 4 Satz 2 RiStBV vor, daß jedenfalls für deren *Fortdauer* ein „bestimmter Antrag" zu stellen ist. So kann ein mit der Anklageschrift zu verbindender Antrag etwa lauten:

„Es wird beantragt,
a. das Hauptverfahren vor dem Amtsgericht – Schöffengericht – Bad Hersfeld zu eröffnen,
b. zur Hauptverhandlung einen zweiten Richter zuzuziehen,

---

[286] Etwas anderes gilt hier nur, wenn das Geständnis des Angeschuldigten in Teilen nicht glaubhaft ist; siehe dazu schon oben Zweiter Abschnitt, § 1 C II und Dritter Abschnitt, § 1 D I.

Dritter Abschnitt. Die Entschließung der Staatsanwaltschaft 93

c. gegen den Angeschuldigten Haftbefehl gemäß § 112 Abs. 2 StPO zu erlassen, (oder:) die Fortdauer der Untersuchungshaft anzuordnen,
e. dem Angeschuldigten einen Verteidiger zu bestellen, da ein Fall notwendiger Verteidigung nach § 140 Abs. 1 Nr. 2 StPO vorliegt,
f. die Fahrerlaubnis nach § 111a StPO vorläufig zu entziehen.

Nach dem Antrag oder den Anträgen (in Bayern nach dem Zuleitungsvermerk an das Gericht[287]) folgen die Unterschrift des Staatsanwalts und seine Dienstbezeichnung. Ist ein Name des zuständigen Beamten der Staatsanwaltschaft aus der Akte ersichtlich, wird mit diesem unterschrieben, anderenfalls genügt der Hinweis:

„Unterschrift
Dienstbezeichnung"

G. In Bayern und Baden-Württemberg zu beachtende Besonderheiten

In *inhaltlicher* Hinsicht ergeben sich in den verschiedenen Bundesländern keine Unterschiede, da die Anforderungen durch die Strafprozeßordnung oder die bundeseinheitlich geltenden RiStBV weitgehend vorgegeben sind. In Baden-Württemberg und Bayern hat sich allerdings ein von der oben beschriebenen Form abweichender *Aufbau* der Anklageschrift herausgebildet.

I. Der Aufbau der Anklageschrift in Bayern

In *Bayern*[288] wird der Anklagesatz mit der Darstellung der Tat (mithin der „Konkretisierung") begonnen, wobei diese mit der Wendung

„Die Staatsanwaltschaft legt aufgrund ihrer Ermittlungen dem Angeschuldigten zur Last:"

eingeleitet wird, so daß die Konkretisierung mit einem neuen Hauptsatz beginnt:

„Am 3. Dezember 2001, gegen 13.00 Uhr, versetzte der Angeschuldigte dem Oberstudienrat Heinz Gerds mit einem Bierglas einen heftigen Schlag auf den Oberkörper, ..."

An die Konkretisierung schließt sich die Wiedergabe der gesetzlichen Merkmale der Straftat an, die gewöhnlich wie folgt eingeleitet wird:

---

[287] Siehe *Brunner*, Abschlußverfügung, 4. Aufl. (2000), Rdnrn. 191 f.
[288] Muster einer Anklageschrift in der in Bayern üblichen Form finden sich bei *Brunner*, Abschlußverfügung, 4. Aufl. (2000), Rdnr. 193a und bei *Solbach/Klein*, Anklageschrift, 11. Aufl. (1998), Seite 155 ff.

94   Erster Teil. Staatsanwaltschaftliche Aufgabenstellungen

„Der Angeschuldigte wird daher beschuldigt, ..."

Es folgen die rechtliche Bezeichnung der Straftaten und die Paragraphenbezeichnungen:

„Strafbar als Diebstahl, tatmehrheitlich begangen mit gefährlicher Körperverletzung nach den §§ 223 Abs. 1, 224 Abs. 1 Nr. 2, 242 Abs. 1, 53 StGB"

Danach wird in Bayern das „wesentliche Ergebnis der Ermittlungen" mitgeteilt und die Anklageschrift mit dem Hinweis versehen, welches Gericht zuständig ist und daß öffentliche Klage erhoben wird:

„Zur Aburteilung ist das Landgericht Passau – Wirtschaftsstrafkammer – zuständig (§§ 24, 74, 74c GVG, § 7 Abs. 1 StPO).
Ich erhebe öffentliche Klage und beantrage, ..."

Erst im Anschluß an die Anträge werden die Beweismittel aufgeführt. Zum Abschluß wird der Zuleitungsvermerk an das Gericht („Mit Akten an das Landgericht ...") formuliert und die Anklageschrift unterschrieben.

II. Der Aufbau der Anklageschrift in Baden-Württemberg

In *Baden-Württemberg* wird die Anklageschrift (in der Regel) wiederum anders aufgebaut.[289] Im Anschluß an die Personalien des Angeschuldigten wird zunächst (mit einem verbindenden „wird angeschuldigt") die zur Last gelegte Tat, sodann die gesetzlichen Merkmale der Tat (mit der Einleitung „er habe somit") und daran anschließend die verletzten Strafgesetze und schließlich die Konkretisierung angeführt.

„Staatsanwaltschaft bei dem Landgericht Waldshut-Tiengen
Az.: ...
An das Amtsgericht Bad Säckingen – Schöffengericht –
Anklageschrift
Unter Vorlage der Akten und mit dem Antrag, das Hauptverfahren vor dem Amtsgericht – Schöffengericht – zu eröffnen, wird
Anklage
erhoben gegen
den am 3. Dezember 1938 in Bielefeld geborenen, in der Hufelandstraße 17, 48194 Münster wohnhaften deutschen Fremdsprachenkorrespondenten
Herbert Heinz.
Er wird angeschuldigt,
er habe am 4. Dezember 2001 in Lörrach ...

---

[289] Das Muster bei *Solbach/Klein*, Anklageschrift, 11. Aufl. (1998), Seite 158 ff. entspricht wohl nicht der *alleinigen* Praxis in diesem Bundesland, da es sich kaum von der in den übrigen Bundesländern üblichen Form abhebt (vergleiche auch *Solbach/Klein*, Anklageschrift, 11. Aufl. [1998], Seite 154, die selbst darauf hinweisen, daß in Baden-Württemberg *verschiedene* Formen zu finden sind); vergleiche auch die Muster bei *Kroschel/Meyer-Goßner*, Urteile in Strafsachen, 26. Aufl. (1994), Seite 401 und *Kunigk*, Staatsanwaltschaftliche Tätigkeit, Seite 206 ff.

Er habe somit eine andere Person körperlich mißhandelt,
Strafbar als ..."

Es schließen sich der Beweismittelkatalog und das „wesentliche Ergebnis der Ermittlungen" sowie die Unterschrift an.

§ 3. Besonderheiten bei Antrag auf Erlaß eines Strafbefehls

In der Regel werden die im Klausursachverhalt geschilderten Tatsachen für die Feststellung der Voraussetzungen des § 407 StPO nicht ausreichen. Daher sollte der Bearbeiter jedenfalls solange keinen Entwurf eines Antrags auf Erlaß eines Strafbefehls, sondern den einer Anklageschrift fertigen,[290] wie sich keine weiteren Anhaltspunkte aus der Akte ergeben. Der Examenskandidat sollte sich aber darauf einstellen, daß der Bearbeitervermerk durchaus einmal *ausdrücklich* den Entwurf eines Strafbefehlsantrags verlangen kann, so daß dessen Voraussetzungen und Formalien auch hinsichtlich der Pflichtklausur Bedeutung erlangen können.

Die Anforderungen an den notwendigen Inhalt eines Strafbefehls finden sich in § 409 Abs. 1 StPO. Danach unterscheidet sich der Strafbefehl hinsichtlich des Anklagesatzes und der Angabe der Beweismittel kaum von der Anklageschrift. Unterschiede zu dieser ergeben sich jedoch im weiteren vor allem daraus, daß dem Strafbefehl, gegen den kein Einspruch eingelegt wird, die Wirkung eines rechtskräftigen Urteils zukommt, er also auch den Erfordernissen des § 260 StPO genügen muß. Er steht daher im Hinblick auf seine formale Gestaltung der *Anklage* sehr nahe, muß aber auch *Elemente des Urteils* in sich aufnehmen.

Im Unterschied zur Anklageschrift, in welcher der Beschuldigte in der dritten Person bezeichnet wird, beginnt der Strafbefehl mit einer direkten Anrede:

„Die Staatsanwaltschaft beschuldigt Sie[291],
am 5. November 2001
in Stralsund
eine andere Person an der Gesundheit geschädigt zu haben."

Auch die *Konkretisierung*, die in sonstiger Hinsicht den Regeln der Anklageschrift folgt, wird in direkter Rede abgefaßt:

„Sie schlugen dem Kassenwart des Taubenzüchtervereins T in der Gaststätte ‚Zum Krug' mit der flachen Hand dreimal ins Gesicht, wobei dieser – wie Sie vorausgesehen und gebilligt haben – einen Bluterguß unter dem rechten Auge erlitt."

---

[290] Siehe dazu schon oben Zweiter Abschnitt, § 2 D.
[291] Vertretbar ist auch die an § 407 Abs. 1 Satz 4 StPO angelehnte Formulierung „... klagt Sie an, ..." (siehe *Solbach/Klein*, Anklageschrift, 11. Aufl. [1998], Seite 136).

Nach § 409 Abs. 1 Satz 1 Nr. 4 StPO, der § 260 Abs. 5 Satz 1 StPO entspricht, sind daran anschließend die *angewendeten Vorschriften* genau zu bezeichnen. Wie bei der Liste der angewendeten Vorschriften am Ende des Anklagesatzes ist es nach der hier vertretenen Auffassung[292] auch beim Strafbefehl entbehrlich, die Straftat als „Verbrechen" oder „Vergehen" zu kennzeichnen.

„Strafbar als Körperverletzung nach § 223 Abs. 1 StGB"

Der Beweismittelkatalog kann beim Strafbefehl wie in der Anklageschrift gestaltet werden.

Besondere Schwierigkeiten ergeben sich bei dem Strafbefehlsantrag hingegen bezüglich der „Festsetzung der Rechtsfolgen" (§ 409 Abs. 1 Satz 1 Nr. 6 StPO), da sich der Klausurbearbeiter mit (wenig vertrauten) Gesichtspunkten der Strafzumessung auseinanderzusetzen hat.[293] Bei der Rechtsfolgenfestsetzung ist darüber hinaus zu beachten, daß der Strafbefehl nur „auf bestimmte Rechtsfolgen zu richten" (§ 407 Abs. 1 Satz 3 StPO) ist, so daß es etwa heißen kann:

„Gegen Sie wird eine Geldstrafe von 30 Tagessätzen zu je 40,- DM[294] festgesetzt. Ihnen wird gestattet, die Strafe in Teilbeträgen von 150,- DM, zahlbar in monatlichen Raten, beginnend mit dem 1. des auf die Rechtskraft dieses Strafbefehls folgenden Monats, zu zahlen."[295]

Anders als im Urteil ist es wegen der möglichen weitreichenden Folgen für den Beschuldigten vertretbar, schon an dieser Stelle auf die drohende Ersatzfreiheitsstrafe nach § 43 StGB hinzuweisen. Ein solcher Zusatz erscheint im Strafbefehlsverfahren insbesondere deswegen sinnvoll, weil der Beschuldigte hier nicht vom Richter (und eventuell auch nicht von einem Verteidiger) über diese Konsequenzen aufgeklärt wird.[296]

„Sollte die Geldstrafe uneinbringlich sein, tritt an ihre Stelle Freiheitsstrafe, wobei einem Tagessatz ein Tag Freiheitsstrafe entspricht."

Abschließend ist hier noch darauf hinzuweisen, daß der Antrag auf Erlaß eines Strafbefehls gegen einen Jugendlichen ausgeschlossen (§ 79 Abs. 1 JGG) und gegen einen Heranwachsenden mit der Maßgabe zulässig ist, daß § 407 Abs. 2 Satz 2 StPO keine Anwendung findet, eine Freiheitsstrafe also nicht festgesetzt werden darf (§ 109 Abs. 3 JGG).

---

[292] Siehe oben § 2 C IV.
[293] Aus diesem Grunde wird in vielen Aufgabenstellungen der Bearbeitervermerk diesen Teil erlassen.
[294] Wie im Urteilstenor sollte auch bei der Festsetzung der Rechtsfolge im Strafbefehl davon abgesehen werden, die Gesamtsumme aufzunehmen.
[295] Zahlungserleichterungen nach § 42 StGB sind bereits im Tenor des Urteils – und damit auch im Strafbefehl – zu bestimmen und festzulegen (siehe nur *Tröndle/Fischer*, StGB, 50. Aufl. [2001], § 42 Rdnr. 5).
[296] Vergleiche *Kleinknecht/Meyer-Goßner*, StPO, 45. Aufl. (2001), § 407 Rdnr. 12.

Zweiter Teil. Das Strafurteil

Im strafrechtlichen Assessorexamen kann von dem Bearbeiter schon in der Pflichtklausur, vor allem aber in der Wahlpflichtklausur die Anfertigung eines Urteilsentwurfs verlangt werden. Da in der strafrechtlichen Stationspraxis immer noch die staatsanwaltschaftliche Ausbildung überwiegt, müssen viele Referendare erstmalig im Rahmen ihrer Examensklausur ein Strafurteil (zumeist erster Instanz) entwerfen. Durch die fehlende Praxis dürften gerade die Formalien die größten Schwierigkeiten bereiten, während der überwiegend sachlichrechtliche Inhalt der Urteilsgründe vertrauter sein wird.

Der Schwerpunkt der folgenden Darstellung liegt daher in der *Gestaltung* des Urteils. Die inhaltlichen Fragen sollen dabei in der Reihenfolge abgehandelt werden, in der sie auch im Urteilsentwurf zu beachten sind. So werden etwa Überlegungen zu den Rechtsfolgen der Straftat nicht erst im materiellrechtlichen Teil, sondern bereits im Zusammenhang mit der Behandlung der Urteilsformel angestellt. Innerhalb der „Gründe" des Urteils werden nur einige wesentliche und häufig wiederkehrende Gesichtspunkte abgehandelt.

Erster Abschnitt. Urteilskopf

Zunächst ist das Urteil mit einem *Urteilskopf* (Rubrum) zu versehen. In der Klausur befreit der Bearbeitervermerk, der nicht zuletzt aus diesem Grunde stets aufmerksam gelesen werden sollte, den Kandidaten häufig von der Abfassung dieses Entscheidungsteils.

Einige, aber nicht alle Bestandteile des Urteilskopfes sind dem § 275 Abs. 3 StPO zu entnehmen. Die Praxis hat aber eine nahezu einheitliche Linie hinsichtlich der Formulierung und Gestaltung des Rubrums gefunden.

Fehler in diesem Teil des Urteils können zwar nicht zu dessen Aufhebung führen,[297] dennoch sollte auch dem Kopf des Urteils eine gewisse Sorgfalt entgegengebracht werden. In der Klausur gilt dies nun vor allem deswegen, weil diese Ausführungen am Beginn der Arbeit stehen und so vom Korrektor auch zuerst gelesen werden; sie sind damit als „Aushängeschild" der Arbeit anzusehen.

---

[297] *Meyer-Goßner*, NStZ 1988, 529.

In der folgenden Darstellung wird ein Urteilskopf musterhaft[298] im Druck *kursiv* wiedergegeben.

Das Aktenzeichen wird oben links über den Urteilsentwurf gesetzt. Da sich praktisch in allen Klausuraufgaben auch ein Protokoll der Hauptverhandlung findet, ist das Aktenzeichen diesem zu entnehmen.

II KLs 38/01

Nach dem Aktenzeichen ist der Urteilsentwurf mit der Bezeichnung des Gerichts zentriert zu überschreiben. Nach § 268 Abs. 1 StPO hat das Urteil „im Namen des Volkes" zu ergehen. Ob letztere Überschrift vor oder nach der Bezeichnung der Entscheidung als „Urteil" erscheint, wird (regional) unterschiedlich gehandhabt und ist daher wohl Geschmackssache.

LANDGERICHT MÜNSTER
Urteil
Im Namen des Volkes

Eingeleitet wird das Urteil sodann mit den Worten

In der Strafsache gegen

Anschließend sind im Urteilskopf die Personalien des Angeklagten genau wiederzugeben. Aufgenommen werden müssen der Vorname, der Nachname, der Beruf, der Wohnort, der Familienstand, der Geburtstag und Geburtsort, die Staatsangehörigkeit und gegebenenfalls auch der gesetzliche Vertreter mit Anschrift. Bei mehreren Angeklagten ist die Reihenfolge der Anklageschrift zu übernehmen, wobei die Beteiligten mit einem „und" zu verbinden und zu numerieren sind.

den Oberstudienrat Martin Willer, geboren am 25. Mai 1936 in Görlitz, ledig, deutscher Staatsangehöriger, wohnhaft in 48145 Münster, Heckenrosenweg 3,

Befindet sich der Angeklagte zur Zeit in Untersuchungs- oder Strafhaft ist auch dies zu erwähnen:

seit 2. November 2001 in dieser (oder: in anderer) Sache in Untersuchungshaft (oder: Strafhaft) in der JVA Münster

Im Urteilskopf ist der bzw. sind die Verteidiger unter den Personalien des Angeklagten aufzunehmen, da das Urteil nicht nur dem oder den Angeklagten, sondern auch dem Verteidiger zuzustellen ist.

– Verteidiger: Dr. Horst Laubach, Howaldtstraße 66, 48121 Münster,

Die Straftat ist nun in einem Betreff genau zu bezeichnen; hier erscheint das Delikt, das die *Verurteilung* trägt, daher heißt es auch dann

---

[298] Hinweis: Um eine Vielzahl von Varianten aufnehmen zu können, „passen" naturgemäß nicht sämtliche Beispiele dergestalt zueinander, daß wirklich das Muster *eines* Urteils wiedergegeben wird.

„wegen Diebstahls", wenn ein Raub angeklagt war; bei einem Schuldspruch wegen mehrerer Delikte wird nur das schwerste Delikt mit dem Zusatz „u.a." angegeben.

wegen räuberischen Diebstahls u.a.

Nach § 275 Abs. 3 StPO sind im Urteilskopf Spruchkörper und Tag der mündlichen Verhandlung anzugeben. Mitwirkende Personen sind nach dieser Vorschrift die Richter (mit Amtsbezeichnungen), die Schöffen (gewöhnlich mit Vor- und Nachname, Berufsangabe und Wohnort), der Beamte der Staatsanwaltschaft (wenn mehrere beteiligt waren, sind alle aufzunehmen und zwar in der Regel mit Amtsbezeichnung), der Verteidiger und der Urkundsbeamte der Geschäftsstelle (ebenfalls mit der Dienstbezeichnung); waren mehrere Urkundsbeamte beteiligt, wird nur derjenige aufgeführt, der an der Urteilsverkündung teilgenommen hat. Erstreckte sich die Hauptverhandlung über mehrere Verhandlungstage, werden üblicherweise sämtliche Tage erwähnt.

hat die 2. große Strafkammer des Landgerichts Münster in der Hauptverhandlung am 11., 13., 18. und 21. Dezember 2001 an der teilgenommen haben die Vorsitzende Richterin am Landgericht Dr. Müller, die Richter am Landgericht Meier und Schulze als beisitzende Richter, der Schreinermeister Emil Huber aus Münster und die Hochschullehrerin Dr. Maria Sauer aus Münster als Schöffen, Oberstaatsanwalt Baader als Vertreter der Anklagebehörde, Rechtsanwalt Dr. Laubach als Verteidiger sowie Justizsekretär Tolan als Urkundsbeamter der Geschäftsstelle am 21. Dezember 2001

für Recht erkannt:

Zweiter Abschnitt. Urteilsformel

Im Anschluß an den Urteilskopf (Rubrum) folgt die *Urteilsformel* (Tenor), § 260 Abs. 4 StPO, die zum einen aus dem Ausspruch zur Sache und zum anderen aus der Kostenentscheidung besteht.[299] Der Tenor enthält das Ergebnis der Verhandlung, er ist damit der wichtigste Teil,[300] das „Herz" des Urteils, so daß er mit besonderer Sorgfalt angefertigt werden sollte.[301] Seine Bedeutung zeigt sich auch darin, daß das Urteil nach § 268 Abs. 2 StPO erst durch die *Verlesung* der zuvor schriftlich niedergelegten Formel (zusammen mit der *Eröffnung* der Urteilsgründe) am Schluß der Verhandlung „verkündet" wird.

---

[299] Der alte Gerichtsgebrauch, den Tenor mit der Formel „von Rechts wegen" zu beschließen, ist heute – mit Ausnahme der Urteile des Bundesgerichtshofes – nicht mehr üblich (*Kroschel/Meyer-Goßner*, Urteile in Strafsachen, 26. Aufl. [1994], Seite 11 mit weiteren Nachweisen).
[300] *Kroschel/Meyer-Goßner*, Urteile in Strafsachen, 26. Aufl. (1994), Seite 9.
[301] Siehe *Meyer-Goßner*, NStZ 1988, 529.

Die Urteilsformel soll sich durch Kürze und Deutlichkeit auszeichnen und daher in knappen Worten über die Schuldfrage und die daran zu knüpfenden weiteren Entscheidungen informieren. Der Tenor ist demnach von allem freizuhalten, was nicht unmittelbar der Erfüllung dieser Aufgabe dient.[302]

Hinsichtlich der Tenorierung zur Hauptsache ist – ähnlich der Unterscheidung im Zivilprozeß nach Prozeß- und Sachurteil – zwischen Fällen *mit* und *ohne* Sachentscheidung zu differenzieren.

§ 1. Ausspruch ohne Sachentscheidung

Fehlt es an einer Prozeßvoraussetzung, kann keine Sachentscheidung über Tat und Täter ergehen. Es ergeht im Regelfall ein Prozeßurteil gemäß § 260 Abs. 3 StPO oder – außerhalb der Hauptverhandlung – ein Beschluß nach § 206a StPO. Einen Sonderfall beschreibt § 389 StPO für den Fall, daß sich im Privatklageverfahren herausstellt, daß ein Offizialdelikt vorliegt.

Hauptanwendungsfälle für einstellende Urteile sind – entsprechend obigen Erwägungen im materiellrechtlichen Gutachten – der Strafklageverbrauch[303], fehlende oder zurückgenommene Strafanträge[304] und die Verfolgungsverjährung (§§ 78 ff. StGB). Wegen der Aufgabe des Instituts des Fortsetzungszusammenhangs hat auch die Prozeßvoraussetzung einer wirksamen (das heißt: ausreichend konkretisierten) Anklageschrift an Aktualität gewonnen; dies dürfte allerdings eher in der Praxis als für die Klausur Bedeutung erlangen.

Auch Zuständigkeitsprobleme dürften in der Klausur kaum jemals relevant werden. Bei Mängeln der örtlichen Zuständigkeit wird zumeist § 16 StPO eingreifen, während die sachliche Unzuständigkeit überhaupt nur dann zu einem Verweisungsbeschluß führt, wenn die Sache bei einem Gericht niederer Ordnung verhandelt wird (siehe die §§ 269, 270 StPO).

Liegt ein Prozeßhindernis vor, lautet die Formel in der Sache:

Das Verfahren wird eingestellt.[305]

Da die Aufgabenstellung vom Bearbeiter – entsprechend den Überlegungen bei der abschließenden Entscheidung der Staatsanwaltschaft – auch in den Fällen, in denen einmal über eine Verfahrenseinstellung nachgedacht werden kann, stets auch eine Entscheidung *in der Sache* verlangen dürfte, ist eine Einstellung des gesamten Verfahrens die wohl seltene

---

[302] Vergleiche *Kroschel/Meyer-Goßner*, Urteile in Strafsachen, 26. Aufl. (1994), Seite 11.
[303] Siehe BGHSt 28, 119 (121).
[304] Siehe dazu *Kleinknecht/Meyer-Goßner*, StPO, 45. Aufl. (2001), Einl. Rdnr. 145.
[305] Zu der Kostenentscheidung bei einer Einstellung siehe unten § 2 C.

Ausnahme. Auch hier wird daher allenfalls das Verfahren hinsichtlich eines von mehreren Angeklagten oder aber hinsichtlich einer von mehreren Taten im prozessualen Sinne[306] einzustellen sein. In diesen Fällen wäre bei einer „vertikalen Teileinstellung"[307] etwa zu tenorieren:

1. Das Verfahren gegen den Angeklagten zu 1. wird eingestellt.
2. Der Angeklagte zu 2. wird wegen Diebstahls sowie Sachbeschädigung zu einer Gesamtfreiheitsstrafe von ... verurteilt.[308]

Bei einer „horizontalen Teileinstellung" lautet der Tenor dementsprechend:

1. Das Verfahren wird im Hinblick auf die Taten zu Ziffer 2 bis 4 der Anklageschrift eingestellt.
2. Der Angeklagte wird im übrigen wegen Diebstahls sowie Sachbeschädigung zu einer Gesamtfreiheitsstrafe von ... verurteilt.

§ 2. Urteilsformel mit Sachentscheidung

Entscheidungen des Gerichts, die das *gesamte* Verfahren einstellen, sind in der Klausur eher die seltene Ausnahme, so daß regelmäßig zumindest hinsichtlich eines Angeklagten eine Entscheidung in der Sache zu treffen ist. Für die Urteilsformel ist zunächst zu unterscheiden zwischen den Fällen, in denen der Angeklagte schuldig gesprochen und denjenigen, in denen er freigesprochen wird.

A. Urteilsformel bei Verurteilung

Wird der Angeklagte verurteilt, setzt sich der Tenor regelmäßig aus dem Schuldspruch, einem Ausspruch über die Rechtsfolgen der Tat und der Entscheidung über die Kosten zusammen.

I. Schuldspruch

Bei einem Schuldspruch ist die „rechtliche Bezeichnung der Tat" anzugeben (§ 260 Abs. 4 Satz 1 StPO). Hat diese eine gesetzliche Überschrift,

---

[306] Zu der Frage, ob auch *innerhalb* einer prozessualen Tat teileinzustellen ist, ist von denselben Grundsätze auszugehen wie für einen Teilfreispruch (siehe noch unten § 2 C).
[307] Zum Begriff oben Erster Teil, Zweiter Abschnitt, § 2 C.
[308] Bei mehreren Angeklagten findet sich die Kostenentscheidung auch in Einstellungskonstellationen erst am Ende der Urteilsformel.

erscheint sie im Schuldspruch (§ 260 Abs. 4 Satz 2 StPO). Die vorsätzliche oder fahrlässige Art der Begehung ist nur dann anzuführen,[309] wenn die Verwirklichung nach beiden Formen strafbar ist:[310]

> „Der Angeklagte ist schuldig der vorsätzlichen Körperverletzung" oder
>
> „... der fahrlässigen Trunkenheit im Verkehr" oder
>
> „... des vorsätzlichen Vollrausches", aber
>
> „... der Sachbeschädigung".

Bei Fehlen einer gesetzlichen Überschrift (im Nebenstrafrecht) lautet der Schuldspruch (etwa bei § 74 Abs. 1 Nr. 1 TierSeuchG):

> „Der Angeklagte ist schuldig des vorsätzlichen Verbreitens einer anzeigepflichtigen Seuche unter Tieren".

Versuch und echte Qualifikationen bzw. Privilegierungen haben zu erscheinen, schuldig zu sprechen ist also etwa *„wegen versuchten Betrugs"*, *„wegen Anstiftung zum Diebstahl"* oder *„wegen Beihilfe zur räuberischen Erpressung"*. Auch wenn dies nicht einheitlich gehandhabt wird, so empfiehlt es sich doch, eine Tatbestandsverwirklichung durch Unterlassen entsprechend zu kennzeichnen (*„wegen schwerer Brandstiftung durch Unterlassen"*).

Hingegen sind bloße Tatmodalitäten, wie „gemeinschaftlich",[311] „in mittelbarer Täterschaft", „in verminderter Schuldfähigkeit", nicht zu erwähnen.[312] Bei einem Schuldspruch wegen Vollrausches wird die Rauschtat nicht erwähnt; auch die Feststellung, ob eine Verurteilung wegen eines Verbrechens oder eines Vergehens vorliegt, wird nicht aufgeführt.[313]

Bei Strafzumessungsvorschriften erscheint im Schuldspruch nur der „Grundtatbestand", so daß etwa auch im Falle der Anwendung des Strafrahmens des § 243 Abs. 1 Satz 1 StGB *„wegen Diebstahls"* verurteilt wird.[314] Auch beim „Versuch" von Regelerschwerungsgründen erfolgt ein Schuldspruch aus dem „Grunddelikt",[315] wobei zu beachten ist, daß nach Ansicht des BGH für die Anwendung des erhöhten Strafrahmens schon der Beginn der Ausführung der Merkmale eines Regelbeispiels genügt.[316] Schuldig gesprochen wird auch hier also *„wegen Diebstahls"* bzw. *„versuchten Diebstahls"*.

---

[309] Vergleiche OLG Hamm NStZ-RR 2000, 178 f.
[310] *Huber*, Strafurteil (1993), Rdnr. 54.
[311] Siehe etwa BGH NStZ-RR 1999, 260.
[312] *Meyer-Goßner*, NStZ 1988, 529 (529 f.).
[313] Vergleiche § 260 Abs. 4 Satz 1 und Satz 2 StPO.
[314] Siehe etwa BGH NStZ 1999, 205.
[315] *Huber*, Strafurteil (1993), Rdnr. 58; *Kroschel/Meyer-Goßner*, Urteile in Strafsachen, 26. Aufl. (1994), Seite 18.
[316] Siehe zu diesem sehr umstrittenen Problembereich *Horn*, in: SK-StGB, 7. Aufl. (2001), § 46 Rdnrn. 74 ff.

Einen Sonderfall stellt hier die völlig neu gestaltete – aber wohl auch wenig examensrelevante – Vorschrift der sexuellen Nötigung nach § 177 StGB dar. Zwar ist der Regelungsgehalt der Vergewaltigung nach § 177 StGB a. F. nun in ein Regelbeispiel nach § 177 Abs. 2 Satz 2 Nr. 1 StGB eingegangen, so daß das oben Gesagte entsprechende Geltung beanspruchen müßte (also Schuldspruch „wegen sexueller Nötigung" auch im Falle der Verwirklichung der Regelbeispielsvoraussetzungen); schon die Überschrift („sexuelle Nötigung; Vergewaltigung") und die gesetzliche Bezeichnung des Regelbeispiels in der Klammer („Vergewaltigung") machen aber deutlich, daß der Gesetzgeber trotz Änderung der Deliktsstruktur nicht gänzlich von der vertrauten Benennung Abstand nehmen wollte. Daher sollte sich bei Anwendung dieses Regelbeispiels ausnahmsweise auch im Tenor ein entsprechender Hinweis finden:[317]

„Der Angeklagte wird wegen Vergewaltigung in Tateinheit mit gefährlicher Körperverletzung zu einer Freiheitsstrafe von.... verurteilt".[318]

Bei „besonders" oder „minder schweren Fällen" lautet das Urteil etwa auch dann auf „*Totschlag*", wenn ein Fall des § 212 Abs. 2 oder des § 213 StGB vorliegt[319] (etwas anderes gilt aber bei § 216 StGB, da dieser einen *selbständigen* Privilegierungstatbestand bildet).

Bei *gleichartiger Tateinheit*, etwa der Tötung von vier Menschen durch eine Handlung, wird

„wegen tateinheitlich begangenen vierfachen Mordes"

(nicht aber „in vier Fällen", da dies eine tatmehrheitliche Begehung zum Ausdruck bringt) schuldig gesprochen.

Bei *ungleichartiger Tateinheit* lautet die Formulierung „in Tateinheit mit" oder „tateinheitlich begangen mit", also etwa:

„wegen vorsätzlicher Körperverletzung in Tateinheit mit fahrlässiger Tötung".

Die *ungleichartige Tatmehrheit* wird durch die Worte „und" oder „sowie" ausgedrückt, also beispielsweise:

„wegen fahrlässiger Körperverletzung sowie Sachbeschädigung".

---

[317] So auch BGH NJW 1998, 2987 (2988); *Horn*, in: SK-StGB, 6. Aufl. (1998), § 177 Rdnr. 26b.
[318] Nach BGH NStZ 1998, 510 (511) soll bei nur „versuchtem" Regelbeispiel der Vergewaltigung nach § 177 Abs. 2 StGB und vollendetem „Grunddelikt" nach § 177 Abs. 1 StGB allein wegen „sexueller Nötigung" schuldig gesprochen werden, da die Tatvollendung im Schuldspruch zum Ausdruck kommen müsse; wird hingegen auch die sexuelle Nötigung nur versucht, soll wegen „versuchter Vergewaltigung" schuldig zu sprechen sein. Vergleiche auch BGH NStZ 2000, 254, wonach die *Qualifikationen* der sexuellen Nötigung nach den § 177 Abs. 3 und § 177 Abs. 4 StGB im Schuldspruch *nicht* zum Ausdruck kommen.
[319] *Kroschel/Meyer-Goßner*, Urteile in Strafsachen, 26. Aufl. (1994), Seite 18.

Bei *gleichartiger Tatmehrheit* wird die Anzahl der Fälle in den Tenor aufgenommen, etwa:

„wegen Diebstahls in fünf Fällen".

Liegen die Voraussetzungen einer Wahlfeststellung vor, ist zu unterscheiden[320]: Wenn bei Tatsachenalternativität eine *gleichartige* Wahlfeststellung vorliegt, hat dies keine Auswirkungen auf den Schuldspruch („*Der Angeklagte ist schuldig des Diebstahls*"). Bei *ungleichartiger* Wahlfeststellung ist zu differenzieren: Stehen nur unterschiedliche *Begehungsformen* in Rede, lautet Schuldspruch einheitlich „*wegen vorsätzlicher Körperverletzung*", was schon daraus folgt, daß Tatmodalitäten im Tenor keine Erwähnung finden. Die in Klausuren häufig vorkommende wahlweise Verurteilung aus verschiedenen gesetzlichen Tatbeständen fließt durch ein verbindendes „entweder ... oder"[321] in den Tenor, so daß der Schuldspruch in der examenstypischsten Konstellation

„... ist schuldig entweder des Diebstahls oder der Hehlerei"

lautet.

II. Rechtsfolgenausspruch

Vom Schuldspruch zu trennen ist der Ausspruch zur *Rechtsfolge*.[322] Ob diese Trennung auch durch Verwendung zweier Sätze deutlich gemacht wird, ist inhaltlich ohne Bedeutung, kann sich aber bei schwierigeren Aussprüchen durchaus empfehlen. So kann es in einfachen Fällen etwa:

„Der Angeklagte wird wegen Sachbeschädigung zu einer Geldstrafe von 5 Tagessätzen zu je 2,- DM verurteilt"

heißen. Sind aber mehrere Tatbestände verwirklicht, sollte der Tenor entzerrt, also etwa formuliert werden:

„Der Angeklagte ist schuldig der fahrlässigen Trunkenheit im Verkehr, tateinheitlich begangen mit fahrlässigem Fahren ohne Fahrerlaubnis, sowie der vorsätzlichen Gefährdung des Straßenverkehrs, tateinheitlich begangen mit Widerstand gegen Vollstreckungsbeamte und vorsätzlichem Fahren ohne Fahrerlaubnis. Er wird daher zu einer Gesamtgeldstrafe von 160 Tagessätzen zu je 1.000,- DM verurteilt."

---

[320] Siehe dazu *Kroschel/Meyer-Goßner*, Urteile in Strafsachen, 26. Aufl. (1994), Seite 23; *Huber*, Strafurteil (1993), Rdnr. 61.

[321] Wie hier *Huber*, Strafurteil (1993), Rdnr. 61; *Kroschel/Meyer-Goßner*, Urteile in Strafsachen, 26. Aufl. (1994), Seite 23 begnügt sich mit einem schlanken „oder".

[322] In der Examensklausur ist häufig die Bestimmung der konkreten Strafhöhe erlassen. Dies ist begründet darin, daß der schmale Akteninhalt oftmals die hierfür erforderlichen Informationen nicht enthalten kann und darin die Festlegung des Strafquantums vom Bearbeiter zudem kaum zu erwartende Praxiskenntnisse verlangt.

Die mildesten Sanktionsformen des Absehens von Strafe (§ 60 StGB; beachte auch die frühere Regelung bei wechselseitig begangenen Straftaten nach § 233 StGB a.F.[323]) und der Straffreierklärung (§ 199 StGB) dürften in der Klausur kaum relevant werden. Hier erfolgt praktisch nur der Schuldspruch (siehe § 260 Abs. 4 Satz 4 a. E. StPO), also etwa:

„Der Angeklagte ist schuldig des Diebstahls. Von der Verhängung einer Strafe wird abgesehen."

1. Haupt- und Nebenstrafen

Für die Klausur sehr wichtig ist dagegen ein Grundwissen zu den Hauptstrafen. Zu diesen gehören die Geldstrafe (§ 40 bis 43 StGB [lesen!]; beachte auch die Vermögensstrafe nach § 43a StGB) und die Freiheitsstrafe (§§ 38 und 39 StGB), aber auch der Strafarrest (Wehrstrafrecht) und die Jugendstrafe (§ 17 JGG)[324].

a. Geldstrafe.

Bei Verhängung von *Geldstrafe* sind Zahl und Höhe der Tagessätze anzugeben, nicht dagegen die Gesamtsumme (siehe § 260 Abs. 4 Satz 3 StPO). Die Festsetzung der Geldstrafe in Tagessätzen ergibt sich aus § 40 Abs. 1 Satz 1 StGB; die Mindestgeldstrafe beträgt danach fünf, die Höchststrafe 360 Tagessätze (§ 40 Abs. 1 Satz 2 StGB). Die Tagessatzhöhe geht dabei in der Regel vom Nettotageseinkommen des Täters aus (§ 40 Abs. 2 Satz 2 StGB)[325], wobei zumindest auch Unterhaltsverpflichtungen in Abzug gebracht werden müssen[326]; die Höhe ist zwischen 2 und 10000 DM[327] festzusetzen (§ 40 Abs. 2 Satz 3 StGB).

Über *Zahlungserleichterungen* (§ 42 StGB) ist von Amts wegen zu entscheiden, eine etwaige Gewährung ist schon in den Tenor aufzunehmen. Die bei Uneinbringlichkeit der Geldstrafe drohende Ersatzfreiheitsstrafe (§ 43 StGB) erscheint dort hingegen nicht, da ihre Voraussetzungen schon

---

[323] § 233 StGB a. F. wurde durch das sechste Strafrechtsreformgesetz vom 26. Januar 1998 (BGBl. I, Seite 164) aufgehoben, da die von dieser Vorschrift erfaßten Fälle nach Ansicht des Gesetzgebers bereits auf der Grundlage der allgemeinen Regelungen, namentlich durch Einstellung des Verfahrens nach §§ 153, 153a StPO oder Verwarnung mit Strafvorbehalt, „angemessen erledigt werden können" (so BT-Drucks. 13/8587, Seite 36). Schließt man sich dieser Betrachtung an, dürfte freilich auch die Berechtigung des § 199 StGB, der durch das Reformgesetz unberührt blieb, in Frage zu stellen sein.
[324] Zum Urteil in Jugendsachen siehe unten Sechster Abschnitt.
[325] *Stree*, in: *Schönke/Schröder*, StGB, 26. Aufl. (2001), § 40 Rdnr. 9.
[326] OLG Oldenburg MDR 75, 1038; OLG Hamm NJW 1976, 733; *Tröndle/Fischer*, StGB, 50. Aufl. (2001), § 40 Rdnr. 16.
[327] Ab dem 1. Januar 2002 wird auch die Tagessatzhöhe in „Euro" auszudrücken sein. Examenskandidaten sollten daher die die Umstellung betreffenden Änderungsgesetze (auch [aber nicht nur] in bezug auf das Strafgesetzbuch) im Auge behalten.

aus dem Gesetz folgen. Eine Geldstrafen*aussetzung* ist dem Gesetz grundsätzlich fremd (vergleiche § 56 StGB); eine vergleichbare Rechtsfolge enthält aber die *Verwarnung mit Strafvorbehalt* (§ 59 StGB). In einem solchen Fall lautet die Tenorierung:

> „Der Angeklagte ist schuldig der fahrlässigen Körperverletzung. Er wird deswegen verwarnt. Die Verurteilung zu einer Geldstrafe von ... bleibt vorbehalten".

b. Freiheitsstrafe

Das Strafgesetzbuch sieht neben der Geldstrafe die lebenslange und die zeitige Freiheitsstrafe vor. Bei Verhängung *lebenslanger* Freiheitsstrafe ist nach der Rechtsprechung des BVerfG[328] und des BGH[329] neben dem Schuldspruch und dem Rechtsfolgenausspruch auch über eine mögliche „besondere Schwere der Schuld" (siehe § 57a StGB) zu entscheiden.[330] Wenn eine solche angenommen wird, ist dies schon im Anschluß an den Schuld- und Rechtsfolgenausspruch im Tenor hervorzuheben:

> „Der Angeklagte wird wegen Mordes zu lebenslanger Freiheitsstrafe verurteilt. Die Schuld des Angeklagten wiegt besonders schwer".

Die Verneinung der besonderen Schuldschwere wird im Tenor hingegen nicht ausdrücklich erwähnt, hier bedarf es nur einer Ausführung in den Urteilsgründen.

Bei der Verhängung einer *zeitigen* Freiheitsstrafe (§§ 38 und 39 StGB) wird zunächst nur das Strafmaß angegeben. Eine *Verneinung* der Strafaussetzung erscheint nicht im Tenor. Wird hingegen eine Strafaussetzung nach § 56 Abs. 1 oder Abs. 2 StGB gewährt, erscheint diese auch in der Formel:

> „Die Vollstreckung der Strafe wird zur Bewährung ausgesetzt"

In diesem Fall darf es nicht heißen: „Die *Strafe* wird zur Bewährung ausgesetzt"[331] (siehe den Wortlaut des § 56 Abs. 1 StGB). Hinsichtlich der Nebenentscheidungen über die Bewährungszeit und Bewährungsauflagen oder -weisungen (§§ 56a ff. StGB) ergeht mit dem Urteil ein Beschluß nach § 268a StPO[332].

Die Anrechnung von erlittener Untersuchungshaft wird im Tenor nicht erwähnt, da diese gemäß § 51 Abs. 1 Satz 1 StGB nach dem Gesetz regelmäßig erfolgt, es eines klarstellenden Hinweises demnach nicht bedarf.[333] Die Anordnung des *Unterbleibens* einer solchen Anrechnung (§ 51 Abs. 1

---

[328] BVerfGE 86, 323 ff.
[329] BGHSt 39, 209 ff.
[330] Siehe zu den Voraussetzungen *Tröndle/Fischer*, StGB, 50. Aufl. (2001), § 57a Rdnrn. 7 ff.
[331] *Horn*, in: SK-StGB, 8. Aufl. (2001), § 56 Rdnr. 1.
[332] Dazu unten Fünfter Abschnitt.
[333] Siehe im einzelnen *Horn*, in: SK-StGB, 7. Aufl. (2001), § 51 Rdnr. 13.

Satz 2 StGB) hat dagegen (angesichts ihres Ausnahmecharakters) im Tenor zu erscheinen.[334] Dieser für die Klausur wenig typische Fall dürfte durch deutliche Hinweise im Aufgabentext erkennbar gemacht sein.[335] Auch die (ebenfalls wenig klausurrelevante) Anordnung der Anrechnung ausländischer Freiheitsentziehung (§ 51 Abs. 3 StGB) ist in die Urteilsformel aufzunehmen,[336] da zwar das „Ob" der Anrechnung dem Gesetz zu entnehmen ist, das „Wie" (in Gestalt eines Umrechnungsmaßstabs) jedoch im Ermessen des Gerichts steht (§ 51 Abs. 4 Satz 2 StGB).

c. *Besonderheiten bei der Gesamtstrafenbildung*

Besonderheiten ergeben sich bei der Verhängung einer *Gesamtstrafe*. Wird zu einer Gesamtstrafe (§§ 53 und 54 StGB) verurteilt, erscheint nur diese, nicht dagegen die Einzelstrafen im Tenor:

„Der Angeklagte wird wegen Diebstahls in drei Fällen sowie Urkundenfälschung zu einer Gesamtgeldstrafe von 95 Tagessätzen zu je 25,- DM verurteilt"

Im Normalfall (der bei Unsicherheiten in diesem Bereich von dem Bearbeiter in der Klausur auch angestrebt werden sollte) treffen bei der Bildung der Gesamtstrafe entweder Einzelfreiheits- *oder* aber Einzelgeldstrafen zusammen. Es ist dann die höchste verwirkte Einzelstrafe zu erhöhen, wobei der Strafrahmen durch die Summe aller Einzelstrafen begrenzt wird (§ 54 Abs. 1 Satz 2 und Abs. 2 Satz 1 StGB). Ist daher etwa aus drei Einzelfreiheitsstrafen von einem Jahr sowie zwei und drei Jahren eine Gesamtfreiheitsstrafe zu bilden, kann diese dem Rahmen von drei Jahren und einem Monat[337] („Erhöhung der verwirkten höchsten Strafe" [§ 54 Abs. 1 Satz 2 StGB]) und fünf Jahren und elf Monaten („die Gesamtstrafe darf die Summe der Einzelstrafen nicht erreichen" [§ 54 Abs. 2 Satz 1 StGB]) entnommen werden.

---

[334] *Horn*, in: SK-StGB, 7. Aufl. (2001), § 51 Rdnr. 14.
[335] Diese Hinweise werden schon deswegen nicht zu übersehen sein, weil eine derartige Anordnung nicht auf jedwedes Nachtatverhalten (vergleiche demgegenüber § 46 Abs. 2 StGB für die Strafzumessung), sondern nur auf bestimmte (gerade auf die Freiheitsentziehung bezogene) Verhaltensweisen des Verurteilten „nach der Tat" gestützt werden kann. So rechtfertigen nach dem Regelungszweck der Vorschrift eine Versagung der Anrechnung nicht „Gründe, die die Tat selbst betreffen, wie Art und Schwere der Verfehlung oder ein unrechts- oder schulderhöhendes nachträgliches Verhalten" (BGHSt 23, 307 [307]); vielmehr kommt in Betracht nur ein solches Verhalten des Verurteilten, „das nicht seiner Verteidigung dient und entweder gerade darauf abzielt, die (angeordnete) Untersuchungshaft zu verlängern, um sich durch deren spätere Anrechnung ungerechtfertigte Vorteile bei der Strafvollstreckung zu verschaffen", oder das „den Zweck verfolgt, das Verfahren aus anderen Gründen böswillig zu verschleppen" (BGHSt 23, 307 [307 f.]).
[336] *Horn*, in: SK-StGB, 7. Aufl. (2001), § 51 Rdnr. 24.
[337] Freiheitsstrafen über einem Jahr werden nach § 39 StGB „nach vollen Monaten und Jahren bemessen".

Etwas anspruchsvoller ist hingegen die Bildung der Gesamtstrafe aus Einzelfreiheits- *und* Einzelgeldstrafe. Hier wird grundsätzlich auf eine Gesamtfreiheitsstrafe erkannt (§ 53 Abs. 2 StGB). Im Einzelfall kann jedoch *neben* Freiheitsstrafe auch Geldstrafe (gegebenenfalls auch Gesamtgeldstrafe [§ 53 Abs. 2 Satz 2 Halbsatz 2 StGB]) gesondert verhängt werden (§ 53 Abs. 2 Satz 2 StGB). Diese entspricht der Höhe der verwirkten Einzelstrafe; eine Kürzung ist nicht vorzunehmen, jedoch ist das gesonderte Erkennen auf Geldstrafe bei der daneben vorzunehmenden Freiheitsstrafenzumessung zu berücksichtigen.

Ist eine der Einzelstrafen *lebenslange* Freiheitsstrafe, so wird auf diese „als Gesamtstrafe" erkannt (§ 54 Abs. 1 Satz 1 StGB). Die übrigen Einzelstrafen werden auch in diesem Fall nicht in den Tenor aufgenommen (in den Urteilsgründen müssen sich jedoch wegen § 57b StGB Ausführungen zu diesen finden; dies gilt insbesondere dann, wenn im Tenor gerade ihretwegen die „besondere Schwere der Schuld" festgestellt wurde).

Dieselben Grundsätze wie bei der Gesamtstrafe gelten auch bei der *nachträglichen Gesamtstrafenbildung* nach § 55 StGB. Voraussetzung hierfür ist einerseits, daß die neue Verurteilung eine Straftat zum Gegenstand hat, die *vor* einer früheren Verurteilung begangen wurde, und andererseits, daß sich die dort erkannte Strafe noch *nicht* (vollständig) *erledigt* hat. Die Einbeziehung der früheren Strafe (nicht „des Urteils"![338]) muß im Tenor deutlich gemacht werden. So heißt es etwa:

„Der Angeklagte wird wegen Diebstahls unter Einbeziehung der Strafe aus dem Urteil des Amtsgerichts Dülmen vom ..., Az. ..., zu einer Gesamtfreiheitsstrafe von einem Jahr verurteilt"

Ist bereits in der Vorverurteilung auf eine Gesamtstrafe erkannt worden, ist diese in ihre Einzelstrafen aufzulösen und aus allen (alten und neuen) Einzelstrafen eine neue Gesamtstrafe zu bilden.

Schwierigkeiten, insbesondere für die Frage der *Tagessatzhöhe*, können bei der nachträglichen Gesamtstrafenbildung auftreten, wenn sich die wirtschaftlichen Verhältnisse des Angeklagten im Vergleich zur Vorverurteilung verändert haben.[339] War beispielsweise als einzubeziehende Strafe Geldstrafe von 20 Tagessätzen zu je 100,– DM verhängt worden und ergibt sich in der späteren Verhandlung eine Geldstrafe von 50 Tagessätzen zu je 20,– DM als Einzelstrafe, ist von folgenden Überlegungen auszugehen: Die Einsatzstrafe ist nunmehr die Einzelstrafe mit der höchsten Tagessatzanzahl, hier also die neue Einzelstrafe. Nach der Rechtsprechung des BGH[340] ist diese zu erhöhen, was also die Verhängung von mindestens 51 Tagessätzen voraussetzt. Die neue Gesamtstrafe muß darüber hinaus das höchste Produkt aus Anzahl und Höhe der Tagessätze aller einzube-

---

[338] *Tröndle/Fischer*, StGB, 50. Aufl. (2001), § 55 Rdnr. 10.
[339] Vergleiche *Lackner*, in: *Lackner/Kühl*, StGB, 23. Aufl. (1999), § 55 Rdnrn. 12 ff.
[340] BGHSt 28, 364; BGHSt 27, 359.

ziehenden Einzelstrafen, hier also 2000,- DM, überschreiten.[341] Im Beispielsfall könnte die neu gebildete Gesamtgeldstrafe damit etwa auf 55 Tagessätze zu je 40,- DM lauten. Sollte die Anwendung des § 55 StGB im Einzelfall allein daran scheitern, daß die frühere Strafe bereits vollständig vollstreckt wurde, kann eine nachträgliche Gesamtstrafe naturgemäß nicht gebildet werden. Es ist dann aber die Wertung des § 55 StGB bei der neuen Strafzumessung im Wege des „Härteausgleichs" zu berücksichtigen.[342] Das bedeutet, daß dieser Umstand *strafmildernd* in die Überlegungen zu den Rechtsfolgen der (neuen) Tat einfließen muß.

d. Nebenstrafe und Nebenfolgen

Als einzige *Nebenstrafe* ist das Fahrverbot (§ 44 StGB) vorgesehen (beachte auch die Belehrungspflicht nach § 268c StPO):

„Dem Angeklagten wird für die Dauer von drei Monaten verboten, Kraftfahrzeuge jeder Art zu führen"

Diese Nebenstrafe hat kaum Bedeutung, da sie zur Maßregel der „Entziehung der Fahrerlaubnis" nach § 69 StGB nachrangig ist (§ 44 Abs. 1 Satz 2 StGB). Auch *Nebenfolgen* (§§ 45 ff. StGB) dürften in der Klausur kaum eine Rolle spielen.

2. Maßregeln der Besserung und Sicherung

Jedoch sollte besonders in der Wahlklausur die Möglichkeit der Anordnung einer Maßregel der Besserung und Sicherung (§ 61 ff. StGB) nicht aus den Augen verloren werden. Diese dürfte jedenfalls dann in Betracht kommen, wenn sich entsprechende Gutachten aus dem Protokoll der Hauptverhandlung ergeben. Die Berücksichtigung des Maßregelrechts kann dem Korrektor den Eindruck einer gewissen Praxisnähe vermitteln. Die *Anordnung* einer Maßregel hat im Tenor zu erscheinen, nicht dagegen die Ablehnung eines entsprechenden Antrags der Staatsanwaltschaft.

a. Die freiheitsentziehenden Maßregeln

Eine *freiheitsentziehende Maßregel* der Unterbringung in einem psychiatrischen Krankenhaus (§ 63 StGB) oder in einer Entziehungsanstalt (§ 64 StGB) bzw. der kaum examensrelevanten Sicherungsverwahrung (§ 66 StGB) wird abstrakt, entsprechend der Gesetzesformulierung, angeordnet:

---

[341] Siehe dazu *Kroschel/Meyer-Goßner*, Urteile in Strafsachen, 26. Aufl. (1994), Seite 27; *Lackner*, in: *Lackner/Kühl*, StGB, 23. Aufl. (1999), § 55 Rdnrn. 12 ff.; *Tröndle/Fischer*, StGB, 50. Aufl. (2001), § 55 Rdnrn. 8 ff.

[342] *Samson/Günther*, in: SK-StGB, 6. Aufl. (1998), § 55 Rdnr. 10.

„Die Unterbringung in einem psychiatrischen Krankenhaus wird angeordnet."

Weder die Dauer (vergleiche § 67d StGB) noch die Vollstreckungsreihenfolge (vergleiche § 67 StGB) werden im Tenor bestimmt, da beides bereits aus dem Gesetz folgt. Soll die Reihenfolge der Vollstreckung allerdings nach § 67 Abs. 2 StGB umgekehrt werden, muß diese Bestimmung im Tenor erscheinen. Gleiches gilt, wenn die Vollstreckung der Maßregeln des § 63 oder des § 64 StGB gemäß § 67b StGB zur Bewährung ausgesetzt wird (beachte, daß dies nur möglich ist, wenn auch die Strafvollstreckung zur Bewährung ausgesetzt wird [§ 67b Abs. 1 Satz 2 StGB]):

„Der Angeklagte wird wegen ... zu einer Freiheitsstrafe von einem Jahr verurteilt. Seine Unterbringung in einem psychiatrischen Krankenhaus wird angeordnet. Die Vollstreckung von Strafe und Maßregel wird zur Bewährung ausgesetzt."

Die Nebenentscheidungen ergehen auch hier durch Beschluß (§ 268a Abs. 1 und Abs. 2 StPO). Im Maßregelrecht ist noch zu beachten, daß diese Rechtsfolgen unabhängig von einer Verurteilung angeordnet werden können (siehe §§ 63 und 64 StGB) und die Anordnung der Unterbringung in einem psychiatrischen Krankenhaus nach § 63 StGB nicht vom Amtsgericht ausgesprochen werden kann (§ 24 Abs. 2 GVG).

b. Die übrigen Maßregeln

Bei den *nicht freiheitsentziehenden* Maßregeln wird der Anordnung eines *Berufsverbotes* nach § 70 StGB, bei dem die in § 260 Abs. 2 StPO genannten berufsspezifischen Angaben genau zu bezeichnen sind, keine große Bedeutung in der Klausur zukommen.

Die in der Praxis und auch Assessorklausur häufigste Maßregel ist die der *Entziehung der Fahrerlaubnis* (§ 69 StGB). Bei dieser hat im Tenor ein „Dreistufenausspruch" zu erfolgen: Erstens ist die Fahrerlaubnis nach § 69 Abs. 1 Satz 1 StGB zu entziehen. Zweitens ist der Führerschein gemäß § 69 Abs. 3 Satz 2 StGB einzuziehen. Drittens ist nach § 69a Abs. 1 Satz 1 StGB über die Sperrfrist zu entscheiden. Eine Tenorierung kann daher etwa lauten:

„Der Angeklagte wird wegen ... zu einer Geldstrafe von ... verurteilt. Ihm wird die Fahrerlaubnis entzogen, sein Führerschein wird eingezogen. Für die Dauer von einem Jahr darf ihm keine neue Fahrerlaubnis erteilt werden".

Ist – was regelmäßig der Fall sein wird – die Fahrerlaubnis nach § 111a Abs. 1 StPO vorläufig entzogen worden, so verkürzt sich kraft Gesetzes (§ 69a Abs. 4 StGB) das Maß der Sperre entsprechend, so daß es einer Erwähnung im Tenor nicht bedarf. Wie sich in einem Umkehrschluß aus § 51 Abs. 5 StGB ergibt, kann eine Nichtanrechnung (anders als beim Fahrverbot nach § 44 StGB) nicht angeordnet werden. Im Einzelfall ist § 69a Abs. 2 StGB zu beachten, nach dem bestimmte Arten von Kraftfahrzeugen (etwa landwirtschaftliche) ausgenommen werden können.

Schwierigkeiten können sich ergeben, wenn im Rahmen einer nachträglichen Gesamtstrafenbildung nach § 55 StGB eine Sperrfrist aus einer früheren Verurteilung einzubeziehen ist. Aus § 55 Abs. 2 StGB folgt nur, daß die frühere Sperrfrist „aufrechtzuerhalten" ist. Das ist immer dann unproblematisch, wenn die neue Tat die Voraussetzungen des § 69a StGB *nicht* erfüllt. Hier muß bei der Bestimmung der Sperrfrist im neuen Urteil nur der bereits abgelaufene Zeitraum berücksichtigt werden. Wurde etwa in einem früheren Urteil eine Sperrfrist von neun Monaten[343] bestimmt, lautet nun das neue Urteil, das sechs Monate danach ergeht, hinsichtlich der Sperrfrist:

„Für die Dauer von drei Monaten darf ihm unter Einbeziehung des Urteils des AG Tiergarten vom ..., Az. ... keine neue Fahrerlaubnis erteilt werden".

Demgegenüber schwieriger ist die Tenorierung dann, wenn im ersten Urteil eine Sperrfrist angeordnet worden ist und auch bei der neuen Entscheidung die Voraussetzungen des § 69a StGB vorliegen.[344] Ist nach der ersten Verurteilung im obigen Beispielsfall nun etwa wegen einer erneuten Trunkenheitsfahrt über die Sperrfrist zu entscheiden, ist zunächst die neue Sperrfrist isoliert zu berechnen. Würde diese nun, für sich allein betrachtet, eine Sperrfrist von 18 Monaten ergeben, bietet es sich (jedenfalls in der Klausur[345]) an, die neue (gesamte) Sperrfrist durch eine einfache Addition zu berechnen, wobei die bereits abgelaufene Zeit seit dem früheren Urteil Berücksichtigung finden muß. Zu der neuen, isoliert zu betrachtenden Sperrfrist von 18 Monaten wird der verbleibende Zeitraum der ersten Sperrfrist, hier also drei Monate, hinzugerechnet, so daß sich eine „zusammengerechnete" Sperrfrist von 21 Monaten ergibt:

„Für die Dauer von 21 Monaten darf ihm unter Einbeziehung des Urteils des Amtsgerichts Tiergarten vom ... Az. ... keine neue Fahrerlaubnisfrist erteilt werden"

Nach der Zusammenrechnung darf die Höchstfrist von fünf Jahren des § 69a Abs. 1 Satz 1 StGB allerdings nicht überschritten werden.

3. Weitere Rechtsfolgen der Tat

Als weitere mögliche Rechtsfolge der Tat wird die Anordnung des *Verfalls* (§ 73 StGB) im Examen eine ähnlich untergeordnete Rolle spielen wie in der Strafrechtspraxis. Sehr häufig vorkommen dürfte jedoch die *Einziehung* nach § 74 StGB. Letztere erstreckt sich auf die sog. *instrumenta*

---

[343] In dieser beispielhaften Anordnung wurden drei Monate, in denen die Fahrerlaubnis nach § 111a StPO vor dem Urteil vorläufig entzogen war, bereits berücksichtigt.
[344] Vergleiche auch BGH NStZ 2001, 245 f.
[345] Die Berechnung der Sperrfrist unter Einbeziehung eines früheren Urteils wird in Rechtsprechung und Literatur nicht einheitlich gesehen; zur Vertiefung siehe *Tröndle/Fischer*, StGB, 50. Aufl. (2001), § 55 Rdnr. 9d.

und *producta sceleris*; teilweise wird ihre Anordnung vorgeschrieben (so etwa in den §§ 150 Abs. 2 und 282 Abs. 2 Satz 2 StGB), andernorts ihr Anwendungsbereich durch Sonderregelungen auch auf sog. Beziehungsgegenstände ausgedehnt (so etwa in § 21 Abs. 3 StVG, § 6 Abs. 3 PflVG sowie den §§ 132a Abs. 4 und 282 Abs. 2 Satz 1 StGB).

Auch wenn ein ausdrücklicher Antrag der Staatsanwaltschaft in der Anklageschrift fehlen sollte, findet sich häufig schon im Aufgabentext ein Hinweis auf einen einziehungsfähigen Gegenstand. Ein solcher kann etwa darin zu sehen sein, daß eine Tatwaffe schon im Ermittlungsverfahren gemäß § 94 StPO als Beweismittel oder bereits im Hinblick auf eine spätere Einziehung nach § 111c StPO sichergestellt wurde. Gedanken über die Einziehungsanordnung sollte sich der Bearbeiter aber auch ohne diese Hinweise dann machen, wenn sich unter den in der Anklage genannten Beweismitteln ein einziehungsfähiger Gegenstand befindet (etwa wenn unter der Überschrift der Augenscheinsobjekte ein blutverschmiertes Messer aufgeführt ist).

Eine Bekanntmachung der Verurteilung (so etwa bei den §§ 165 und 200 StGB) dürfte in der Klausur nicht übersehen werden, da sie nur auf Antrag des Verletzten ausgesprochen wird und sich daher aus den Akten geradezu aufdrängt; sie muß in der Urteilsformel vollstreckungsfähig formuliert werden.

4. Zusammentreffen von Straftat und Ordnungswidrigkeit

Besonderheiten sind zu beachten beim Zusammentreffen von Straftat und Ordnungswidrigkeit. Nach § 21 Abs. 1 OWiG kommt eine Verfolgung der Ordnungswidrigkeit (etwa § 24 StVG und § 49 StVO) überhaupt nur dann in Betracht, wenn ein Fall der *Tatmehrheit* vorliegt, wobei im Regelfall wohl nach § 154 Abs. 2 StPO eine Einstellung erfolgen dürfte. Kommt es im Einzelfall (etwa wegen eines fehlenden Einstellungsantrages der Staatsanwaltschaft) doch einmal zu einem Schuldspruch, lautet der Tenor beispielsweise bei Zusammentreffen von § 21 Abs. 1 StVG und § 111 Abs. 1 OWiG:

„Der Angeklagte wird wegen vorsätzlichen Fahrens ohne Fahrerlaubnis sowie falscher Namensangabe zu einer Geldstrafe von 20 Tagessätzen zu je 20,- DM und einer Geldbuße von 150,- DM verurteilt."

B. Kostenentscheidung bei Verurteilung

Jedes Urteil und jede abschließende Einstellungsentscheidung muß eine Bestimmung über die Kostentragung treffen (§ 464 Abs. 1 StPO). Hier sind begrifflich zu trennen: „Kosten" sind die Gebühren und Auslagen der Staatskasse (§ 464a Abs. 1 Satz 1 StPO); „notwendige Auslagen", über die nach § 464 Abs. 2 StPO stets zu entscheiden ist, sind insbesondere die Aufwendungen des Angeklagten zur zweckentsprechenden Verteidigung. Bei einer Verurteilung hat der Angeklagte gemäß § 465 Abs. 1 StPO die Kosten des Verfahrens zu tragen. Ein Ausspruch über die notwendigen Auslagen des Angeklagten ist in diesem Fall zwar nicht unbedingt erforderlich, da diese ohne Ausspruch stets bei demjenigen verbleiben, dem sie entstanden sind[346], jedoch wird in der Praxis aus § 464 Abs. 2 StPO die Notwendigkeit einer ausdrücklichen Bestimmung im Tenor abgeleitet:[347]

„Der Angeklagte hat die Kosten des Verfahrens und seine notwendigen Auslagen sowie die notwendigen Auslagen des Nebenklägers zu tragen."

Die gesamtschuldnerische Haftung Mitangeklagter nach § 466 StPO wird kraft Gesetzes angeordnet, sie erscheint daher nicht im Schuldspruch:

„Die Angeklagten haben die Kosten des Verfahrens und ihre notwendigen Auslagen zu tragen."

Zu beachten ist ferner, daß § 466 StPO nur für die „Auslagen" der Staatskasse, nicht für die Gerichtsgebühren gilt.[348]

C. Besonderheiten bei freisprechendem und einstellendem Urteil

Die Hauptsacheentscheidung bei einem Freispruch ergeht abstrakt ohne die Hinweise „mangels Beweises", „wegen Unschuld" oder „aus Rechtsgründen", also schlicht:

„Der Angeklagte wird freigesprochen."

Bei einem Freispruch oder einer Einstellung sind nach § 467 Abs. 1 StPO die Auslagen der Staatskasse und die notwendigen Auslagen des Angeklagten der Staatskasse aufzuerlegen:

„Der Angeklagte wird freigesprochen. Die Kosten des Verfahrens und die notwendigen Auslagen des Angeklagten fallen der Staatskasse zur Last."

Kaum klausurtypische Besonderheiten einer abweichenden Kostenentscheidung trotz Freispruchs folgen etwa aus § 467 Abs. 3 Satz 1 StPO bei wahrheitswidriger Selbstanzeige. Etwas anspruchsvoller ist die Tenorierung bei teilfreisprechenden oder teileinstellenden Urteilen. Ein Teilfreispruch ist zunächst immer dann

---

[346] *Kleinknecht/Meyer-Goßner*, StPO, 45. Aufl. (2001), § 464 Rdnr. 12.
[347] Vergleiche *Franke*, in: KK-StPO, 4. Aufl. (1999), § 464 Rdnr. 1. Abweichend etwa *Kleinknecht/Meyer-Goßner*, StPO, 45. Aufl. (2001), § 464 Rdnr. 10.
[348] *Kleinknecht/Meyer-Goßner*, StPO, 45. Aufl. (2001), § 466 Rdnr. 2.

notwendig, wenn wegen einer prozessualen Tat freizusprechen, wegen einer anderen zu verurteilen ist. Der Tenor beginnt mit der Verurteilung, wobei sowohl der Schuldspruch als auch die Rechtsfolge und etwaige Nebenentscheidungen (wie die Strafaussetzung) abzuhandeln sind.[349] Sodann ist festzustellen:

> „Im übrigen wird der Angeklagte freigesprochen."

Umstritten ist, ob ein solcher Teilfreispruch auch in denjenigen Fällen auszusprechen ist, in denen zwar *eine* prozessuale Tat vorliegt, die in Rede stehenden Delikte aber *tatmehrheitlich* begangen wurden. Nach Auffassung des BGH muß auch „innerhalb" einer prozessualen Tat (und damit im Gegensatz zum staatsanwaltschaftlichen Ermittlungsverfahren, bei dem nicht teileingestellt wird) teilweise freigesprochen werden.[350] Entsprechendes gilt für die Teileinstellung, wenn etwa hinsichtlich einer prozessualen Tat der Strafantrag zurückgenommen wurde.

Bei einem Teilfreispruch wird die *Kostenentscheidung* für den verurteilenden und freisprechenden Teil gemeinsam gefaßt, so daß im Tenor zu formulieren ist (siehe § 465 Abs. 1 Satz 1 StPO):

> „Der Angeklagte hat die Kosten des Verfahrens und seine notwendigen Auslagen zu tragen, soweit er verurteilt ist; soweit er freigesprochen worden ist, trägt die Staatskasse die Kosten des Verfahrens und die notwendigen Auslagen des Angeklagten."[351]

D. Entschädigungsentscheidung

Bei einem Freispruch oder einer Einstellung hat das Gericht in dem Urteil die Verpflichtung zur *Entschädigung* auszusprechen, wenn der Angeklagte durch den Vollzug der Untersuchungshaft oder einer anderen Strafverfolgungsmaßnahme einen Schaden erlitten hat (§§ 2 und 8 Abs. 1 StrEG). Nach § 8 Abs. 2 StrEG sind Art und Zeitraum der Freiheitsentziehung anzugeben:

> „Der Angeklagte wird freigesprochen. Die Kosten des Verfahrens und die notwendigen Auslagen des Angeklagten fallen der Staatskasse zur Last. Der Angeklagte ist für die in dieser Sache vom ... bis ... erlittene Untersuchungshaft zu entschädigen."

---

[349] *Kroschel/Meyer-Goßner*, Urteile in Strafsachen, 26. Aufl. (1994), Seite 215.
[350] BGH NJW 1992, 989, 991; vergleiche auch *Kleinknecht/Meyer-Goßner*, StPO, 45. Aufl. (2001), § 260 Rdnr. 13; *Huber*, Strafurteil (1993), Rdnr. 229 (abweichend *Roxin*, Strafverfahrensrecht, 25. Aufl. [1998], § 47 Rdnrn. 13 f.).
[351] Da die Berechnung einer solchen Kostenentscheidung und damit auch die Vollstreckung in der Praxis häufig auf Schwierigkeiten stößt, wird zunehmend zu einer genaueren Tenorierung („Die Staatskasse trägt ein Drittel der Kosten und notwendigen Auslagen des Angeklagten, zwei Drittel fallen dem Angeklagten zur Last") übergegangen.

Wird trotz Freispruchs eine Entschädigung versagt (§ 6 StrEG), wird tenoriert:

„Die Staatskasse ist nicht verpflichtet, den Angeklagten dafür zu entschädigen, daß ..."

Hinzuweisen ist noch auf die Entschädigungspflicht des § 2 Abs. 2 Nr. 2 StrEG bei vorläufiger Festnahme nach § 127 Abs. 2 StPO. Auch ein Teilfreispruch kann zur Entschädigung etwa dann führen, wenn sich der Haftbefehl auf den „freigesprochenen Teil" gestützt hat.

§ 3. Liste der angewendeten Vorschriften

Die *angewendeten Vorschriften* (§ 260 Abs. 4 Satz 1 StPO) sind unmittelbar nach der Urteilsformel genau wiederzugeben. Erscheinen müssen neben den Vorschriften des Besonderen Teils insbesondere die §§ 22, 23, 25 Abs. 2, 26, 27, 52 und 53, aber auch die §§ 69 und 69a sowie § 56 StGB. Bei den die Strafzumessung betreffenden Vorschriften werden die *besonderen* (wie die §§ 41 und 42 StGB) erwähnt, während allgemeine (wie die §§ 37 ff., 40 und 46 StGB) keinen Eingang finden. Die Rauschtat des § 323a StGB ist aufzuführen. Eine Besonderheit gilt nach § 260 Abs. 5 Satz 2 StPO für bestimmte auf einer Betäubungsmittelabhängigkeit beruhende Delikte (siehe § 35 BtMG). In diesen Fällen ist § 17 Abs. 2 BZRG zu nennen.

Bei einem freisprechenden Urteil werden *nicht* diejenigen Vorschriften als „angewendet" aufgeführt, die in der Anklage genannt sind, sondern nur die, auf denen der Freispruch beruht (und die in der Anklage gerade nicht erscheinen [wie § 20 StGB]); aufzunehmen sind aber solche, welche die neben dem Freispruch angeordneten Rechtsfolgen (wie etwa die §§ 71 und 63 StGB) tragen:

„Angewendete Vorschriften: §§ 20, 63 und 71 StGB."

Entsprechendes gilt bei einstellenden Urteilen:

„Angewendete Vorschrift: § 19 StGB."

Dritter Abschnitt. Gründe

Es folgt der Teil des Urteils, der mit dem Wort „Gründe" (nicht: *Urteilsgründe!*) zentriert überschrieben wird.[352] Die *Gründe* werden gewöhnlich

---

[352] Im Hinblick auf eine Examensklausur bedarf es wohl kaum des Hinweises, „daß die Urteilsgründe weder ‚lustig' noch ‚satirisch' zu sein haben" (BGH NStZ-RR 1999, 261 [„die von der Strafkammer gewählte, einem Kriminalroman nachempfundene Er-

in durch römische Buchstaben bezeichnete Abschnitte gegliedert, wobei die (den folgenden Überschriftennumerierungen entsprechenden) Gliederungspunkte den jeweiligen Teilen zentriert vorangestellt werden. Bei Berufungsurteilen und vorangegangenem Strafbefehlsverfahren ist in einem gesonderten Abschnitt „Prozeßgeschichte" zu beginnen, der mit „0." überschrieben werden kann. Wesentlicher Bestandteil der Prozeßgeschichte ist die Mitteilung der Tatsachen, aus denen sich ergibt, daß form- und fristgerecht das Rechtsmittel eingelegt wurde.

§ 1. Persönliche Verhältnisse

Aus § 46 Abs. 2 StGB folgt die Pflicht, die *persönlichen Verhältnisse* des Angeklagten darzustellen. In der Praxis finden sich diesbezügliche Ausführungen häufig erst in dem Abschnitt über die Strafzumessung.[353] In der Klausur empfiehlt sich aber, falls nicht der Bearbeitervermerk einen anderen Hinweis gibt oder sogar diesen Abschnitt – was häufig geschieht – ganz erläßt, eine vorangestellte straffe Darstellung der wichtigsten persönlichen Daten. Hier werden in erster Linie der Lebenslauf (nicht jedoch Informationen wie das Geburtsdatum, die sich bereits aus dem Rubrum ergeben), der berufliche Werdegang, die Familienverhältnisse und vor allem die Vorstrafen (siehe die §§ 51 und 52 sowie insbesondere § 52 Abs. 2 BZRG) geschildert.

§ 2. Feststellungen

Ein besonderes Augenmerk ist zu legen auf die Darstellung des *Sachverhalts*. Hier hat der Kandidat nicht nur die Möglichkeit, sich sprachlich auszuzeichnen, sondern auch Gelegenheit zu zeigen, daß er den Schritt von einem vorgefertigten Sachverhalt wie im ersten Staatsexamen hin zur Verarbeitung eines komplexeren Akteninhaltes vollzogen hat.

In der Sachverhaltsschilderung, die im Imperfekt oder Plusquamperfekt erfolgt, sind sämtliche nach der Überzeugung des Gerichts (§ 267 Abs. 1 Satz 1 StPO) feststehende Tatsachen anzugeben, die den Schuldspruch tragen. Es empfiehlt sich insbesondere bei einer Vielzahl von Taten, bereits in diesem Teil des Urteils eine sinnvolle Gliederung (die auch

---

zählform' ist weder mit der Würde des Gerichts vereinbar, noch wird sie der Tragik des abgeurteilten Kapitalverbrechens gerecht"] und NStZ-RR 2000, 293 [jeweils mit weiteren Nachweisen]).

[353] Zum Aufbau siehe *Huber*, Strafurteil (1993), Rdnrn. 52 f.

in Ordnungsziffern[354] zum Ausdruck zu bringen ist) des Geschehens vorzunehmen. Zu vermeiden sind möglichst Rechtsbegriffe oder Feststellungen, die sich auf die Wiederholung des Gesetzestextes beschränken. Aus den Formulierungen muß sich die Verwirklichung aller Tatbestandsmerkmale des angewendeten Strafgesetzes ergeben. Wichtig ist insbesondere die Behandlung der inneren Tatseite[355] („*Dabei hielt der Angeklagte den Eintritt des Todes für möglich und nahm diesen billigend in Kauf*"). Eine sorgfältige Darstellung muß auch hinsichtlich der Umstände, welche die Strafbarkeit ausschließen, vermindern oder erhöhen (siehe § 267 Abs. 2 StPO), vorgenommen werden.

Erfolgt ein *Teilfreispruch*, sind die Feststellungen hinsichtlich der einzelnen prozessualen Taten aus Gründen der Übersichtlichkeit deutlich zu trennen. Zu beginnen ist mit den Ausführungen, welche die Verurteilung tragen und zwar umfassend bis hin zur rechtlichen Würdigung. Im Anschluß daran ist – beginnend mit der Sachverhaltsdarstellung – der „freisprechende Teil" abzuhandeln.

Bei einem *einstellenden Urteil* bedarf es regelmäßig keiner Feststellungen, da ein Strafklageverbrauch durch ein Prozeßurteil nicht ausgelöst werden kann.[356] Empfehlenswert ist allerdings eine kurze Darstellung der Sachlage, um dem Leser Verständnishilfen zu geben. So kann zunächst der Anklagevorwurf wiedergegeben und sodann das Prozeßhindernis erörtert werden.

§ 3. Beweiswürdigung

Es schließen sich Ausführungen zur *Würdigung der Beweise* an. Dabei ist zu beachten, daß sich aus dem Urteil die erschöpfende Auseinandersetzung mit den zur Verfügung stehenden Beweismitteln ergeben muß.[357] Dies ist deswegen so bedeutsam, weil im Falle einer Revision das Revisionsgericht die *gesamte Beweiswürdigung* schon auf die nicht weiter ausgeführte Sachrüge des Rechtsmittelführers („Gerügt wird die Verletzung des materiellen Rechts") hin überprüft.

In der Praxis findet sich häufig zu Beginn der Beweiswürdigung ein allgemein gehaltener Einleitungssatz, der sämtliche – tatsächlich verwendete – Beweismittel benennt:

---

[354] Siehe etwa BGH NStZ-RR 2001, 133.
[355] BGH NStZ 1990, 496.
[356] *Kleinknecht/Meyer-Goßner*, StPO, 45. Aufl. (2001), § 260 Rdnr. 48 und Einl. Rdnr. 172.
[357] Siehe dazu *Bick*, JA 1995, 583 (585).

„Der vorstehende Sachverhalt steht fest aufgrund der Einlassung des Angeklagten, der Aussagen des Zeugen Müller und der Zeugin Maier, der Verlesung des Gutachtens über die Bestimmung des Blutalkoholgehaltes sowie des Gutachtens der Sachverständigen Prof. Dr. Klüver und der Augenscheinseinnahme des Grundstücks Ulmenweg 17 in Flensburg."

Dieses Vorgehen ist zwar nicht falsch, aber eine – gerade in der Klausur – überflüssige Schreibarbeit, weil sich der Umfang der durchgeführten Beweisaufnahme schon aus dem Protokoll der Hauptverhandlung (§ 273 Abs. 1 StPO) ergibt. Zudem wird eine zusätzliche Fehlerquelle[358] eröffnet, da nämlich die Gefahr besteht, daß Beweismittel aufgeführt werden, die tatsächlich überhaupt nicht verwandt wurden, oder hierdurch deutlich wird, daß andere Beweismittel vergessen wurden.[359]

Hat sich der Angeklagte zum Schuldvorwurf geäußert, wird die – im Regelfall im Präsens abzufassende – Beweiswürdigung mit den Angaben des Angeklagten, die in indirekter Rede wiedergegeben werden, eingeleitet. Hierbei lassen sich drei Konstellationen unterscheiden:

Bei einem *Geständnis* des Angeklagten ist auszuführen:

„Der Angeklagte hat die Tat – so wie sie festgestellt wurde – gestanden. Das ist glaubhaft. Sein Geständnis deckt sich nämlich mit ...".

Leugnet der Angeklagte die Tat oder äußert er sich nicht, ist folgende Weiterführung zu empfehlen:

„Der Angeklagte leugnet die Tat (oder: „schweigt zu den Vorwürfen"). Er ist aber aus folgenden Gründen überführt. Aus der Aussage des Zeugen ...".

Hat der Angeklagte nur *bestimmte Punkte* bestritten, so bedarf es in dieser Hinsicht einer genauen Auseinandersetzung:

„Der Angeklagte räumt zwar ein, den Zeugen Müller geschlagen zu haben, behauptet aber, sich nur gegen dessen Schlag zur Wehr gesetzt zu haben. Dies ist widerlegt aufgrund ...".[360]

Bei der Wahl der Begriffe ist dabei zu beachten, daß von einer „Einlassung" des Angeklagten, aber von einer „Aussage" oder „Bekundung" des Zeugen zu sprechen ist.

Ein Schweigen des Angeklagten ist grundsätzlich nicht nachteilig zu werten. Dagegen kann Teilschweigen, bei dem der Angeklagte nur bestimmte Fragen (innerhalb derselben prozessualen Tat) nicht beantwortet, in die Beweiswürdigung einbezogen werden.

Bei der Beweiswürdigung sind Fragen zu Beweiserhebungs- und Beweisverwertungsverboten nur dann anzusprechen, wenn sie im konkreten Fall auch tatsächlich berührt sein können (also niemals isolierte Ausführungen!). Für die Klausur ist hier eine Grundkenntnis vor allem der

---

[358] Vergleiche BGH NStZ-RR 2000, 293 und BGH NStZ-RR 1999, 272.
[359] Dazu sehr instruktiv *Meyer-Goßner*, NStZ 1988, 529 (532).
[360] Darstellung nach *Huber*, Strafurteil (1993), Rdnr. 69.

Verlesungs- und Verwertungsverbote der §§ 136a und 252 StPO anzuraten.[361]

Bei einem *Freispruch* aus tatsächlichen Gründen muß im Anschluß an die Sachverhaltsdarstellung wiedergegeben werden, welche Erwägungen die Überzeugung des Gerichts geleitet haben. So müssen etwa Zweifel an der Begehung eines Deliktes nachvollziehbar dargelegt werden. Sind rechtliche Gründe ausschlaggebend für den Freispruch, bedarf es jedenfalls immer dann keiner Beweiswürdigung, wenn das festzustellende Geschehen in jedem Falle straflos wäre.

§ 4. Rechtliche Würdigung

Die *rechtliche Würdigung* hat nun den festgestellten Sachverhalt den die Verurteilung tragenden Normen zu subsumieren. Sinnvoll ist es dabei, zu Beginn der rechtlichen Erörterung noch einmal den Schuldspruch zu wiederholen:

„Der Angeklagte war daher wegen Betruges gemäß § 263 Abs. 1 StGB zu verurteilen. ..."

Bei der rechtlichen Würdigung der Feststellungen sind auch Strafzumessungsregeln (wie § 243 Abs. 1 Satz 2 StGB) zu prüfen. Bei einem aus rechtlichen Gründen *freisprechenden Urteil* müssen sämtliche in Betracht kommenden Strafvorschriften sorgfältig geprüft werden.

Gerade in Examensklausuren dürften zumeist auch prozessuale Erwägungen anzustellen sein. Insbesondere der Problembereich der „prozessualen Tat" nach § 264 StPO kann hier eine Rolle spielen.[362] Die Einordnung des Täterverhaltens als eine oder mehrere prozessuale Taten ist nämlich maßgebend zum einen für die Entscheidung, ob eventuell ein Teilfreispruch erfolgen muß, und zum anderen für die Frage, ob bei einer von der Anklage abweichenden Würdigung des Sachverhaltes die Verurteilung einer Nachtragsanklage nach § 266 StPO oder lediglich eines Hinweises auf die Veränderung des rechtlichen Gesichtspunktes nach § 265 StPO bedarf. Wenn von der Anklage abgewichen wird, ist zu begründen, warum eine Verurteilung wegen der angeklagten Taten nicht in Betracht kommt. Am Ende der statt dessen angenommen Straftaten ist zu formulieren:

„Der Angeklagte kann auch wegen der Tat verurteilt werden, weil er auf die Veränderung des rechtlichen Gesichtspunktes hingewiesen wurde".

---

[361] Siehe dazu die Übersicht bei *Kleinknecht/Meyer-Goßner*, StPO, 45. Aufl. (2001), Einl. Rdnrn. 50 ff. und die umfassende Darstellung oben Erster Teil, Zweiter Abschnitt, C III.
[362] Siehe dazu schon oben Erster Teil, Zweiter Abschnitt, C I.

Während der Bearbeitervermerk einen rechtlichen Hinweis des Gerichts unterstellen dürfte, ist dies im Hinblick auf eine Nachtragsanklage regelmäßig nicht der Fall, so daß ein Prozeßhindernis in diesem Bereich bestünde.

Zur Wiederholung: Bei Tateinheit liegt in der Regel auch eine prozessuale Tat vor; eine Ausnahme macht der BGH hier nur bei sog. Organisationsdelikten (wie § 129 StGB). Bei Tatmehrheit liegen dagegen in der Regel auch mehrere Taten nach § 264 StPO vor; etwas anderes gilt nach höchstrichterlicher Rechtsprechung nur, wenn mehrere tatmehrheitlich verwirklichte Delikte derart miteinander verbunden sind, daß eine getrennte Würdigung als unnatürliche Aufspaltung eines einheitlichen Lebensvorganges empfunden würde.[363] Auch eine Verurteilung im Wege der Wahlfeststellung ist nur möglich, wenn die fraglichen Alternativen noch als Bestandteil der angeklagten Tat angesehen werden können.[364] Entsprechendes gilt bei der Postpendenzfeststellung. In beiden Konstellationen bedarf es einer sorgfältigen Auslegung des Tatbegriffs. Auch Erwägungen hinsichtlich der Rechtskraft eines früheren Urteils können anzustellen sein, wobei wiederum § 264 StPO eine zentrale Rolle spielen würde.

§ 5. Strafzumessung

§ 267 Abs. 3 Satz 1 StPO verpflichtet dazu, diejenigen Umstände im Urteil anzugeben, die für die Zumessung der Strafe bestimmend gewesen sind. Bei Ausführungen zur *Strafzumessung* hat der Bearbeiter die Möglichkeit, dem Prüfer praxisnahes Wissen aufzuzeigen.

In einem *ersten Schritt* ist zunächst der angewendete Strafrahmen festzustellen.[365] Hierzu ist es erforderlich, nochmals alle Delikte aufzuzeigen, deren Verwirklichung bei der rechtlichen Würdigung festgestellt worden ist, wobei es zwingend erforderlich ist, die in Tatmehrheit stehenden Delikte und Deliktskomplexe voneinander zu trennen.

Für jeden dieser Teile ist nunmehr gesondert eine Strafzumessung vorzunehmen. Diese hat von dem Strafrahmen, der in der Klausur ausdrücklich zu nennen ist, auszugehen. Ein kurzer Satz der Erläuterung ist nur dann erforderlich, wenn sich der Strafrahmen (bei tateinheitlichem Zusammentreffen) erst aus der Anwendung des § 52 Abs. 2 StGB ergibt. Die

---

[363] *Kleinknecht/Meyer-Goßner*, StPO, 45. Aufl. (2001), § 264 Rdnr. 2; eine umfassende Ausführung mit Blick auf das Strafurteil findet sich bei *Huber*, Strafurteil (1993), Rdnrn. 1 ff.; siehe schon oben Erster Teil, Zweiter Abschnitt, C I.
[364] Vergleiche *Huber*, Strafurteil (1993), Rdnr. 10.
[365] Vergleiche *Bick*, JA 1995, 583 (587).

Strafzumessung *innerhalb* dieses Rahmens erfolgt nach den Grundsätzen des § 46 StGB (unbedingt lesen!).[366] Treffen mehrere Delikte oder Deliktsgruppen *tatmehrheitlich* zusammen, ist im Anschluß an die Nennung der jeweiligen Einzelstrafen zunächst der *Gesamtstrafrahmen* zu nennen (§ 54 StGB). Innerhalb dieses Rahmens ist die konkrete Gesamtstrafe unter nochmaliger Berücksichtigung der oben genannten Strafzumessungserwägungen festzusetzen. Erfolgt ein Schuldspruch auf der Grundlage ungleichartiger Wahlfeststellung, ist der Strafrahmen des milderen Deliktes heranzuziehen. Wird die Vollstreckung einer Strafe zur Bewährung ausgesetzt, ist dies nach § 267 Abs. 3 Satz 4 StPO zu begründen. Einer Begründung bedarf es auch, wenn trotz Vorliegens der zeitlichen Voraussetzung des § 56 Abs. 1 und Abs. 2 StGB eine Strafaussetzung nicht gewährt wurde (§ 267 Abs. 3 Satz 4 StPO).

Wird eine Maßregel der Besserung und Sicherung angeordnet oder entgegen einem gestellten Antrag nicht angeordnet, bedarf es der sorgfältigen Begründung (§ 267 Abs. 6 Satz 1 StPO). Besonderheiten gelten hier für die Entziehung der Fahrerlaubnis nach § 69 StGB: Kommt diese wegen der Art der Straftat (§ 69 Abs. 2 StGB) regelmäßig in Betracht, so müssen die Gründe nur ergeben, warum eine Anordnung *unterblieben* ist (§ 267 Abs. 6 Satz 2 StPO). Im umgekehrten Fall der Regelanordnung nach § 69 Abs. 2 StGB genügt hingegen der kurze Hinweis auf diese Vorschrift:

„Die Entscheidung über die Entziehung der Fahrerlaubnis folgt aus § 69 Abs. 2 StGB."

§ 6. Begründung der Nebenentscheidungen

Eine Begründung der *Kostenentscheidung* ist im Regelfall nicht erforderlich. Es genügt der kurze Hinweis etwa auf § 465 StPO. In besonderen Konstellationen (etwa bei Anwendung der §§ 469 oder 470 StPO) wird eine kurze Begründung nötig sein. Entsprechendes gilt bei einem Freispruch und einer Einstellung. Einer Begründung bedarf es auch hier nur, wenn von der gesetzlichen Wertung *abgewichen* wird. Eine besondere Aufmerksamkeit ist auf die Vorschrift des § 467 Abs. 3 Satz 2 Nr. 2 StPO zu richten, nach der die Kosten dem Angeklagten trotz Einstellung auferlegt werden können. Hier ist umstritten, wie wahrscheinlich bei Hinwegdenken des Prozeßhindernisses eine Verurteilung sein muß.[367] Bei Berücksichtigung der Unschuldsvermutung wird wenigstens hinreichender, eher wohl dringender Tatverdacht zu fordern sein.

---

[366] Zur Vertiefung der Strafzumessungsfragen siehe die instruktive Darstellung bei *Horn*, in: SK-StGB, 7. Aufl. (2001), Vorbemerkungen zu § 46.
[367] Vergleiche *Kleinknecht/Meyer-Goßner*, StPO, 45. Aufl. (2001), § 467 Rdnr. 16.

Vierter Abschnitt. Unterschriften

Das Urteil bedarf der Unterschriften (§ 275 Abs. 2 StPO) der Berufsrichter, nicht der Schöffen (§ 275 Abs. 2 Satz 3 StPO).

Fünfter Abschnitt. Mit dem Urteil zu verkündende Beschlüsse

Wenn der Bearbeitervermerk dies nicht erläßt, müssen in der Klausur auch die mit dem Urteil zu verkündenden *Beschlüsse* entworfen werden. Die wichtigsten Beschlüsse etwa hinsichtlich der Bewährungszeit und etwaiger Bewährungsauflagen folgen aus § 268a StPO. Ist der Angeklagte in Untersuchungshaft, ist § 268b StPO zu beachten, wonach von Amts wegen über deren Fortdauer zu entscheiden ist. Grundsätzlich ist hier materielles Haftrecht anzuwenden (§§ 112 ff. StPO). Wird der Angeklagte verurteilt und soll die Haft (nach Prüfung des § 120 Abs. 1 Satz 1 StPO) fortdauern, lautet der Beschluß:

„Es wird die Fortdauer der Untersuchungshaft angeordnet".

Andernfalls wird der Haftbefehl aufgehoben oder nach § 116 StPO außer Vollzug gesetzt. Der Beschluß lautet in diesen Fällen:

„Der Haftbefehl des Amtsgerichtes Mölln vom ... wird aufgehoben" oder „... wird außer Vollzug gesetzt."

Wird der Angeklagte dagegen freigesprochen oder das Verfahren eingestellt, *muß* nach § 120 Abs. 1 Satz 2 StPO der Haftbefehl aufgehoben werden.

Sechster Abschnitt. Das Urteil in Jugendsachen

Führt die Verhandlung gegen *Jugendliche* oder *Heranwachsende* zu einer Einstellung des Verfahrens oder zu einem Freispruch, treten im Vergleich zum Erwachsenenstrafrecht keine Schwierigkeiten auf. Besonderheiten gelten jedoch für die *Verurteilung*. Hier wird vom Bearbeiter einer Klausur naturgemäß nicht verlangt werden können, daß er den Anforderungen der Praxis genügt (er also nach § 37 JGG „erzieherisch befähigt" ist), jedoch sollten ihm die wesentlichen Unterschiede zum Erwachsenenstrafrecht vertraut sein.

Sechster Abschnitt. *Das Urteil in Jugendsachen*

§ 1. Die Urteilsformel

Schon bei der *Urteilsformel* ist den Besonderheiten des jugendgerichtlichen Verfahrens Rechnung zu tragen. Da dem Jugendstrafrecht vor allem eine erzieherische Funktion zukommt, werden die Rechtsfolgen nicht „wegen", sondern „aus Anlaß" der Tat ausgesprochen. Die Verknüpfung von Schuldspruch und Sanktion („... wird wegen ... zu ... verurteilt") sollte daher vermieden werden. Vielmehr empfiehlt es sich, den Schuldspruch voranzustellen:

„Der Angeklagte ist der Körperverletzung, tateinheitlich begangen mit Sachbeschädigung, sowie einer Brandstiftung in zwei Fällen[368] schuldig."

Die Rechtsfolgen des Jugendgerichtsgesetzes unterscheiden sich grundlegend von denen des allgemeinen Strafrechts. Hier können von der Aufgabenstellung daher nur Grundkenntnisse verlangt werden.[369] Im Jugendstrafrecht sind *Erziehungsmaßregeln, Zuchtmittel* und *Jugendstrafe* zu unterscheiden. Bei der Tenorierung sollten die im Gesetz verwandten Begriffe benutzt werden.

„Der Angeklagte zu 1. ist schuldig des Raubes. Gegen ihn wird eine Jugendstrafe von acht Monaten verhängt. Die Vollstreckung der Jugendstrafe wird zur Bewährung ausgesetzt.[370]
Der Angeklagte zu 2. ist schuldig des Diebstahls. Ihm werden die folgenden Weisungen erteilt:
1. Er hat sich bei dem Verletzten, Gerald Kerner, zu entschuldigen.
2. Er hat darüber hinaus 40 Stunden gemeinnützige Arbeit nach Weisung der Jugendgerichtshilfe zu erbringen.
Der Angeklagte zu 3. ist schuldig der vierfachen Körperverletzung sowie der Beihilfe zum Diebstahl. Gegen ihn wird ein Dauerarrest von zwei Wochen verhängt.
Der Angeklagte zu 4. ist schuldig der Beihilfe zum Raub. Die Entscheidung über die Verhängung der Jugendstrafe wird für die Dauer von zwei Jahren zur Bewährung ausgesetzt."[371]

---

[368] Beim Schuldspruch ergeben sich hinsichtlich der materiellrechtlichen Konkurrenzsituation noch keine Besonderheiten, da § 31 JGG sich lediglich auf die Rechtsfolgenseite bezieht.
[369] Angesichts der schwierigen Materie dürften viele Bearbeitervermerke von dem Rechtsfolgenausspruch in Jugendsachen entpflichten.
[370] Siehe zur Vollstreckungsaussetzung im Jugendverfahren §§ 21 ff. JGG; vergleiche dazu *Böhm*, Jugendstrafrecht, 3. Aufl. (1996), Seite 216 ff; *Kroschel/Meyer-Goßner*, Urteile in Strafsachen, 26. Aufl. (1994), Seite 241.
[371] Siehe dazu die §§ 27 ff. JGG; zu beachten ist, daß hier die Dauer der Bewährungszeit bereits in den Tenor aufgenommen wird und nicht erst in einen mit dem Urteil zu verkündenden Beschluß (dazu *Kroschel/Meyer-Goßner*, Urteile in Strafsachen, 26. Aufl. [1994], Seite 274).

§ 2. Die „Gründe"

Die *Gründe* des Urteils in Jugendsachen weisen kaum Unterschiede zum Urteil in Strafsachen gegen Erwachsene auf. So ist auch hier mit den persönlichen Verhältnissen zu beginnen und daran die Feststellung des Sachverhalts sowie die Einlassung des Angeklagten, die Beweiswürdigung und die rechtlichen Erwägungen anzuschließen. Da im Jugendstrafrecht der *Täter* im Vordergrund der Betrachtung steht, sollte seiner Person eine besondere Aufmerksamkeit zukommen; die Darstellung der persönlichen Verhältnisse hat damit vor allem auf die familiären Zusammenhänge und auf die Entwicklung des Angeklagten einzugehen.

Siebenter Abschnitt. Besonderheiten bei Berufungsurteilen

Bei *Berufungsentscheidungen* ergeben sich hinsichtlich der Tenorierung einige Besonderheiten, die vor allem darin begründet sind, daß das Berufungsgericht nicht erstmalig über Tat und Täter zu befinden hat, sondern an ein bereits ergangenes erstinstanzliches Urteil anzuknüpfen hat. Schon im Tenor ist hervorzuheben, welcher Verfahrensbeteiligte (in der Regel die Staatsanwaltschaft oder der Angeklagte) das Rechtsmittel der Berufung eingelegt hat.

Bei der Abfassung der Entscheidung der Berufungsinstanz ist zu unterscheiden zwischen Fällen der unzulässigen und denjenigen der begründeten bzw. unbegründeten Berufung.

§ 1. Die Entscheidung bei unzulässiger Berufung

Die Berufung wird im Strafverfahren bei dem Gericht eingelegt, dessen Urteil angefochten werden soll (§ 314 Abs. 1 StPO). Dieses Gericht hat zunächst zu prüfen, ob die Einlegung des Rechtsmittels rechtzeitig erfolgte. Ist die Berufung verspätet erhoben, wird sie durch Beschluß „als unzulässig verworfen" (§ 319 Abs. 1 StPO). In der Klausur wird es nun selten vorkommen, daß eine Entscheidung des *iudex a quo* zu entwerfen ist, da hier im Falle der *Unzulässigkeit* eine nur knappe Entscheidung zu ergehen[372] und im Falle der *Zulässigkeit* die Akten ohne weitere Entscheidung lediglich (über die Staatsanwaltschaft) dem Berufungsgericht zu-

---

[372] Siehe etwa Huber, Strafurteil (1993), Rdnr. 263.

zuleiten sind (§§ 320 und 321 StPO). Daher werden Klausurfälle in der Weise gestaltet sein, daß diese Zuleitung bereits stattgefunden hat und nunmehr eine Entscheidung des Rechtsmittelgerichtes zu ergehen hat. Gelegentlich kann es vorkommen, daß auch das Berufungsgericht die Unzulässigkeit der Berufung feststellen wird (in der Klausur etwa hinsichtlich eines von mehreren Berufungsführern). In diesem Falle wird die Berufung durch Beschluß „verworfen" (§ 322 Abs. 1 Satz 1 StPO).

§ 2. Die Entscheidung des Berufungsgerichtes in der Sache

In praktisch allen Klausurfällen ist über die Berufung auch in sachlicher Hinsicht zu befinden. Dies geschieht gemäß § 322 Abs. 1 Satz 2 StPO „durch Urteil".

Ist die Berufung *unbegründet*, wird sie durch Urteil schlicht „verworfen" (die im zivilrechtlichen Verfahren gängige Differenzierung, nach der nur unzulässige Rechtsmittel „verworfen", unbegründete dagegen „zurückgewiesen" werden, ist im Strafverfahren unüblich). Die Kosten und Auslagen werden in diesem Falle dem Angeklagten auferlegt (§ 473 Abs. 1 StPO).

„Die Berufung des Angeklagten gegen das Urteil des Amtsgerichtes Coesfeld vom 4. Dezember 2001 – Az. ... – wird verworfen.
Der Angeklagte träg die Kosten des Verfahrens und seine notwendigen Auslagen."

Ist die Berufung dagegen *begründet*, enthält der Ausspruch zur Sache in aller Regel zwei Teile: Erstens ist das erstinstanzliche Urteil „aufzuheben" (kassatorischer Teil) und zweitens in der Sache zu entscheiden (§ 328 Abs. 1 StPO). Hat etwa der Angeklagte mit der Berufung in vollem Umfang Erfolg, kann zu tenorieren sein:

„Auf die Berufung des Angeklagten wird das Urteil des Amtsgerichtes Tecklenburg vom 5. November 2001 – Az. ... – aufgehoben.
Der Angeklagte wird freigesprochen.
Die Kosten des Verfahrens und die notwendigen Auslagen des Angeklagten trägt die Staatskasse."

Hat der Angeklagte mit seinem unbeschränkten Rechtsmittel nur *teilweise Erfolg*, so lautet die Formulierung (verbunden mit der aus § 473 Abs. 4 StPO folgenden Kostenentscheidung):

„Auf die Berufung des Angeklagten wird das Urteil des Amtsgerichts Schwerin vom 4. Dezember 2001 – Az. ... – im Rechtsfolgenausspruch aufgehoben.
Der Angeklagte wird zu einer Gesamtfreiheitsstrafe von einem Jahr und sechs Monaten verurteilt. Die Vollstreckung der Strafe wird zur Bewährung ausgesetzt.
Im übrigen wird die Berufung verworfen.

Der Angeklagte trägt die Kosten des Verfahrens und seine notwendige Auslagen; die Gebühr sowie die notwendigen Auslagen des Angeklagten für die Berufungsinstanz werden zur Hälfte von der Staatskasse getragen."

§ 3. Weitere Besonderheiten bei Berufungsurteilen

Hat das Berufungsgericht eine eigene Entscheidung in der Sache ausgesprochen, muß es – wie vom Urteil erster Instanz bekannt – entsprechend § 260 Abs. 5 StPO die *angewendeten Vorschriften* angeben; hier sind keine Besonderheiten zu beachten. Wird die Berufung (als unzulässig oder unbegründet) verworfen, bedarf es keiner Liste der angewandten Vorschriften, da das erstinstanzliche Urteil weiterhin Bestand hat.

Die *Gründe* des Berufungsurteils haben zunächst (in einem „prozeßgeschichtlichen" Teil) den wesentlichen Inhalt der Vorinstanz und die Förmlichkeiten der Rechtsmitteleinlegung wiederzugeben. Des weiteren sollte die Abfassung der Entscheidungsgründe den allgemeinen Grundsätzen folgen, da das Berufungsgericht ebenfalls Tatgericht ist und daher keine Besonderheiten gegenüber dem erstinstanzlichen Urteil zu beachten sind.[373]

---

[373] Siehe *Huber*, Strafurteil (1993), Rdnr. 284; vergleiche auch *Kroschel/Meyer-Goßner*, Urteile in Strafsachen, 26. Aufl. (1994), Seite 225.

Dritter Teil. Der Aktenvortrag in der mündlichen Prüfung

Erster Abschnitt. Einführung

Mit dem Aktenvortrag beginnt die *mündliche* Assessorprüfung. Sein Gelingen ist damit richtungweisend für deren weiteren Verlauf. Der Kandidat hat hier die Möglichkeit, der Prüfungskommission nicht nur seine Rechtskenntnisse, sondern auch seine Fähigkeit aufzuzeigen, komplexe Sachverhalte schnell zu erfassen und knapp und verständlich einer sachgerechten Lösung zuzuführen. Dabei kommt es weniger darauf an, den zu bearbeitenden Aktenfall unter jedem denkbaren rechtlichen Gesichtspunkt abschließend (und auf dem vorgezeichneten Wege einer „Lösungsskizze") zu durchleuchten, als vielmehr praxisnah und vor allem im gegebenen Zeitrahmen eine vertretbare Entscheidung vorzustellen und mit einer ansprechenden und nachvollziehbaren Argumentation zu begründen. So heißt es etwa in den „Weisungen für den Aktenvortrag" für das Land Nordrhein-Westfalen[374] auch:

> „Durch den Vortrag soll der Prüfling zeigen, daß er befähigt ist, nach kurzer Vorbereitung in freier Rede den Inhalt einer Akte darzustellen sowie einen praktisch brauchbaren Vorschlag zu unterbreiten und zu begründen. Die Akten für den Vortrag können aus (…) dem Tätigkeitsbereich einer Staatsanwaltschaft[375] (…) entnommen werden.
>
> Der Vortrag soll aus einem kurzen Bericht, dem wesentlichen Entscheidungsvorschlag, einer knapp gefaßten Begründung dieses Vorschlags sowie einer abschließenden Mitteilung der zu treffenden Entscheidung oder Maßnahme bestehen. Die Einzelheiten ergeben sich aus dem Aufgabentext, insbesondere dem Vermerk für die Bearbeitung. Es ist vom Standpunkt eines in der Praxis tätigen Juristen auszugehen, der die Sache anderen Juristen vorträgt. Der Zuhörer muß in die Lage versetzt werden, den Vortrag ohne weiteres aufzunehmen und alles Wesentliche im Gedächtnis zu behalten. (…)"

Aus vorstehenden Weisungen (die trotz einiger Unterschiede in den Formulierungen in inhaltlicher Hinsicht auf sämtliche Prüfungsbezirke übertragen werden können) ergibt sich zunächst, daß versucht werden sollte, sich die wichtigsten Informationen für den Vortrag (in der knappen Vorbereitungszeit) gründlich einzuprägen und deren *freie Wiedergabe* anzustreben. Nach den oben genannten Weisungen dürfen lediglich folgende Ausnahmen gemacht werden:

---

[374] Stand September 1998.
[375] Auch bei der Darstellung der Anforderungen an den Aktenvortrag soll hier von *staatsanwaltschaftlichen* Aufgabenstellungen ausgegangen werden.

„Beim Vortrag kann der Prüfling Stichwortzettel benutzen und bei Mitteilungen von Anträgen, Zeit oder Zahlenangaben sowie von Urkunden, auf deren Wortlaut es ankommt, die Akten heranziehen. Das Ablesen einer schriftlichen Ausarbeitung ist nicht gestattet. (...)"

Daß bei dem Aktenvortrag in der mündlichen Prüfung die Beachtung des zur Verfügung stehenden *Zeitrahmens* von besonderer Bedeutung ist, zeigen die Weisungen in besonders strenger Form:

„Der Vortrag soll die Dauer von 10 Minuten nicht überschreiten. Unter keinen Umständen darf er länger als 12 Minuten dauern. Nach dieser Zeit wird er in jedem Fall abgebrochen. (...)"

Gerade dieser Hinweis sollte jedoch keineswegs zur Verunsicherung führen. Vielmehr sollte er umgekehrt Anlaß zur Ermutigung geben, da er erkennbar macht, daß in dieser kurzen Vortragszeit kaum der „Weisheit letzter Schluß" von den Prüfern erwartet wird. Liegt der Schwerpunkt dieses Prüfungsteils in der straffen Darstellung und Lösung eines Aktenfalls, sollte sich der Prüfling eben auf diesen Schwerpunkt vorbereiten.[376]

Zweiter Abschnitt. Aufbau des Aktenvortrags

Über die oben wiedergegebenen formalen Anforderungen hinaus enthalten die Weisungen zumeist keine Vorgaben zum Inhalt des Aktenvortrags. Der Aufbau ergibt sich aber aus der dem Bearbeiter vorgegebenen Perspektive des „Tätigkeitsbereichs einer Staatsanwaltschaft". Seine Situation ist daher mit derjenigen eines Staatsanwalts vergleichbar, der ein abschlußreifes Ermittlungsverfahren seinem Abteilungsleiter vorträgt. Der Aktenvortrag gliedert sich danach üblicherweise in fünf Teile:

- Die Einleitung,
- den kurzen Bericht (Schilderung des Sachverhaltes),
- den wesentlichen (allgemeinen) Entscheidungsvorschlag,
- die Begründung dieses Vorschlags (Gutachten oder rechtliche Würdigung) sowie
- die abschließende Mitteilung der zu treffenden Entscheidung oder Maßnahme (konkreter Entscheidungsvorschlag).

---

[376] So ist es bei Problemen in diesem Bereich keineswegs fernliegend, das Einüben des so wichtigen Einhaltens des Zeitrahmens an *bekannten* Fällen zu praktizieren.

Zweiter Abschnitt. Aufbau des Aktenvortrags   129

§ 1. Einleitung des Vortrags

Nach den oben genannten beispielhaften Weisungen soll der Vortrag mit „einem kurzen Bericht" beginnen. Es hat sich jedoch eingebürgert, diesem zunächst einige einleitende Worte voranzustellen.[377] In dieser Einleitung soll der Bearbeiter die Prüfungskommission in wenigen Sätzen darüber informieren, wo das Verfahren anhängig ist, um welche Art des Verfahrens es sich handelt und gegen wen es gerichtet ist. In bestimmten Fällen kann es angezeigt sein, weitere Beteiligte zu benennen (etwa einen Nebenkläger) und den Anlaß des Verfahrens anzugeben (etwa dann, wenn zuvor ein Klageerzwingungsverfahren erfolgreich durchgeführt wurde).[378]

„Ich berichte[379] über ein Ermittlungsverfahren gegen den Oberstudienrat Werner Jakobs, das im Jahre 1998 bei der Staatsanwaltschaft Rostock anhängig war und über dessen Abschluß hier zu entscheiden ist."

§ 2. Kurzer Bericht

An die einleitenden Worte schließt sich ein „kurzer Bericht" an. Dieser soll den Sachverhalt in einer Weise schildern, die der späteren Entscheidung als Grundlage dient. Ausbildungsliteratur und Weisungen für den Aktenvortrag sind hinsichtlich der Darstellung des Sachverhalts gelegentlich mißverständlich oder sogar widersprüchlich. Offen bleibt nämlich zumeist, ob Ausführungen zu Beweisfragen bereits im Sachverhalt bzw. im Anschluß an diesen (noch vor dem wesentlichen Entscheidungsvorschlag) oder aber erst in das materiellrechtliche Gutachten gehören.[380]

---

[377] Einige Anleitungsbücher meinen, den Bearbeiter darauf hinweisen zu müssen, den Vortrag mit einem „Guten Morgen" zu beginnen. An dieser Stelle kann die Begrüßung jedoch insbesondere dann als etwas floskelhaft empfunden werden, wenn der Bearbeiter bereits beim Betreten des Prüfungsraumes Höflichkeiten ausgetauscht hat.
[378] Zur Formulierung der einleitenden Worte umfangreich *Solbach*, JA 1995, 226 (227 f.).
[379] Die Formulierung „Ich *möchte* ... berichten" ist bei vielen Prüfern wegen ihres unpassenden Wortsinns nicht beliebt, da der Kandidat tatsächlich *berichtet* und nicht berichten *möchte*.
[380] So dürfte der Kandidat durch die „Weisungen für den Vortrag in der mündlichen Prüfung (Strafsachen)" des Gemeinsamen Prüfungsamtes für die Länder Bremen, Hamburg und Schleswig-Holstein eher verunsichert werden; dort heißt es zunächst: „... Im Bericht soll der Prüfling dem Hörer den Sachverhalt vermitteln, von dem er im Gutachten ausgeht. (...) Ist der Beschuldigte geständig, so genügt es, die Ereignisse in sinnvoller, d.h. meist in chronologischer Reihenfolge zu schildern und nur kurz zu erwähnen, daß der Beschuldigte diesen Sachverhalt zugibt. Legt der Prüfling dagegen einen Sachverhalt zugrunde, der von der Einlassung des Beschuldigten abweicht, so hat er näher darzulegen, weshalb das geschieht. Dabei ist zu berücksichtigen, daß zur An-

Vorzugswürdig erscheint es, zunächst einen geschichtlichen Vorgang als *feststehend* wiederzugeben, ohne daß bereits an dieser Stelle darzustellen ist, in welchem Umfang das Geschehen als bewiesen anzusehen ist. Der Bearbeiter hat demnach gegebenenfalls notwendige Überlegungen zur Beweiswürdigung bereits (gedanklich) angestellt, er informiert die Zuhörer über diese aber grundsätzlich erst im Rahmen der Begründung des Entscheidungsvorschlages.[381] Es kann sich hier allenfalls anbieten, etwaige Beweisfragen schon im Bericht kurz *anzudeuten* (indem etwa einzelne für eine bestimmte Beweiswürdigung heranzuziehende Beweismittel an dieser Stelle bereits benannt werden), sodann aber auf die rechtliche Würdigung zu verweisen.[382]

Die Sachverhaltsschilderung im Aktenvortrag ist damit am ehesten mit der „Konkretisierung" in der Anklageschrift zu vergleichen. Sie hat das spätere Gutachten vorzubereiten und damit als Subsumtionsgrundlage sämtlicher Merkmale zu dienen, welche die äußere und innere Tatseite der verwirklichten Straftatbestände betreffen. Wie bei der Konkretisierung ist eine chronologische Wiedergabe der Vorgänge (nicht des Akteninhalts) sinnvoll.

„Diesem Verfahren liegt folgender Sachverhalt zugrunde: Der Beschuldigte fuhr mit dem Auto seiner Lebensgefährtin B ..."

Einerseits wegen der gebotenen Kürze, andererseits aber auch wegen der nur begrenzten Aufnahmefähigkeit der Zuhörer sollten nur solche Einzelheiten mitgeteilt werden, die für die spätere Entscheidung auch tatsächlich von Bedeutung sind. Dies gilt insbesondere für Zahlenangaben und Daten, deren gehäufte Erwähnung nicht nur die Konzentration des Zuhörers, sondern auch die des Vortragenden beeinträchtigen kann. Darüber hinaus besteht die Möglichkeit, auch unentbehrliche Details erst im Rahmen des Gutachtens darzulegen; es kann sich empfehlen, dies durch einen kurzen Hinweis anzukündigen:

„(...) Auf weitere Einzelheiten hinsichtlich der Daten und genauen Schadenshöhe wird im weiteren Verlauf des Vortrags noch einzugehen sein. (...)"

---

klageerhebung hinreichender Tatverdacht ausreichend ist; eine abschließende Beweiswürdigung findet also nicht statt, sondern nur eine Abwägung, ob das vorliegende Beweismaterial die Verurteilung des Beschuldigten mit Wahrscheinlichkeit erwarten läßt oder nicht ...". Diese zunächst eindeutig wirkende Vorgabe wird sodann aber wieder ins Ermessen des Prüflings gestellt, indem es weiter heißt: „Der Vortragende darf aber die Beweiswürdigung ganz oder teilweise erst im Gutachten entwickeln, wenn er meint, dadurch dem Hörer die Mitarbeit zu erleichtern. Im Bericht wird er sich dann insoweit auf die Wiedergabe des zur Beweiswürdigung nötigen Inhalts der Akte beschränken; jedoch kann er, wenn es zweckmäßig ist, Einzelheiten erst im Gutachten mitteilen. (...)".

[381] So auch *Kaiser/Schöneberg*, Kurzvortrag, Seite 14.
[382] So *Solbach*, JA 1995, 226 (228); vergleiche *Krüger/Kock*, Assessorklausur 1, Seite 251.

§ 3. Wesentlicher Entscheidungsvorschlag

An die Schilderung des Sachverhaltes schließt sich der „wesentliche Entscheidungsvorschlag" an. Dieser soll dem Zuhörer zum einen den Übergang vom Bericht zum Gutachten andeuten, zum anderen aber auch bereits eine Richtschnur der weiteren Erwägungen an die Hand geben. Der Vortragende hat an dieser Stelle daher lediglich in knapper Form die *tragende Entscheidung* vorzustellen. Falls der Bearbeiter die Erhebung der öffentlichen Klage vorschlägt, hat er nur den für erwiesen erachteten Tatvorwurf anzugeben; weitere Informationen, wie die sachliche und örtliche Zuständigkeit des Gerichts oder etwaige neben der Anklage zu stellende Anträge sollten dem *konkreten* Entscheidungsvorschlag am Ende des Vortrages vorbehalten bleiben.

> „Aufgrund dieses Sachverhaltes schlage ich vor, den Beschuldigten wegen besonders schwerer Brandstiftung in Tateinheit mit Brandstiftung anzuklagen."

Soll das Ermittlungsverfahren (gegebenenfalls auch teilweise) eingestellt werden, ist es sinnvoll, bereits an dieser Stelle die angewendete Einstellungsnorm mitzuteilen, da dies die Aufmerksamkeit des Zuhörer bereits in einen bestimmte Richtung lenkt. Wird vom Bearbeiter etwa die Vorschrift des § 170 Abs. 2 Satz 1 StPO genannt, deutet sich schon hier das Fehlen eines hinreichenden Tatverdachts an, während der Vorschlag einer Einstellung (bzw. eines Antrags auf Zustimmung zur Einstellung durch das Gericht) nach den §§ 153 ff. StPO die Aufmerksamkeit auf diejenigen Gründe lenkt, die den Bearbeiter trotz in der Regel vorliegenden hinreichenden Tatverdachts von der Anklageerhebung abgehalten haben.

> „Ich schlage vor, den Beschuldigten X wegen Betruges in Tateinheit mit Urkundenfälschung anzuklagen und das Verfahren gegen den Beschuldigten Y gemäß § 153 Abs. 1 Satz 2 StPO einzustellen."

§ 4. Begründung des Entscheidungsvorschlags

Im folgenden ist der zuvor gemachte Entscheidungsvorschlag zu begründen, indem der mitgeteilte Sachverhalt rechtlich zu begutachten ist. Das Gutachten ist der wichtigste Teil des Kurzvortrages, da der Kandidat in diesem zeigen soll, daß er einen geschichtlichen Vorgang rechtlich zutreffend erfassen und sachgerecht würdigen kann. Da die Sachverhalte tatsächlich und rechtlich einfach gelagert sein sollen und daher nur wenige Probleme enthalten dürften, ist besonders darauf zu achten, den Vortrag auf eben *diese Probleme* auszurichten. So sollte Offensichtliches knapp und weitgehend im Urteilsstil dargelegt werden, während anspruchsvollere Rechtsfragen oder Ausführungen zur Beweiswürdigung umfassend darzustellen sind, wobei sich die Benutzung des Gutachtenstils anbietet. Die Gewichtung zwischen diesen beiden Bereichen stellt die entscheidenden Weichen für das Gelingen des Vortrags.

Wie in der strafrechtlichen Pflichtklausur hat der Bearbeiter neben den materiellrechtlichen Fragen (unten A.) auch prozessuale Gesichtspunkte (unten B.) anzusprechen und zu klären.

A. Materiellrechtliche Begutachtung

Die sachlichrechtlichen Überlegungen entsprechen praktisch vollständig den Erfordernissen des Klausurgutachtens in diesem Bereich. Der Vortragende hat daher einen hinreichenden Tatverdacht des Beschuldigten im Hinblick auf möglicherweise verwirklichte Straftatbestände zu prüfen.

Hierbei sollte grundsätzlich mit der Prüfung derjenigen Straftatbestände begonnen werden, für die ein hinreichender Tatverdacht zu begründen ist. Da im Entscheidungsvorschlag in Fällen der Anklageerhebung bereits die anzuklagenden Delikte genannt wurden, erscheint es sachgerecht, deren Prüfung auch an den Anfang des Gutachtens zu stellen. Dabei ist es sinnvoll, den Vortrag insoweit grundsätzlich im Urteilsstil zu gestalten, da das Ergebnis *dieser* Prüfung durch den Entscheidungsvorschlag bereits bekannt gemacht wurde. Im übrigen sollte der Vortragende durch geschicktes Wechseln von Gutachten- und Urteilsstil versuchen, die Aufmerksamkeit seiner Zuhörer auf die jeweiligen (dann im Gutachtenstil darzustellenden) Schwerpunkte zu lenken.

„Die materiellrechtliche Würdigung ergibt folgendes:
Der Beschuldigte hat sich eines Diebstahls nach § 242 Abs. 1 StGB hinreichend verdächtig gemacht, indem er ... Zwar leugnet der Beschuldigte, am fraglichen Tag ... Seine Angaben werden aber widerlegt durch ...
Der Beschuldigte könnte sich darüber hinaus durch den Stich mit dem Messer einer gefährlichen Körperverletzung gemäß § 224 Abs. 1 Nr. 2 StGB hinreichend verdächtig gemacht haben. ... Nach alledem ist ein hinreichender Tatverdacht für diesen Tatbestand zu verneinen."

Gerade bei Aufgabenstellungen für den Aktenvortrag spielen Probleme eines wirksamen Strafantrages häufig eine Rolle. Keine Besonderheiten ergeben sich bei einem absoluten Antragsdelikt. Fehlt ein Antrag, ist dies zu Beginn der Deliktsprüfung kurz anzugeben und darauf hinzuweisen, daß es an einer Verfolgungsvoraussetzung mangelt. Liegt ein Antrag hingegen vor, genügt ein Hinweis im Rahmen der prozessualen Erwägungen. Auch bei einem relativen Antragsdelikt ist das Vorliegen eines Antrags kurz anzusprechen, bei Nichtvorliegen sollte dieser Umstand mit dem Hinweis auf die späteren Ausführungen erwähnt werden.

Auch im Aktenvortrag ist das Konkurrenzverhältnis der verwirklichten Tatbestände sorgsam darzustellen. Hier sollten sich aber keinesfalls Ausführungen etwa zu der Frage finden, ob die Figur der „natürlichen Handlungseinheit"[383] anzuerkennen ist; diese sollte vielmehr als höchstrichterliche Rechtsprechung *vorausgesetzt* werden.

Sollten nicht sämtliche Beweismittel dasselbe Geschehen tragen, ist dies bei dem jeweiligen Merkmal anzusprechen, hinsichtlich dessen ein hinreichender Tatverdacht zu begründen ist. Hier sind die Beweise – wie aus dem materiellrechtlichen Gutachten in der Klausur vertraut – zu *würdigen*, wobei angesichts der knappen zur Verfügung stehenden Zeit naturgemäß keine umfassende Beweiswürdigung möglich ist. Hier kann es sich durchaus empfehlen, den Zuhörer deutlich darauf hinzuweisen, daß lediglich eine *hinreichende* Wahrscheinlichkeit für eine Verurteilung festgestellt werden muß.

„Der Sachverhalt beruht (im wesentlichen) auf der Einlassung des Beschuldigten. Dieser bestreitet zwar, daß ... Diese Einlassung wird jedoch durch die Bekundung des Zeugen ... zu widerlegen sein. Dieser hat detailgenau geschildert, ... danach ist das Geschehen in dieser Hinsicht jedenfalls hinreichend wahrscheinlich."

Um die Aufmerksamkeit des Hörers zu erhalten und diesem einen roten Faden an die Hand zu geben, sollte das Ergebnis des materiellrechtlichen Teils des Gutachtens schließlich knapp zusammengefaßt werden:

„Danach hat sich der Beschuldigte hinreichend verdächtig gemacht, die Tatbestände des Betrugs gemäß § 263 Abs. 1 StGB, tateinheitlich begangen mit einer Anstiftung zur Begünstigung nach den §§ 257 Abs. 1, 26 StGB rechtswidrig und schuldhaft verwirklicht zu haben."

Hat der Kandidat vorgeschlagen, das Verfahren ganz oder (bei mehreren Beschuldigten möglicherweise auch nur im Hinblick auf einen von ihnen) teilweise nach § 153 Abs. 1 StPO einzustellen, so ist es im materiellrechtlichen Gutachten eigentlich nicht erforderlich, hinsichtlich sämtlicher in Betracht kommenden Delikte einen hinreichenden Tatverdacht ausführlich zu begründen, da diese Einstellungsvorschrift auch anwendbar ist, wenn kein hinreichender, sondern nur ein „irgendwie gearteter Verdacht verfolgbarer Taten im Sinne von § 152 Abs. 2 StPO"[384] gegeben ist. Hiervon ausgehend, wäre daher unter Hinweis auf den vorliegenden Anfangsverdacht der Schwerpunkt auf die Voraussetzungen der Verfahrensbeendigung nach § 153 Abs. 1 StPO zu richten. Dieses prozessual richtige und in der Praxis auch übliche Vorgehen kann in der Prüfungssituation aber nur mit Einschränkungen gelten. Es birgt nämlich die Gefahr in sich, daß von der Aufgabenstellung vorgesehene materiellrechtliche

---

[383] Zu diesem Rechtsinstitut siehe *Stree*, in: Schönke/Schröder, StGB, 26. Aufl. (2001) Vorbem. §§ 52 ff. Rdnrn. 22 ff.

[384] *Schoreit*, in: KK-StPO, 4. Aufl. (1999), § 153 Rdnr. 6.

134   Dritter Teil. Der Aktenvortrag in der mündlichen Prüfung

Erörterungen unberücksichtigt bleiben. Ein „Überspringen" dieses Teils sollte daher nur dann vorgenommen werden, wenn der Bearbeiter entweder sicher ist, sich keine Probleme „abzuschneiden", oder aber etwa ein deutlicher Hinweis im Bearbeitervermerk seine Ausführungen in Richtung der Einstellungsvorschrift des § 153 Abs. 1 StPO lenkt.

B. Prozessuale Überlegungen

Auch die in prozessualer Hinsicht notwendigen Erörterungen folgen im wesentlichen den zum Gutachten in der Klausur geltenden Grundsätzen. Der prozessuale Teil des Vortrags sollte mit einem verbindenden Satz eingeleitet werden:

„In prozeßrechtlicher Hinsicht ist folgendes zu bedenken:"

An dieser Stelle ist den Zuhörern deutlich zu machen, *warum* eine bestimmte Entscheidung vorgeschlagen worden ist und was der zuständige Staatsanwalt darüber hinaus zu veranlassen oder zu bedenken hat.

Wurde etwa ein hinreichender Tatverdacht verneint, ist nicht allein die Einstellungsvorschrift des § 170 Abs. 2 Satz 1 StPO zu nennen, sondern es ist des weiteren darauf hinzuweisen, daß zum einen diese Einstellung dem Beschuldigten nach § 170 Abs. 2 Satz 2 StPO mitzuteilen ist, wenn er verantwortlich vernommen wurde, und zum anderen der Antragsteller nach § 171 Satz 1 StPO unter Angabe der Gründe zu bescheiden ist. Auch ein Hinweis auf die Belehrung des Antragstellers nach § 171 Satz 2 StPO sollte nicht fehlen.[385]

Schlägt der Kandidat trotz Vorliegens eines hinreichenden Tatverdachts eine Einstellung nach § 170 Abs. 2 StPO bei gleichzeitiger Verweisung auf den Privatklageweg vor, sollte er nicht nur den Katalog des § 374 StPO erwähnen und kurze Erläuterungen zur Verneinung des öffentlichen Interesses nach § 376 StPO geben, sondern auch auf die Notwendigkeit einer Mitteilung an den Beschuldigten nach § 170 Abs. 2 Satz 2 StPO und eines Bescheids an den Antragsteller, der wegen des § 172 Abs. 2 Satz 3 StPO keiner Belehrung bedarf,[386] hinweisen.

Vor allem im Rahmen des Aktenvortrags soll der Kandidat zeigen, daß er den Erfordernissen der Praxis Rechnung zu tragen gelernt hat. Daher kommt gerade der Entscheidung zwischen den abschließenden Entschließungen der Erhebung der öffentlichen Klage einerseits und der Einstellung des Verfahrens nach den §§ 153 ff. StPO andererseits besondere Bedeutung zu. So sollte im letzteren Fall genau herausgearbeitet werden,

---

[385] Siehe dazu oben Erster Teil, Dritter Abschnitt, § 1 C II.
[386] Vergleiche zur Rechtsmittelbelehrung hier nur *Schmid*, in: KK-StPO, 4. Aufl. (1999), § 171 Rdnr. 12.

Zweiter Abschnitt. Aufbau des Aktenvortrags

warum das öffentliche Interesse an der Strafverfolgung eine Anklageerhebung nicht gebietet und warum eine bestimmte Einstellungsvorschrift gewählt wurde.

Wie bereits mehrfach betont, kann der Kandidat durch eine (Teil-) Einstellung nach § 154 Abs. 1 StPO oder eine Verfolgungsbeschränkung nach § 154a StPO nicht nur zeigen, daß er das Verfahren praxisgerecht vereinfachen kann, sondern auch, daß er die als schwierig empfundene Materie der prozessualen Tat nach § 264 StPO durchdrungen hat.

Auch kann im Aktenvortrag dargestellt werden, warum statt einer Anklageerhebung ein Antrag auf Erlaß eines *Strafbefehls* vorgeschlagen wurde. In diesem Fall ist auf die fehlende Erforderlichkeit der Hauptverhandlung abzustellen. Demgegenüber kann unter Hinweis auf die besondere Bedeutung der Sache oder auf die Notwendigkeit zur vollständigen Klärung auch der Nebenumstände oder des Verschaffens eines persönlichen Eindrucks (§ 407 Abs. 1 Satz 2 StPO) der Vorschlag, Anklage zu erheben, gerechtfertigt werden.

Ähnliches gilt für die Frage, ob sich der Sachverhalt für die Durchführung des *beschleunigten Verfahrens* eignet. Zwar werden im Aktenfall häufig dessen Grundvoraussetzungen gegeben sein („einfacher Sachverhalt" oder „klare Beweislage" [§ 417 StPO]),[387] dennoch sollte der Kandidat von dieser Möglichkeit nur zurückhaltend Gebrauch machen. Es bietet sich folgende Formulierung an:

„Zwar mögen die Voraussetzungen der Vorschrift des § 417 StPO gegeben sein, jedoch ist zu beachten, daß zum einen nicht ohne weiteres sichergestellt ist, daß sämtliche Beweismittel sofort verfügbar sind; zudem kann nicht unterstellt werden, daß die Geschäftslage des zuständigen Gerichts eine Hauptverhandlung innerhalb kurzer Zeit zuläßt; dies war aber gesetzgeberisches Motiv für die Neuregelung dieser Verfahrensform."

Bei Anklageerhebung ist zudem kurz auf die *Zuständigkeit* des Gerichts einzugehen, wobei aber hinsichtlich der Straferwartungen keine breiten Ausführungen erwartet werden. Zudem kann auf die möglicherweise notwendigen Vermerke in der Anklageschrift hinzuweisen sein, daß sich der Beschuldigte in Untersuchungshaft befindet und wann die Fristen gemäß § 122 Abs. 2 StPO und gemäß § 117 Abs. 5 StPO ablaufen. Auch sollte hier eine knappe Begründung der eventuell mit der Anklage zu verbindenden Anträge gegeben werden.

§ 5. Konkreter Entscheidungsvorschlag

Der Vortrag schließt mit einem konkreten, sämtliche wesentliche Informationen enthaltenden Entscheidungsvorschlag:

---

[387] Dazu ausführlich oben Erster Teil, Zweiter Abschnitt, § 2 E.

„Nach alledem schlage ich vor, hinsichtlich des Beschuldigten A Anklage beim Amtsgericht – Schöffengericht – Verden wegen schwerer Körperverletzung zu erheben und den Erlaß eines Haftbefehls gemäß § 112 Abs. 2 StPO zu beantragen. Zudem schlage ich vor, das Verfahren gegen den Beschuldigten B nach § 153 Abs. 1 Satz 2 StPO einzustellen."